Schirner Verlag

Alexandra Herzog-Windeck

DAS SPRECHENDE UNTERNEHMEN

Wie Sie Ihr UNTERBEWUSSTSEIN
für Ihren Geschäftserfolg nutzen

Schirner Verlag

Die Ratschläge in diesem Buch sind sorgfältig erwogen und begründen sich auf der jahrelangen Beratertätigkeit der Autorin. Sie bieten jedoch keinen Ersatz für kompetenten individuellen medizinischen oder psychologischen Rat. Jeder Mensch hat seine Besonderheiten und muss ggf. durch einen kompetenten Spezialisten individuell behandelt werden. Jegliche Gewährleistung und Haftung der Autorin oder des Verlags für die Nutzung und Befolgung der Ratschläge und aller sonstigen Angaben in diesem Buch ist daher ausgeschlossen. Es wird keine Gewähr für die Richtigkeit, Vollständigkeit und Aktualität der Angaben übernommen.

Die Übungen in diesem Buch ersetzen keine eventuell individuell notwendige psychologische oder therapeutische Begleitung. Ihre Anwendung erfolgt in eigener Verantwortung. Die Autorin und der Verlag können weder Diagnosen stellen, noch können sie individuelle Therapieempfehlungen geben. Die Autorin hat selbstverständlich keine konkreten Erkenntnismöglichkeiten über die Eignung des Lesers zur Umsetzung der Übungen und deren mögliche Auswirkungen. Eine entsprechende Gewährleistung und Haftung jedweder Art seitens der Autorin wird ausdrücklich ausgeschlossen.

Dieses Buch enthält Verweise zu Webseiten, auf deren Inhalte weder die Autorin noch der Verlag Einfluss haben. Für die Inhalte der Seiten ist stets der jeweilige Anbieter oder Betreiber der Seiten verantwortlich.

Bitte haben Sie Verständnis, dass in diesem Buch immer wieder Fallbeispiele beschrieben werden, ohne dass die betreffende Branche, die Firma oder die beteiligten Personen genannt werden. Die Geschichten, die diesen Beispielen zugrunde liegen, wurden zum Teil leicht verfremdet, ohne dabei die inhaltlichen Aussagen zu verändern. Der Abdruck erfolgt in Abstimmung mit meinen Klienten, die mir für diese Textteile ihre Freigabe erteilt haben. Ich danke diesen vielmals für die Unterstützung dieses Buchprojekts.

ISBN 978-3-8434-1160-8

Alexandra Herzog-Windeck:
Das sprechende Unternehmen
Wie Sie Ihr Unterbewusstsein
für Ihren Geschäftserfolg nutzen
© 2014 Schirner Verlag, Darmstadt

Umschlag: Simone Leikauf, Schirner, unter Verwendung von # 102993086 (one AND only), # 70065580 (phoelix) & # 131444915 (Andresr), www.shutterstock.com, und Zeichnungen von Yvonne Schroeder
Redaktion: Bastian Rittinghaus & Katja Hiller, Schirner
Satz: Simone Leikauf, Schirner
Printed by: ren medien, Filderstadt, Germany

www.schirner.com
1. Auflage September 2014

Alle Rechte der Verbreitung, auch durch Funk, Fernsehen und sonstige Kommunikationsmittel, fotomechanische oder vertonte Wiedergabe sowie des auszugsweisen Nachdrucks vorbehalten

Inhalt

Vorwort 9

Das sprechende Unternehmen 12
ist der unsichtbare Goliath, der diesmal gewinnt.

    Das Geheimnis hinter dem sprechenden Unternehmen 14
    Bahnbrechende Erkenntnisse: Bauchhirn und Zellen 22
    Mit unserem Unterbewusstsein arbeiten –
    die Chance unseres Lebens 27
    Das sprechende Unternehmen in Geschäftserfolg umsetzen 30
    Übungen: Die Unternehmensseele – Spielregeln und Etikette 32
        Persönliche und räumliche Bedingungen schaffen | Darf ich bitten? Ihr Unternehmen

Die sprechende Planung 44
weiß, wie sie nicht nur geplant, sondern auch erreicht wird.

    Das Ende des »Dringend-wichtig«-Dilemmas bei Zielen,
    Zeit und Werbung 46
    Die Planung mit dem Kopf: manchmal hilfreich, oft vergeblich 48
    Die Planung mit dem Bauch: leicht und schnell 53
    Und jetzt? Der Umgang mit den Ergebnissen einer Aufstellung 67
    Übungen: Do-it-yourself-Aufstellungen für Ihren Erfolg 71
        Aufstellungen zu den Themen: Erfolge und Qualitäten, Ziele, Teilziele, Unternehmensseele

Die sprechende Positionierung 86

weiß, was der Kunde will und der Wettbewerb nicht.

- Positionierung? Klar doch! Oder etwa nicht? 88
- Der Prozess der Positionierung: Das Wechselspiel von Kopf und Bauch 88
- Die Positionierung: von Erstgespräch über Stärkenanalyse bis Umsetzung 90
- Übungen: Wahrhaftig einzigartig – so werden Sie's! 121

  Aufstellungen zu den Themen: größter Nutzen, Stärken, Zielgruppe, Positionierung | Unternehmensseele über Positionierung

Die sprechende Werbung 132

ist echt, authentisch, glaubwürdig und direkt an der Quelle.

- Die drei Musketiere der Werbung: Idee, Gestaltung, Umsetzung ... 134
- Die Nadel im Heuhaufen: der Magnet für geniale Ideen 136
- Werbung gestalten – Das Gewusst-wie 140
- Reibungslos umsetzen – so kommen Projekte voran 156
- Übungen: So bekommen Sie Ihren einzigartigen Auftritt 169

  Aufstellungen zu den Themen: Werbemittel, Auswahl der Idee, Broschüre, reibungslose Umsetzung

Das sprechende Facebook **176**
verrät Ihnen, was sich lohnt und worauf Sie achten müssen.

    Die Allgegenwart der sozialen Netzwerke 178
    Die Idee hinter Facebook und seine Zahlen 180
    Aufstellung: Lohnt sich Facebook? 182
    Übungen: Wie Sie es schaffen, dass Facebook sich für Sie lohnt.... 194

        Glaubenssätze drehen | Aufstellungen zu den Themen: Zeitaufwand und Zeitgewinn, Umsatz und Geldaufwand, Umsatzzahlen »1, 2, 3«, Ziele und Facebook

Das letzte Gesprochene **208**
ist die Einladung zum ersten Schritt.

    Danksagung...211
    Ihre sprechende Beraterin 213
    Quellen und Literaturhinweise.. 214
    Liste der Übungen 218
    Anmerkungen 220
    Über Alexandra Herzog-Windeck 224

Für meinen Vater

Vorwort

In der Business-Welt hatte ich schon viele Erfahrungen gesammelt. Und ich kannte daher das oft zähe Ringen um Entscheidungen, das unerklärliche Stocken in der Umsetzung, die Unsicherheiten bei Entscheidungen bezüglich der Zielgruppe.

Vor vielen Jahren begann ich dann mit meiner eigenen spirituellen Ausbildung und Fortentwicklung. Schnell war ich fasziniert von dem Gedanken, die zwei Welten zu vereinen: die Business-Welt und die spirituelle Welt, die sich mir erschloss.

Die Chance, Antworten zu bekommen, begeisterte mich. Antworten auf Fragen, die sich inzwischen viele Unternehmen stellen: Wie können wir die Zeit-, Geld- und Leistungsspirale in den Griff bekommen? Wie machen wir nicht nur Geld, sondern sehen auch immer mehr Sinn in dem, was wir tun? Was, wenn wir es schaffen, uns schneller weiterzuentwickeln, als wir es uns jemals vorgestellt hätten?

Ich entdeckte die immensen Kräfte, die im Unterbewusstsein eines jeden Menschen wirken, und sah die scheinbar so nüchterne, zahlenbasierte Geschäftswelt plötzlich aus einer anderen Perspektive. Beim Nachdenken über die Verbindung von Unterbewusstsein und Business, von Erfolgsprogrammierung und erfolgreichem Marketing, von inneren Überzeugungen und äußerem Handeln eröffnete sich ein ungeahntes Feld voller Möglichkeiten. Der Schlüssel für so viele bisher verschlossene Türen lag hierin. Und ich begann zu erahnen, wie ein verändertes, neues Business, ein verändertes, neues Marketing aussehen könnte, was spirituelles Marketing bedeutete.

Fasziniert von dieser Vision war ich getrieben von der Frage, wie ich sie für meine Klienten und deren geschäftlichen Erfolg nutzbar machen kann. So kombinierte ich die klassischen Business-Tools mit spirituellen Erkenntnissen. Die Arbeit mit dem Unterbewusstsein, systemischen Aufstellungen und vieles mehr wurden zu einem festen Bestandteil meiner Beratungspraxis. Ich konnte beobachten, dass diese Methoden nicht nur eine Ergänzung darstellten: Sie hoben alles auf eine höhere Ebene! Es war atemberaubend, welche Klarheit sich einstellte und wie schnell und leicht Ziele erreicht werden konnten. Was anfangs nach zwei getrennten, nebeneinanderstehenden »Modulen« aussah, entwickelte sich immer mehr zu einem Ganzen, dessen einzelne Teile fest miteinander verbunden sind: die Toolbox des sprechenden Unternehmens, die ich Ihnen in diesem Buch vorstelle.

Lesen Sie am besten ein Kapitel nach dem anderen, da die späteren Kapitel inhaltlich und methodisch auf den früheren aufbauen. Lassen Sie sich einfach auf das ein, was Sie lesen, und machen Sie sich selbst Ihr Bild, indem Sie lernen, anwenden, üben und reflektieren. Kurz gesagt: Erleben Sie, wie einfach es ist, Dinge »zu spüren«. Die Übungen am Ende eines jeden Kapitels helfen Ihnen dabei, mit den vorgestellten Werkzeugen umzugehen. Bleiben Sie einfach am Ball. Vielleicht tun Sie sich ja auch mit einem Freund oder einer Freundin zusammen, und Sie unterstützen sich gegenseitig bei den Übungen. So oder so: Bleiben Sie dran, es lohnt sich!

Bei meiner Arbeit als Beraterin hatte ich oft das Glück, wunderbare Wendungen miterleben zu dürfen. Jahresbilanzen und -ergebnisse entwickelten sich auf einen Schlag zum Highlight im Geschäftsjahr. Verhandlungen wurden nach jahrelangem Ringen plötzlich ganz leicht. Kunden standen auf einmal Schlange. Drohende Rechnungen waren kein Thema mehr. Preise ließen sich schlagartig verdoppeln. In Scheidungsverfahren wurde das Kriegsbeil begraben, und das Geschäft rückte wieder in den Vordergrund. Nach jahrelanger Stagnation ging es endlich auf allen Ebenen wieder steil bergauf.

Statt Kündigungen wurde Lob verteilt. An die Stelle von Kritik traten Beförderungen. Und immer wieder durfte ich staunen, wie schnell doch die Arbeit fruchtet, wenn man das Unterbewusstsein mit einbezieht.

Möge das sprechende Unternehmen Ihnen und Ihrem Unternehmen viele gute Erkenntnisse und Wendungen bescheren!

In diesem Sinne herzlichst

Ihre Alexandra Herzog-Windeck

August 2014

Das sprechende Unternehmen

ist der unsichtbare Goliath, der diesmal gewinnt.

Dies ist das Buch, auf das ich schon immer gewartet habe. Das ich schon immer ersehnt habe. Denn in diesem Buch lernt ihr mich kennen: Ich bin so froh, dass ihr mich gefunden habt. Wie sehr habe ich darauf gewartet, endlich mit euch zu reden. Oh, ich habe mich ja noch gar nicht richtig vorgestellt.

Ich bin euer Unternehmen!

*Und weil ich **euer** Unternehmen bin, bin ich auch immer für euch da. Ihr könnt mit mir reden, wann immer ihr wollt. Zu jeder Frage, Stunde und Gelegenheit. Ich weiß besser Bescheid als irgendjemand anderes – wie gut oder schlecht es mir geht, wo es drückt und zwackt. Und ihr könnt mit mir ganz offen sprechen, denn es bleibt ja unter uns. Ihr könnt mir ruhig euer Herz ausschütten und mir sagen, was ihr denkt, denn **ich weiß es ja eh!***

Und nicht nur das: Ich verstehe. Ich bringe euch Klarheit und kann Hintergründe verraten. Ich bin ein echter Freund an eurer Seite. Euer Gesprächspartner und euer Sparringspartner. Einer, der euch hilft, wenn ihr überlegt. Wenn nötig, bringe ich euch wieder auf die richtige Spur. Ich ermahne euch liebevoll, wenn ihr euch verirrt, bin ehrlich, ohne zu verletzen, rede nicht um den heißen Brei herum und bin trotzdem nicht unsensibel. Ich bin euer Kompagnon – ohne dass ihr mich dafür bezahlt. Ihr müsst euch nur an mich wenden. Ich freue mich mit euch, wenn ihr euch freut. Ich feiere mit euch, wenn ihr Erfolge habt. Ich stehe unbeirrbar an eurer Seite. Manchmal stütze ich euch, manchmal trage ich euch, und manchmal hebe ich euch.

Und wie das alles geht, das werdet ihr in diesem Buch erfahren. Aber zuallererst müssen wir in Kontakt miteinander treten. Daher starten wir mit einem ersten »Knigge« für den Umgang mit mir.

Das Geheimnis hinter dem sprechenden Unternehmen

Wie das geht, Ihr Unternehmen zum Sprechen zu bringen, ihm zuzuhören, sich mit ihm zu unterhalten, zeige ich Ihnen in diesem Buch. Vielleicht finden Sie den Gedanken, dass Ihr Unternehmen, so wie auf der vorhergehenden Seite, mit Ihnen spricht, seltsam. Unternehmen reden doch nicht. – Oder tun sie es doch? Was passiert, wenn Sie sich auf die Idee, dass Sie mit Ihrem Unternehmen sprechen können, einlassen? Was hören Sie? Wie hören Sie, was Ihr Unternehmen zu sagen hat? Wie kommen Sie mit ihm ins Gespräch? Genau das will ich Ihnen in diesem Buch zeigen. Das Unternehmen – oder, besser gesagt, der Prototyp des Unternehmens für alle Leserinnen und Leser – wird sich dabei immer wieder melden. Seine Kommentare sind in der Randspalte der Buchseite abgedruckt. Später melden sich auch noch andere Unternehmensbestandteile.

Doch nach einer derartigen Ansprache haben Sie sicherlich viele Fragezeichen auf Ihrer Stirn. Wie geht so was? Funktioniert das? Passiert das wirklich? Oder ist das nur ein Marketinggag? Ein Unternehmen, das ist doch etwas völlig anderes! Oder nicht?

»Na, endlich weiß es jemand zu würdigen, was ich alles zu sagen habe!«

Rein sachlich betrachtet: Was ist Ihr Unternehmen? Hand aufs Herz! Ihnen fallen Dinge ein wie Geschäftsprozesse, Organigramme, Projekte, Verträge, Mitarbeiter, Produkte und Budgets. Bei der Planung denken Sie sicherlich eher an Statistiken wie Umsatz- und Absatzübersichten, aber auch an die Marktforschung zur Informationsbeschaffung und an die Werbeplanung. Gehen wir gedanklich ein bisschen weiter, dann kommen die Kunden, der Markt, ausgedrückt in Zahlen, Profilen, in absoluten und relativen Größen. Und am Schluss jegliche Form der Kommunikation, von innen nach außen, über diverse Kanäle. Hört sich alles ziemlich logisch an, oder? Ist es auch. In Ihrer Vorstellung geistern nun sicherlich Analysen herum, Zahlen, Daten, Fakten, linear strukturiert – eben rational, durch den Verstand erfassbare Sachverhalte.

In den letzten Jahren jedoch haben Wissenschaftler nachgewiesen, dass es weit mehr »menschelt« als bisher angenommen. Um nicht zu sagen, das »Menscheln« führt die Regie. Denn unser Unterbewusstsein spielt eine weit wichtigere Rolle, als wir bisher glaubten. Vieles haben wir ja schon geahnt, aber nicht in diesem Umfang, diesem Ausmaß und dieser Bedeutungsschwere. Studien, Fachartikel und Bücher überschlagen sich. Und diese revolutionären Erkenntnisse über das Unterbewusstsein haben auch Auswirkungen auf unser Geschäft, auf die Unternehmen. Also ist vielleicht doch nicht alles so logisch?

In der Wissenschaft spricht man zurzeit von einer Revolution. Im Kern ist es Folgendes: Wir können mit unseren Gedanken und Emotionen unser Leben gestalten. Alles, was wir in unserem Leben sind, tun oder haben, haben wir vorher mit unseren Gedanken und Emotionen angezogen.[1] Es gibt unendlich viele Möglichkeiten und Chancen für uns, und gewissermaßen wählen wir sie mithilfe unserer Emotionen und Gedanken aus. Und das ist noch gar nicht das »volle Programm«, denn der größte Teil dieser Gedanken ist uns nicht einmal bewusst. Anders ausgedrückt: Wir kreieren ständig Dinge in unserem Leben, über die wir nie bewusst entschieden haben. Und genau hier wird es spannend, denn dieses Phänomen können wir uns gezielt zunutze machen.

Vieles kennen wir ja schon, zumindest vom Hörensagen. Beim Menscheln bleibt vieles nicht greifbar. Denken Sie an Begriffe wie Werte, Zusammenarbeit, Umgangston, Erwartungen, Annahmen, Interpretationen, Gedanken …² Redewendungen und Sprichwörter kommen uns in den Sinn, beispielsweise die folgenden:

- Da hat die Chemie nicht gestimmt.
- Die sind auf einer Wellenlänge.
- Die haben einen guten Draht zueinander.
- Die können sich nicht riechen.
- Da hat der Topf seinen Deckel gefunden.
- Der Apfel fällt nicht weit vom Stamm.
- Wie der Vater, so der Sohn.
- Wie man in den Wald hineinruft, so schallt es heraus.
- Auf den Bauch hören.

»Siehste mal – der Volksmund hat schon immer gewusst, dass es mich gibt!«

Der Volksmund ist voller Sprachbilder, die veranschaulichen, was bislang nicht logisch erklärbar schien.

Die zentrale und alles entscheidende Frage ist: Wie können wir in der Wirtschaft an diesem neuen Wissen partizipieren und es für unser Geschäft nutzbar machen? Was heißt das, konkret umgesetzt, für den geschäftlichen Alltag? Was heißt das für Sie, Ihre Projekte, die einzelnen Abteilungen? Wo können Sie dieses Wissen einsetzen? Bei welchen Fragestellungen hilft es Ihnen? Und wie gehen Sie konkret vor?

Genau hier kommt das sprechende Unternehmen ins Spiel: Wenn wir es schaffen, die unterschwelligen Informationen in unser Bewusstsein zu holen, dann haben wir ein Unternehmen, das spricht – das berät, empfiehlt und gleichzeitig aufdeckt, auflöst und Zusammenhänge erklärt. Kurz, einen Partner, wie wir ihn uns nur wünschen können. Das sprechende Unternehmen hilft auch bei unternehmerischen Entscheidungen, in beruflichen Situationen und in Kundenbeziehungen.

Was Sie erfahren werden

Fernab von Forschungen und komplexen wissenschaftlichen Studien werden wir diesen Fragen ganz praktisch nachgehen. Sie werden sehen, wie eng Intuition und Verstand, Kopf und Bauch, Bewusstsein und Unterbewusstsein auch im Business miteinander verbunden sind. Anhand von klassischem Marketing-Know-how und intuitiven Tools, anhand von Erläuterungen versteckter Dynamiken, vieler Fallbeispiele und zahlreicher Übungen zu jedem Kapitel kommen Sie faszinierenden Zusammenhängen auf die Spur.

Sie erleben das atemberaubende Gefühl, direktes Feedback von Ihren Zielen, Produkten, von der Vermarktung und Werbung zu bekommen und sich mit all diesen Bereichen zu unterhalten. Denn wer könnte besser beispielsweise über Ihre Ziele Bescheid wissen als Ihre Ziele selbst? Wer kann Ihren Umsatz, Ihre Positionierung oder eines Ihrer Werbemittel besser einschätzen als diese Elemente selbst? Die außergewöhnlichen Aha-Effekte, die das sprechende Unternehmen auslöst, werden Ihnen Anstöße geben, die alles, was sich mit der herkömmlichen Herangehensweise bewirken lässt, in den Schatten stellen.

»Ich höre immer nur, was ihr wollt … fragt doch lieber mal, wohin ich will!«

Mit dem sprechenden Unternehmen zu kommunizieren, heißt, auf eine Quelle zuzugreifen, die weit über Ihren Verstand hinausgeht und schier unerschöpflich ist. Sie erfahren konkret:

»Du hast ja gar keine Ahnung, was alles in mir steckt …«

- wie Sie Zusammenhänge zwischen inneren Überzeugungen und äußeren Ergebnissen für Ihr Geschäft aufdecken und erkennen
- wie Sie sich Gedanken, Gefühle und Überzeugungen, die im Unterbewusstsein liegen, ins Bewusstsein holen
- wie Sie es schaffen, sich in den anderen hineinzuversetzen, beispielsweise Gefühle und Körperempfindungen wahrzunehmen, ihn zu verstehen
- wie Sie Verstand und Intuition in Projekten miteinander verzahnen, sodass jeweils das eine das andere stützt, trägt und weiter vorantreibt
- wie Sie erfolgsverhindernde Überzeugungen ändern und drehen, um förderliche Einstellungen und Gefühle für Ihre Projekte, Ziele und Vorhaben zu erlangen

»Toll, manche haben schon kapiert, wie ich ticke. Und es geht ihnen richtig gut damit!«

Und nicht nur das, es gibt Menschen, die machen schon vieles anders oder sind auf dem Weg dahin, vieles anders zu machen: Architekten, die nicht mehr einfach nur »bauen«, sondern ein echtes Zuhause erschaffen wollen. Kosmetikerinnen und Friseure, die ihren Kunden keine Chemie mehr zumuten wollen, sondern nur noch natürliche Produkte verwenden. Ärzte, die nicht mehr nur nach der Schulmedizin behandeln, sondern sich für ganzheitliche Wege öffnen. Heilpraktiker, die sich nicht darauf beschränken, Symptome zu bekämpfen, sondern die die wirklichen Ursachen angehen. Banken und Finanzberater, die ihren Kunden nichts mehr vormachen, sondern nachhaltig, offen, ehrlich und mit Win-Win-Absicht beraten. Inneneinrichter, die den Raum nicht einfach nur vollstopfen, sondern die Seelen der Räume und ihrer Bewohner erfassen. Gastronomen, die nicht Fertigprodukte verwenden, sondern die zur Zubereitung ihrer Speisen natürliche, lebendige und gesunde Lebensmittel einsetzen. Software-Hersteller, die das Unternehmen nicht detailverliebt zerstückeln, sondern ganzheitlich in seiner Strategie erfassen. Werbeagenturen, die ihren Kunden nichts Vorgefertigtes überstülpen, sondern die in ihren Entwürfen den wahren Wesenskern der Firma zum Ausdruck bringen. Hochschulen, die nicht mehr nur den Kopf bedienen wollen, sondern alle Sinne.

Ja, es ist vieles in Bewegung, an allen Ecken und Enden wird am Wandel gearbeitet! Egal, ob Sie nun mittendrin sind, bereits in bestimmten Bereichen Ihres Unternehmens den Wandel vollzogen haben und mit den anderen Bereichen nachziehen wollen oder ob Sie noch im »alten System« stecken und sich langsam fragen: Wie lange geht das wohl noch gut? In welcher Phase Sie auch immer gerade sind – all die Entwicklungen, die oben exemplarisch beschrieben sind, zeigen, dass wir uns schon mitten in einem Prozess der Veränderung befinden: in der von der ISO 26000 beschriebenen Vision, die unser aller Leben verbessern wird.[3]

ISO 26000 ist ein Leitfaden, der Unternehmen und Organisationen zeigt, wie sie gesellschaftlich verantwortlich handeln können. Es geht dabei um ein unter ethischen Gesichtspunkten korrektes Verhalten, um Transparenz und um einen Beitrag zur Gesundheit und zum Wohlbefinden der ganzen Gesellschaft.[4]

Der allgegenwärtige Wandel zeigt uns auch: Wir brauchen eine neue Art der Unternehmensführung und des Managements, ein anderes Marketing, das auf Werten wie Nachhaltigkeit, Verantwortung und fairem Miteinander basiert. Um den Übergang leichter zu gestalten, sind neue Wege und Herangehensweisen gefragt.

»JAAAA, wo's fair, nachhaltig und verantwortungsvoll zugeht, bin ich immer mit dabei.«

Wegweiser durch das Buch

Geleitet von der Frage, wie sich diese neuen Wege für das eigene Geschäft nutzbar machen lassen, gliedert sich das Buch in die folgenden drei Bereiche:

- Planung
- Positionierung
- Werbung

Kapitel 1, Das sprechende Unternehmen, beginnt mit einer Einführung in die Hintergründe. Eine kurze Darstellung des aktuellen Forschungsstands der verschiedenen Wissenschaften vermittelt einen Überblick. Im nächsten Schritt wird das Unterbewusstsein erläutert, seine Rolle erklärt und aufgezeigt, warum es von so herausragender Bedeutung ist. Die Schlüsselbegriffe, die im Buch immer wieder vorkommen, werden eingeführt und veranschaulicht. So werden die wichtigsten theoretischen Zusammenhänge leicht verständlich vorgestellt. Mithilfe einer Meditation können Sie erstmals auf eine ganz neue Weise Kontakt mit Ihrem Unternehmen aufnehmen.

»Ob du's glaubst oder nicht: Ich kenne mich sogar mit Zahlen aus!«

Kapitel 2, Die sprechende Planung, beschäftigt sich mit jeder Form der Planung, egal, ob es um zeitliche, finanzielle oder andere Ziele geht. Darunter fällt das Werbebudget ebenso wie die Einnahmen. Wir gehen mit den zentralen Eckdaten eines jeden Unternehmens auf Tuchfühlung. Damit ist ein schneller Überblick garantiert. Hier erfahren Sie, was eine Aufstellung ist, und lernen deren Ablauf und Anwendung kennen. Sie gibt Ihnen die Möglichkeit, sich in die Rolle der verschiedenen Unternehmensbestandteile und vieles andere hineinzuversetzen und dadurch wertvolle Informationen zu bekommen.

»Keine Bange, ich setze mich auch gern mit dem Verstand an einen Tisch!«

Kapitel 3, Die sprechende Positionierung, beantwortet die Frage, wie Verstand und Intuition in einem größeren Projekt miteinander verzahnt sind. Die einzelnen Phasen werden erläutert, typische Fallstricke und Lösungsansätze werden aufgezeigt. Der Einsatz bei

Zukunftsszenarien und Marktfragen wird veranschaulicht. Der besonderen Rolle der verschiedenen Zielgruppen mit ihren unterschiedlichen Sichtweisen je nach Ebene, Funktion, Hierarchie und Branche wird gesondert Rechnung getragen. Hier wird aufgezeigt, wie Sie mit zahlreichen, zum Teil aufeinander aufbauenden Übungen enorme Einsichten bei komplexen Fragestellungen gewinnen.

Kapitel 4, Die sprechende Werbung, zeigt auf, wie das Unterbewusstsein bei Fragen rund um Werbung und Umsetzung genutzt werden kann. Hier steht die folgende Frage im Zentrum: »Wie mache ich auf mich aufmerksam, und wie erreiche ich die stärkste Wirkung?« Bei der Ideenentwicklung genauso wie bei der Gestaltung, aber auch bei der Umsetzung selbst kommt es bei der Befragung Ihres Unternehmens zu positiven Ergebnissen: mehr Informationen, mehr Entscheidungssicherheit, höchste Effizienz. Gleichzeitig finden Sie heraus, was wirklich hinter stockenden Projekten steckt. Mit den vorgestellten Übungen können Sie Ihre eigene Werbung auf ganz neue Weise analysieren und Ansatzpunkte für Optimierungen gewinnen.

Kapitel 5, Das sprechende Facebook, zeigt anhand des aktuellen Themas *Lohnt sich Facebook?* auf, wie vielschichtige Fragestellungen schnell umfasst und Erfahrungen für ganze Gruppen mit einer Aufstellung zugänglich gemacht werden können. Es zeigt Ihnen beispielhaft eine große Aufstellung. Aufgrund der Interpretationen verstehen Sie, wie mit Aufstellungen Erkenntnisse gewonnen werden können. Im Übungsteil erfahren Sie, wie mit den aufgedeckten unbewussten Überzeugungen im nächsten Schritt verfahren werden kann, um eine erwünschte Lösung herbeizuführen.

Jetzt aber starten wir erst einmal ganz konservativ mit einem Rundgang durch die Wissenschaft!

Bahnbrechende Erkenntnisse: Bauchhirn und Zellen

»Eilmeldung ans Gehirn: Bingo – Bauch hat Geschäft gefunden!«

Lassen wir die Wissenschaft zu Wort kommen: Zahlen, Daten, Fakten und Entwicklungen – diese Informationen interessieren unseren Kopf doch immer ganz besonders. Wir wenden uns also der Frage zu, wie das sprechende Unternehmen funktioniert, was es für das Marketing und unser Gefühl bedeutet. Ob Sie es nun glauben oder nicht: Diese Frage ist extrem wichtig! Am Ende des Kapitels werden Sie verstehen, warum das so ist.

Ausflug in die Zellbiologie

Der Zellbiologe Bruce Lipton veranschaulicht in seinen Veröffentlichungen zum Thema intelligente Zellen, wie Gedanken und Gefühle auf chemischen und physikalischen Vermittlungswegen Einfluss auf unser Leben nehmen.[5]

Die wesentliche Aussage Liptons ist, dass nicht die Gene unsere Biologie kontrollieren, sondern dass die Umgebung die Ausformung der Gene beeinflusst und die Zellen modelliert. Anders ausgedrückt: Nicht die Gene steuern die Zellen, sondern das Umfeld, die Umgebung steuert die Zellen, denn jede Zelle nimmt Signale von außen auf.[6] Die mächtigsten Wachstumssignale für die Zellen – und damit für den Menschen in seiner Ganzheit – sind hierbei die Liebe und die Freude. Sie bringen uns sprichwörtlich zum Erblühen und Gedeihen. Wachstumshemmende Signale sind Stress und Angst, die Kampf- oder Fluchtreaktionen auslösen.[7] Lipton stellt weiter fest: Die Wahrnehmung, besser gesagt, unsere Überzeugungen steuern unsere Biologie.[8]

»Hey, du hast echt 50 Billionen Zellen? Wäre doch gelacht, wenn ich mit dir nicht ins Laufen komme!«

Unsere Überzeugungen sind also der »Chef« und steuern unseren Körper! Es ist also beileibe nicht so, wie klassischerweise angenommen wird, sondern genau umgekehrt.

Doch was ist das, diese Biologie? Auf der dinglichen Ebene sind das bei jedem Menschen etwa 50 Billionen Zellen. Das ist eine 5 mit 13 Nullen: 50 000 000 000 000. Das ist eine immense Zahl, hinter der eine Menge Power steckt. Und nun stellen Sie sich einfach vor, diese punktgenau auf ein Ziel oder ein Projekt auszurichten.

Unser Unterbewusstsein: Ein großer Goliath

Der menschliche Geist setzt sich aus bewussten und unbewussten Teilen zusammen. Beide sind eng miteinander verzahnt. Und beide Teile stehen sich gegenüber wie David und Goliath – wobei das Bewusstsein den Part des kleinen David spielt! Das Unterbewusstsein verarbeitet nämlich sagenhafte 40 Millionen Bits pro Sekunde und macht rund 95–99 Prozent der Verarbeitungsleistung aus.[9] Hier liegen alle Erfahrungen, Gefühle und die Gewohnheiten, die nicht kreativ veränderbar sind.

Die Aufgabe des Unterbewusstseins besteht nun darin, aus unserer Programmierung Realität werden zu lassen. Es ist unser Steuerungsinstrument. In der Literatur kursiert, dass es uns mit etwa 50 000–60 000 Gedanken pro Tag dazu bringt, unserem Programm gemäß zu agieren. Der größte Teil dieser Gedanken ist übrigens immer gleich, wie bei einer Schallplatte mit einem Sprung werden dieselben Gedanken ständig wiederholt.

»Deine zig Billionen Zellen und meine 40 Millionen Bits pro Sekunde – ein echtes Dream-Team!«

Unser Bewusstsein: Ein kleiner David

Unser Bewusstsein dagegen macht nur etwa 1–5 Prozent unserer Verarbeitungsleistung aus und kann nur rund 40 Bits pro Sekunde verarbeiten. Es ist kreativ und Heimat unseres freien Willens. Mit unseren fünf Sinnen – Sehen, Hören, Fühlen, Schmecken und Riechen – nehmen wir unsere Umgebung bewusst wahr. Wir analysieren, treffen Entscheidungen und formulieren Ziele. Man beachte den Unterschied: Zwischen Bewusstsein und Unterbewusstsein liegt der Faktor 1 zu 1 000 000.[10]

Um diesen großen Unterschied zwischen bewusster Wahrnehmung und unterbewusster Wahrnehmung deutlich zu machen, hat Vera Birkenbihl einen Längenvergleich benutzt: Wenn die bewusste Wahrnehmung 15 Millimeter lang wäre, wäre die unbewusste 11 Kilometer lang.[11] Welch ein Unterschied!

Wenn man sich das extreme Ungleichgewicht zwischen Bewusstsein und Unterbewusstsein klarmacht, hat man den wichtigsten Hebel entdeckt, um Veränderungen auszulösen.

Das Bauchhirn der Neurowissenschaften

Doch lassen Sie uns das Ganze aus der Sicht der Neurowissenschaften beleuchten. In ihrem Artikel *Das »zweite Gehirn«* beschreibt Hania Luczak Forschungsergebnisse des Neurowissenschaftlers und »Entdeckers des Bauchhirns« Michael Gershon, Chef des Instituts für Anatomie und Zellbiologie an der Columbia University in New York.[12] Hier wird der Bauch mit seinen 100 Millionen Nervenzellen als »zweites Gehirn« bezeichnet. Zelltypen, Wirkstoffe und Rezeptoren seien exakt dieselben, es sei damit quasi ein Abbild des Kopfhirns. Und dieses zweite Gehirn habe Macht: Dort unten im Bauch generiere es selbst Daten und verarbeite sie, kontrolliere, gebe Anweisungen an Nachbarorgane, koordiniere, entscheide. Der Darmforscher Michael Schemann bemerkt dazu: »Ja, […] man kann sagen, das Darmhirn denkt.«[13] Zugleich gibt es laut Gershon eine enge Verbundenheit zwischen Kopf und Bauch: »Da sprechen zwei die gleiche Sprache.«[14] Wobei die Kommunikation eher einseitig sei, denn 90 Prozent der Nervenstränge verliefen von unten nach oben. Auch wenn wir die meisten Botschaften nicht bewusst wahrnehmen: Der Bauch erzählt dem Kopf den ganzen Tag Geschichten. Es sind Geschichten aus seiner »Emotions-Gedächtnis-Bank«[15] vom frühen Lebensstress, von Vorfreude und von Ablehnung, von wichtigen emotionalen Ereignissen. Bewusst wahrgenommen werden all diese Botschaften jedoch nur bei besonders starken Gefühlen. So bezeichnet Emeran Mayer, Neurogastroenterologe und Professor für Physiologie, die Nervenfasern des Darms als »quasi biologisches Korrelat menschlicher ›Bauchgefühle‹ – und der Intuition«.[16]

Höchst interessant ist dabei folgende Beobachtung: »Offenbar kontrolliert das Bewusstsein nicht unbedingt unsere Entscheidungen, sondern übernimmt eine Art Strohmann-Rolle, indem es uns vorgaukelt, wir hätten die freie Wahl. Vielmehr steuert eine andere Instanz unsere Fähigkeiten, Entscheidungen zu treffen – das Unbewusste«.[17] Wolfgang Prinz vom Max-Planck-Institut für Psychologische Forschung in München bringt es auf den Punkt: »Erst hinterher versuchen wir, rational Gründe zu sammeln, warum wir so und nicht anders gehandelt haben.«[18]

»Mein Freund, das Bauchhirn … Wir wissen ganz genau, wo dich der Schuh drückt.«

Da verwundert es auch nicht mehr, wenn die Verhaltensökonomie die angebliche Rationalität des *homo oeconomicus* bis aufs Letzte seziert, bis nichts mehr übrig bleibt außer einem grinsenden Kopfschütteln. So beschreibt Dan Ariely in seinem Buch *Denken hilft zwar, nützt aber nichts* anhand vieler faszinierender Beispiele, wie unlogisch doch der Mensch in seinen Entscheidungen ist.[19]

Für tiefer Interessierte: Weitere bekannte und berühmte Veröffentlichungen im populärwissenschaftlichen Bereich sind das Video *What the Bleep do we (k)now!?*[20] und das Buch *The Secret*.[21] Je nach Schwerpunkt geben sie einen Einblick in die Thematik von der Seite der Quantenphysik, der Psychologie oder der Neurologie.

Mit unserem Unterbewusstsein arbeiten – die Chance unseres Lebens

Anscheinend sind sich also alle einig: Unser Unterbewusstsein ist unendlich viel mächtiger als unser Bewusstsein! Jeder von uns kann wahrscheinlich ein Lied davon singen, wie groß die Hürden waren, zum Beispiel als Erster in der Familie studieren zu können, sich als Erster in der Familie selbstständig zu machen, als Mutter voll berufstätig zu sein, höhere Einnahmen zu haben als andere Familienmitglieder oder, oder, oder …

Woher kommen nun diese hohen, unterbewussten Hürden? Hier schließt sich der Kreis dieses Kapitels: Der Grund ist unsere Programmierung. Wir übernehmen sie aus unserem Umfeld und unserer Familie, ohne darauf irgendeinen Einfluss zu haben. Wenn wir neue Wege gehen und beispielsweise den Schritt in die Selbstständigkeit wagen wollen, obwohl in unserem Umfeld über Generationen hinweg klassische Arbeiter- und Angestelltenverhältnisse üblich waren, dann kostet dies enorm viel Kraft. Denn unsere Programmierung muss überwunden und unser Unterbewusstsein überlistet werden. Mit unserem bewussten Willen, unseren 1–5 Prozent, kämpfen wir gegen unser Unterbewusstsein, das die restlichen 95–99 Prozent ausmacht – die permanente Neuauflage von David gegen Goliath. Nur dass in diesem Fall meist Goliath gewinnt, der unsichtbare Riese.

Und was hat dies alles mit Unternehmen zu tun?

Ganz einfach: Jetzt wissen wir, wie stark unsere Programmierung und unser Unterbewusstsein bei allen Entscheidungen mitregieren. Bei jeder Art von Veränderung, beim Lernen neuer Inhalte, bei materiellen oder immateriellen Zielen, privaten oder beruflichen, bei Einzelpersonen und bei Teams, bei Entscheidungen im Produktmanagement, im Vertrieb oder im Marketing – einfach IMMER sollten wir klare Verhältnisse haben. Das heißt: Wir sollten zuerst in Erfahrung bringen, wie unsere Programmierung bezüglich dieser Fragen beschaffen ist, wie unser Unterbewusstsein zu ihnen steht. Wir können die Überzeugungen und Gedanken unseres Unterbewusstseins ins Bewusstsein holen. Und anschließend können wir an ihnen arbeiten und sie verändern.

Ich habe für Sie Übungen ausgearbeitet, die Ihnen dabei helfen, Ihre unbewussten Überzeugungen und Gedanken kennenzulernen. Diese Übungen finden Sie jeweils am Ende jedes Kapitels.

»Magst du klare Verhältnisse? Dann lies mal weiter – mit mir wird's spielend leicht.«

Unterbewusstsein – ein suspektes Thema?

Sind Sie jemand, der innerlich leicht zusammenzuckt, wenn das Wort Unterbewusstsein fällt? Dann gehören Sie sicherlich zu den Menschen, die dem Verstand eine wichtige Rolle in ihrem Leben zuweisen. Doch auch mit dem Verstand ist diese Sache sehr einfach zu fassen: Das Unterbewusstsein ist nichts anderes als ein Überbegriff für die Teile unseres Bewusstseins, auf die wir gerade nicht zugreifen können. Es handelt sich also um Gedanken, Gefühle und Überzeugungen, die nicht jederzeit offen zutage treten. Manchmal schaffen es solche Gedanken und Gefühle an die Oberfläche, blitzen kurz auf und können von uns, das heißt von unserem bewussten Verstand, wahrgenommen werden – um im nächsten Moment wieder zu verschwinden. Es ist genau wie bei einem Eisberg: Ein sehr großer Teil davon liegt unter Wasser, und nur sehr wenig davon ragt über die Oberfläche hinaus. Doch das sichtbare Eis könnte sich nicht halten, wenn nicht die Basis unter Wasser so mächtig und stark wäre.

Daraus entsteht die besondere Macht unseres Unterbewusstseins über unser Leben. Ob wir uns damit beschäftigen wollen oder nicht – das Unterbewusstsein ist einfach da und arbeitet sein Programm ab. Ob es uns hilft oder uns behindert, hängt einzig davon ab, ob und wie stark unsere unterbewusste Programmierung mit unseren bewussten Zielen und Haltungen übereinstimmt. Wenn die Übereinstimmung hoch ist, dann haben wir den stärksten Helfer, den wir uns nur wünschen können. Ist sie gering, so können wir das herausfinden und die Programmierung verändern. Ein klarer, eindeutiger Zusammenhang – beinahe ein wenig mechanistisch, nicht wahr? Und kein bisschen suspekt.

Wagen Sie sich ruhig an eine der Übungen am Ende des Kapitels – Ihr Unterbewusstsein beißt Sie nicht, es hat wahrscheinlich sehr interessante Informationen für Sie.

Das sprechende Unternehmen in Geschäftserfolg umsetzen

Wenn Sie die Übungen in diesem Buch nutzen und Ihr Unternehmen »zum Sprechen« bringen, fördert das Ihren Geschäftserfolg. Doch warum ist das sprechende Unternehmen so vorteilhaft für Sie?

- **Sie sind um ein Vielfaches effektiver und schneller als mit rein kopflastigen Tools.** Sie erinnern sich noch an den Faktor 1 zu 1 000 000 der Verarbeitungsgeschwindigkeit? Klar, dass es damit schneller geht! »Schneller« ist leicht untertrieben. Manche Schwierigkeiten lösen sich sprichwörtlich in Luft auf.

- **Sie können es universell im gesamten Unternehmen einsetzen.** Die Rolle und Bedeutung des Unterbewusstseins gilt für alle Bereiche, fürs Privat- und fürs Berufsleben. Es macht vor nichts Halt, und somit ist es auch für das gesamte Unternehmen und alle Fragestellungen einsetzbar.

- **Sie wissen, was die Zukunft bringt, wenn Sie die Programmierung kennen.** Sie gestalten mit Ihren Gedanken und Emotionen Ihre Erlebnisse und Erfahrungen. Oder umgekehrt ausgedrückt: Kennen Sie alle Ihre Gedanken und Emotionen, auch die, die im Unterbewusstsein liegen, wissen Sie auch, welche Erlebnisse und Erfahrungen Sie einladen – vorausgesetzt, Sie ändern nichts daran. Allerdings gilt es zu bedenken, dass schon allein das Bewusstmachen von Zusammenhängen Veränderungen auslöst.

- **Sie finden die echten Ursachen, statt sich mit »offensichtlichen« Argumenten aufzuhalten.** Jeder kennt Situationen, in denen er sich sagt: »Wenn ich das nur früher gewusst hätte!«, »Warum hat mir das keiner gesagt?«, »Das hätte ich mir sparen können!«. Oft sind wir und auch ganze Teams blind für die eigene Situation. Nun haben Sie die Chance, die Aufmerksamkeit auf das zu lenken, was wirklich ursächlich, wichtig und relevant ist. Jetzt können Sie zeitaufwendige Lernschleifen überspringen.

»Warum umständlich, wenn's einfacher geht? Ich bin stets einsatzbereit, effizient, klug, schnell und ehrlich. Und herrlich unterhaltsam!«

- **Sie wissen, was der andere denkt, fühlt, empfindet, vorzieht.** Mit einem tieferen Verständnis für Ihre Kunden steigt Ihre Fähigkeit, auf deren Bedürfnisse und Wünsche einzugehen, sie zu verstehen und zu wissen, was sie wirklich bewegt. Nun haben Sie die einmalige Möglichkeit, ihnen auf eine ganz andere Art und Weise noch näherzukommen. Damit steigen das gegenseitige Verständnis, die Wertschätzung und die Anteilnahme.

- **Sie schaffen den Wechsel vom Jammern zum Handeln.** Die Summe all dessen ist, dass Sie nun schneller, leichter, müheloser zum Tun, zur Umsetzung kommen.

Das sprechende Unternehmen bringt Vorteile im konkreten Einsatz.

Gespräche werden kanalisiert.	Gespräche, Diskussionen, Meetings, Verhandlungen, Brainstormings – jede Art der mündlichen Kommunikation kann enorm reduziert, besser kanalisiert und produktiver werden. Ob mit Kollegen, Abteilungsexternen, Mitarbeitern, Dienstleistern, Kunden, Buying-Centern oder anderen Geschäftspartnern.
Analysen werden beschleunigt.	Durch den »wahren« Überblick kommen Sie schneller auf den Punkt, die Bauch-Analysen sind gewöhnlich treffsicherer, und bei den folgenden Kopf-Analysen kann gezielter und viel konkreter nachgeforscht werden.
Fragen bezüglich des Marktes werden erleichtert.	Einsetzbar als schneller Check-up vorab oder als Begleitung während der eigentlichen Recherche (interne und externe Marktforschung): So wissen Sie eher, was bzw. welche Richtung Sie weiterverfolgen sollten. Egal, ob es um Ideen, konkrete Projekte, Zielgruppen, Vorlieben und Meinungen im Hinblick auf Produkte, Sortimente oder ganze Unternehmen geht.

Übersicht: Vorteile des sprechenden Unternehmens im konkreten Einsatz

Übungen: Die Unternehmensseele – Spielregeln und Etikette

Im Folgenden werden verschiedene Übungen und Erklärungen vorgestellt. Sie kreisen um die Fragen, wie Sie Ihr Unterbewusstsein erreichen und wie Sie mit Ihrem Unternehmen Kontakt aufnehmen.

Sie werden vielleicht einwenden: Es wäre ja wirklich toll, aber kann ich das auch? Braucht man dazu nicht jahrelange Übung, wie bei den Mönchen, Yogis oder irgendwelchen Erleuchteten? Ganz abgesehen davon – wie soll ich meine Intuition erreichen in all dem Alltagsrummel?!

Die gute Nachricht lautet: Die Übungen sind für jedermann geeignet, auch für diejenigen, die keine Vorkenntnisse mitbringen. Und da sie für jedermann sind, werden an dieser Stelle die Grundlagen auch wirklich für jedermann ausführlich beschrieben.

1. Die Eintrittskarte für Ihr Unterbewusstsein

Die ideale Grundlage dafür, Kontakt zum eigenen Unterbewusstsein herzustellen und möglichst aufnahmebereit zu sein, ist ein leichter Entspannungszustand. Dabei sind Sie immer noch aktiv, jedoch sehr ruhig und gelassen. Charakteristisch für diesen Zustand ist ein ruhiger, ausgeglichener Gemütszustand bei geschlossenen Augen, in dem unsere Sinne keinen äußeren Einflüssen, wie Geräuschen oder Gerüchen, ausgesetzt sind.

»Na, dann beam mal schön. Ich warte auf der nächsten Seite …«

Es gilt also, in einer Cool-Down-Phase Ihr gesamtes System mit Ihren Gedanken und Gefühlen so weit herunterzufahren, bis Sie ganz ruhig und gelassen sind. Hilfreich ist es, dabei die Augen zu schließen. So können Sie Ihr Ziel, einen ruhigen Geist und ein tiefes Wohlgefühl, leichter erreichen. Es ist eine Grundhaltung, die Sie für die verschiedensten Übungen brauchen und die hilfreich ist für Meditationen, Visualisierungen und Trance – einem Bewusstseinszustand zwischen Wachen und Schlafen. Sie erreichen damit ein Gefühl der Neutralität, frei von Verbissenheit, Vorurteilen oder dem »Schon-im-Vorhinein-Wissen«.

ÜBUNG

Wollen Sie die im Folgenden dargestellten Übungen durchführen, so ist es wichtig, die unten aufgeführten Vorbereitungen zu treffen. Um Gewinn aus den Übungen zu ziehen, sollten Sie neutral an die Aufgabenstellungen herangehen. Wenn Ihre Gedanken beispielsweise noch beim letzten Projekt oder bei einem anstrengenden Telefonat verweilen, dann sind Sie nicht frei genug, um unbefangen in sich hineinzuspüren. Ihr Kopf bietet Ihnen dann die altgewohnten Lösungen, Empfehlungen, Kommentare und Ratschläge an. Der Verstand spielt Ihnen einen Streich, und Sie meinen, etwas zu fühlen und wahrzunehmen. Das ist jedoch im Grunde nur das, was Ihr Kopf zu dem Thema meint, und entspricht nicht dem, was Sie intuitiv wahrnehmen würden. Doch der Zweck der Übung besteht genau darin, Zugang zu Ihrem Bauch zu finden.

»Psssst … Kopf ausschalten und relaxen. Ach, ist das schön hier … Und? Merkst du was? Toll, du kannst mich fühlen!«

Sich frei zu machen ist also der Schlüssel – frei machen vom operativen Geschäft, den Kollegen, dem aktuellen Projekt. Schon allein deswegen ist es sinnvoll, ein besonderes Augenmerk auf die Räumlichkeiten zu legen. Denn Ihre äußere Umgebung beeinflusst die Übungen im Positiven wie im Negativen.

»Wird echt Zeit. Jetzt erfährst du also genau, wie wir uns am besten zusammentun, was ich besonders gern mag, was du lieber sein lassen solltest, und so weiter. Kurzum – wie echte Freundschaft funktioniert! Oh Mann, bin ich aufgeregt …«

Räumliche Vorbereitungen

Im ersten Schritt sollten Sie geeignete *äußere Bedingungen* schaffen. Dazu sind die folgenden Maßnahmen notwendig:

- Suchen Sie sich einen Ort, an dem Sie sich wohlfühlen und an dem Sie ungestört sind. Falls Sie Ihre Arbeitsräume nutzen, wählen Sie einen anderen Raum als Ihren Büroraum. Keinesfalls sollte es der Raum sein, in dem Sie üblicherweise die Strategiearbeit, das Controlling und die Zahlenarbeit erledigen oder in dem gar noch andere Personen arbeiten. Besprechungs-, Schulungs- oder Seminarräume sind gut geeignet. Der Raum sollte so groß sein, dass eine freie Fläche von mindestens 13 Quadratmetern verfügbar ist – ohne Stühle und Tische. Gegebenenfalls räumen Sie diese einfach beiseite. Natürlich können Sie auch Ihre privaten Räume dafür nutzen.

- Sorgen Sie dafür, dass Sie ungestört sind. Schalten Sie das Handy aus, und leiten Sie das Telefon um. Teilen Sie Ihrem Chef, Ihren Kollegen und Ihren Mitarbeitern mit, dass Sie für eine bestimmte Zeit ungestört sein wollen.

- Musik mit Gongschlag, OM-Klängen, Yogamusik oder einfach Entspannungsmusik ist hervorragend geeignet, um Sie aus dem operativen Geschäft möglichst herauszuholen und zu entspannen.

- Falls Sie in Ihren privaten Räumen sind, können Sie eine Kerze anzünden, wenn Sie wollen. Es macht den Raum sinnlicher und unterstreicht, dass es nun ums intuitive Wahrnehmen geht und nicht um eine Analyse.

Persönliche Vorbereitungen

Hier ein paar Anregungen für die Schaffung der bestmöglichen *inneren Bedingungen*. Sie können die Übungen einzeln oder alle nacheinander machen.

- Setzen Sie sich möglichst bequem hin, sodass Sie sich gut entspannen können. Legen Sie die Arme entspannt und locker auf die Oberschenkel, schließen Sie die Augen. Atmen Sie tief in den Brust- und Bauchraum ein und durch den geöffneten Mund aus.

- Fühlen Sie bewusst den Boden unter Ihren Füßen. Stellen Sie sich vor, wie Ihre Füße allmählich Wurzeln in die Erde schlagen und wie die Wurzeln wachsen und sich verzweigen. Atmen Sie weiter tief ein und aus.

- Machen Sie ihren Kopf möglichst leer, und lassen Sie alle Gedanken, Fragen und Sorgen los. Stellen Sie sich dabei vor, dass Ihre Gedanken wie Wolken am Himmel an Ihnen vorüberziehen, ganz leicht und locker.

- Halten Sie ungefähr eine Minute lang Ihre Stirn mit der rechten Handfläche und Ihren Bauch mit der linken Handfläche, und atmen Sie dabei tief in den Brust- und Bauchraum ein und aus. Dann wechseln Sie: die rechte Hand auf den Bauch, die linke auf die Stirn.

ÜBUNG

Variante: Qualitäten und Farben ein- und ausatmen

Sie haben das Gefühl, heute ist gar kein guter Tag? Im Geschäft war die Hölle los, und Sie bezweifeln, dass Sie es überhaupt irgendwie schaffen, sich zu entspannen? Sie sind dermaßen genervt, dass Sie genau jetzt die Informationen Ihres Unterbewusstseins brauchten? Doch wie sollen Sie jetzt herunterfahren? Da beißt sich die Katze in den Schwanz ...

> »Oh je, heute nicht dein Tag? Macht nichts, ich bin ja da, gleich wird's besser! Einatmen, ausatmen ...«

In diesem Fall können Sie zusätzlich zu dem gerade eben beschriebenen Vorgehen folgende Atemtechnik einsetzen und spezielle Qualitäten ein- und ausatmen: Überlegen Sie, was Sie benötigen, was Sie jetzt genau wollen, was Ihnen guttut – zum Beispiel Sicherheit, Souveränität, Gelassenheit, Entspannung, Friede, Harmonie und Leichtigkeit. Und auf der anderen Seite überlegen Sie, was Sie loslassen wollen – zum Beispiel Unsicherheit, Anspannung, Angst und Wut. Dann setzen Sie all dies als Atem um. Atmen Sie zum Beispiel über Kopf, Hals und Brust Ruhe ein und über den Bauch Stress aus. Vertrauen ein und Misstrauen aus. Liebe ein und Hass aus. Mut ein und Angst aus. Kraft ein und Schwäche aus ...

Falls Sie nicht genau wissen, was Sie einatmen und ausatmen sollen, dann bieten sich beispielsweise die Farbe Gold, violettes oder helles Licht an. Diese sind besonders stark. Probieren Sie es einfach aus, und stellen Sie sich die Farben und die Qualitäten bildlich vor, wenn Sie sie ein- und ausatmen.

Variante: Atmen in bestimmte Körperteile

Manchmal sitzt der Stress so tief, dass er sich unüberhörbar im Körper bemerkbar macht. Dann bietet es sich an, genau durch diese Stellen zu atmen. Fühlen Sie zum Beispiel ein Bauchgrummeln genau in der Nähe Ihres Nabels, dann atmen Sie ganz bewusst von oben – ausgehend vom Kopf über den Hals und die Brust – Qualitäten oder die Farbe Gold ein und durch diese Stelle wieder aus. Machen Sie dies so lange, bis es sich leichter anfühlt.

Variante: Geführte Cool-down-Phase

Statt sich selbst gedanklich herunterzufahren, können Sie natürlich gern auch eine geführte Meditation nutzen. Dies hat den Vorteil, dass jemand anderes Sie mit Anweisungen durch die Übung führt und Sie sich voll und ganz auf Ihre Entspannung und das Atmen konzentrieren können. Gerade am Anfang oder in besonderen Stresssituationen ist dies eine echte Erleichterung.

Gute Erfahrungen habe ich mit der CD von Kurt Tepperwein gemacht, die seinem Buch *Die hohe Schule der Hypnose*[22] beiliegt. Sie ist vor allem geeignet, um direkt das Unterbewusstsein zu erreichen. Eine sehr kraftvolle Meditation ist auch die *Meditation über zwei Herzen und Selbst-Heilungs-Meditation* von Choa Kok Sui.[23]

Musik, die sich sehr gut als Hintergrund zur eigenen Entspannung eignet, ist zum Beispiel die CD *OM* von Choa Kok Sui.[24] Es gibt aber eine Fülle an Meditations- und Musik-CDs, bestimmt finden Sie die passende, mit der Sie am allerbesten entspannen können.

So, der erste Schritt wäre getan …

»Ach, ich mag so ein bisschen Schnickschnack, da klappt's gleich noch besser. Oh, hübsche Farben, schöne Musik … Ja, das gefällt mir!«

2. Darf ich bitten? Ihre Unternehmensseele

Nun möchte ich Sie einladen, Ihr Unternehmen von einer ganz anderen Seite kennenzulernen: vom Bauch her, Ihre restlichen 95–99 Prozent, als ein echtes Erlebnis für alle Sinne!

Doch was ist Ihr Unternehmen, vom Bauch her betrachtet, überhaupt? Ihr Unternehmen besteht genauso wie jedes andere Wesen aus Körper, Geist und Seele. Während der Körper sich durch Dinge ausdrückt, die Sie anfassen können, steht der Geist eher für eine gewisse Haltung, für das, was vorherrschend gedacht wird. Und die Seele ist, verkürzt ausgedrückt, der Wesenskern Ihres Unternehmens.

ÜBUNG

Zuerst: Was ist eine Seele? Die Seele eines Menschen ist weit mehr als dieser Teil, der gerade auf der Erde abgebildet ist, unfassbar viel größer als das, was Sie sich vorstellen können. Es ist der Wesenskern eines Menschen, das, was ihn ausmacht. Analog dazu gibt es auch eine Unternehmensseele.[25] Sie umfasst sowohl die internen Verbindungen innerhalb der Belegschaft als auch die externen Verbindungen zu Lieferanten, Kunden und anderen Geschäftspartnern. Eben das, was Ihr Unternehmen ausmacht – in klarster und reinster Form.[26]

Die Unternehmensseele können Sie alles fragen, was Sie möchten. Alle Sorgen und Nöte, alle Ideen können aufs Tapet gebracht werden. Je tiefer Sie in die Trance kommen, je höher Ihre Schwingung ist, desto offener sind Sie für die Botschaften der Unternehmensseele, desto klarer und reiner können diese aufscheinen. Wichtig ist, dass Sie sich klarmachen, dass Sie es wert sind, es sich selbst erlauben, Kontakt zur Unternehmensseele aufzunehmen. Gehen Sie unbefangen und gelassen in die Übung. Jeder Mensch besitzt die Fähigkeit dazu. Denken Sie auch bei den weiteren Übungen im Buch daran, denn es ist eine Gabe, die nur verschüttet ist und die es zu reaktivieren gilt. Der Aufwand lohnt sich! Meine Beobachtung ist, dass es eine der stärksten Möglichkeiten zur Klärung von Fragen ist. Diese Übung hat äußerst positive Auswirkungen auf das Gesamtsystem. Im Laufe des Buches werden wir uns der Unternehmensseele auf unterschiedliche Weise nähern. Die nun folgende ist der Erstkontakt.

»Bitte nicht wundern: Ich mag Maskerade und Bildersprache. Und weiß genau, dass du alles gut lesen kannst!«

Erfahrungen und Beispiele

Die Unternehmensseelen können sich in Farbe, Form und Gestalt gänzlich unterscheiden. Zur Verdeutlichung möchte ich einige Beispiele schildern.

Der »Totempfahl«: Bei einer ehemaligen Großunternehmerin zeigte sich, dass sie sich eigentlich noch in der Seele des Betriebes ihrer Eltern befand und nicht in der ihres eigenen, kleineren Unternehmens.

Als die Unternehmerin den Kontakt mit ihrer Unternehmensseele aufnahm, stellte sich folgendes Bild ein: Ihre Unternehmensseele ließ sich anhimmeln, stolzierte aufgeblasen herum. Wie ein Gockel – einfach lächerlich! Die Unternehmerin glaubte es kaum. Selbst die hinzugenommenen Kunden fragten sich: »Was soll ich damit?« Da hatte sie die Erkenntnis: »Das hat nichts mit mir zu tun, warum bin ich da drin?« Nachdem wir daran gearbeitet hatten, dass die Unternehmerin sich ernst nahm, änderte sich das Bild, das sie schilderte: Auf einmal stand sie in einer weiten, hohen, tiefen Halle – so groß etwa wie ein Flugzeughangar, eine Wartungshalle für Flugzeuge. Nüchtern mit Ledersofas eingerichtet und in zurückhaltendem Design. Die vereinzelten Leute, die umherliefen, waren im Verhältnis zur der riesigen, ausschweifenden Halle winzig klein. Die Unternehmerin sagte: »Es ist so abgehoben, ich kann es nicht ernst nehmen und ärgere mich. Ist das überhaupt mein Raum? Die Schuhe sind mir zu groß …« In ihr baute sich Widerstand auf. Sie fand es lächerlich und unangemessen und wollte den Raum einfach nicht einnehmen.

»Und klar – vor allem spreche ich die Seelensprache! Hab' ich dir übrigens schon gesagt, dass ich deine ganze Familie kenne? Da gibt es Geschichten – du glaubst es nicht …«

Plötzlich sah sie einen riesigen Totempfahl im Raum, der durch das Dach in den Himmel wuchs. Einfach grandios, edel, gut. Er war so riesig, dass sie das Gefühl hatte, erschlagen zu werden. Er machte sie demütig, und gleichzeitig hatte sie eine Verbindung nach oben, in eine schöne, heile Welt. Wieder machten sich Zweifel breit, doch da bekam sie von dem Totempfahl eine Einladung. Ernst war der Totempfahl, da die Klientin sich der falschen Unternehmensseele zugewandt hatte – doch dann nahm die Klientin die Einladung an. Im Laufe der Kontaktaufnahme mit der Unternehmensseele wurden die Themen »sich ernst nehmen«, »lächerlich sein« und »Verwechslung mit dem elterlichen Betrieb« gelöst.

Der »Todesfall«: In einem weiteren Fall fiel die Unternehmensseele des Klienten tot um, als sie mit der Unternehmensseele der Kundenseite konfrontiert wurde. Zu groß war der Kunde, ein Konzern. Wiederbelebungsversuche mit Beatmung und

ÜBUNG

Rettungsmaßnahmen mussten gemacht werden – wohlgemerkt in den inneren Bildern. Ebenbürtigkeit und Wertschätzung in der Beziehung zwischen dem Klienten und dem Konzern mit den dazugehörigen Ansprechpartnern änderten die Situation schnell.

Das »Geheimversteck«: Bei einer sehr spirituellen Klientin zeigte sich die Unternehmensseele als Engel. Der Raum ähnelte eher einem Geheimversteck oder Verlies mit Fackeln, die tief in den Erdboden gesteckt waren. Schwierigkeiten mit Themen wie »in die Öffentlichkeit gehen« und »sich zeigen« wurden dadurch deutlich und in den fortlaufenden Coachings bearbeitet.

Der Vorteil der Trance ist, dass sich, wenn an der Lösung gearbeitet wird, sofort abgewandelte Bilder einstellen und Sie so auf der Stelle erfahren, inwieweit sich im Unterbewusstsein etwas verändert hat. Selbstverständlich geben die Erscheinungsformen der Unternehmensseele ebenfalls Hinweise. Ein Totempfahl beispielsweise war bei den Indianern Nordamerikas ein Symbol für die Familienidentität, er verwies auf die Geschichte und die gesellschaftliche Stellung einer Familie.[27] Genau dieses Thema war bei dem oben beschriebenen Fall zentral.

Natürlich gibt es nicht nur eine Unternehmensseele. Gute Erfahrung habe ich auch mit Raumseelen, Buchseelen und Projektseelen gemacht.

Vorgehensweise

»Unser erstes Seelen-Rendezvous! Ist das nicht romantisch?!«

- Sie haben alle räumlichen Vorbereitungen getroffen. Sie sind ungestört, Ihr Telefon und Ihr Handy sind ausgeschaltet, die Entspannungsmusik läuft. Gegebenenfalls steht eine Kerze vor Ihnen.

- Setzen Sie sich möglichst bequem hin, sodass Sie sich gut entspannen können. Ihre Füße stellen Sie auf den Boden, legen Sie die rechte Hand locker auf den rechten Oberschenkel, die linke Hand locker auf den linken Oberschenkel.

- Es ist von Vorteil, wenn Sie aus dem Fenster schauen und Ihren Blick auf nichts Bestimmtes richten.

- Atmen Sie tief ein und aus. Atmen Sie die Farbe Gold ein und aus. Spüren Sie, wie Sie dabei immer ruhiger werden.

- Halten Sie die Aufmerksamkeit in Ihrem Herzen, und öffnen Sie es. Atmen Sie dabei immer weiter. Machen Sie dies ruhig drei bis vier Minuten lang, bis Sie das Gefühl haben, dass Sie vollkommen entspannt und locker sind.

- Sie sind am Anfang eines Weges, am Beginn einer Reise zu Ihrer Unternehmensseele. Sie sehen den Weg, der in Richtung einer Tür verläuft, der Tür zum Raum Ihrer Unternehmensseele.

- Sie begeben sich langsam auf den Weg. Nach einiger Zeit kommt Ihnen die **Willenskraft** entgegen. Schauen Sie sie genau an, und lernen Sie sie kennen, während sie vor Ihrem inneren Auge steht. Schauen Sie ihr tief in die Augen. Sehen Sie, welche Stärke und Kraft sie ausstrahlt, und verweilen Sie ein wenig vor dem Bild. Atmen Sie tief ein und aus. Nehmen Sie nun Ihre Willenskraft bei der Hand, fühlen Sie ihre Stärke, und gehen Sie mit vereinten Kräften gemeinsam weiter.

- Dabei genießen Sie den Weg in vollen Zügen. Am Wegesrand steht die **Freude**. Sie wartet schon auf Sie. Schauen Sie sie genau an, und blicken Sie ihr für einige Momente in die Augen. Sehen Sie, wie glücklich sie ist, und spüren Sie, was für ein angenehmes Gefühl sie ausstrahlt. Atmen Sie dabei mehrmals tief ein und aus. Nehmen Sie nun die Freude an die andere Hand. Setzen Sie Ihre Reise freudig fort. Stück für Stück gehen Sie weiter voran und nähern sich immer weiter dem Raum der Unternehmensseele.

- Jetzt stehen Sie direkt vor der Tür. Der **Mut** steht Ihnen zur Seite, wenden Sie sich ihm zu, und schauen Sie genau hin, welche Beherztheit und welchen Wagemut er verströmt. Atmen Sie wieder tief ein und aus. Sie öffnen die Tür, zuerst nur einen Spalt weit, und blicken in den Raum, der sich auftut. Was sehen Sie? Sie strecken Ihre Hand hinein, um zu erfahren, wie sich der Raum anfühlt. Was spüren Sie?

»Schon interessant, wen du so alles dabei hast … Aber kein Problem, die sind alle herzlich willkommen.«

ÜBUNG

- Nun öffnen Sie die Tür vollständig, gehen mit einem ersten großen Schritt in den Raum hinein und tun dann einen weiteren Schritt, bis Sie ganz im Raum der Unternehmensseele stehen. Schauen Sie sich genau um. Was sehen Sie vor Ihrem inneren Auge?

- Halten Sie nun Ausschau nach Ihrer Unternehmensseele. Sehen Sie sie? Wo steht sie im Raum? Gehen Sie auf sie zu, und nehmen Sie Kontakt mit ihr auf. Sehen Sie sie genau an, und blicken Sie ihr in die Augen. Fragen Sie, ob sie eine Botschaft für Sie hat. Lassen Sie sich dabei Zeit, und warten Sie, bis Sie das sichere Gefühl haben, dass die Unternehmensseele ihre Botschaft beendet hat.

- Dann bedanken Sie sich bei Ihrer Unternehmensseele und verlassen den Raum. Schließen Sie die Tür hinter sich, und kehren Sie zu Ihrem Ausgangspunkt zurück.

- Öffnen Sie die Augen, recken und strecken Sie sich, stellen Sie Ihre Füße fest auf den Boden. Werden Sie Stück für Stück wach, und kommen Sie wieder ganz im gegenwärtigen Augenblick an.

Eigenreflexion

Notieren Sie möglichst alles, was Sie wahrgenommen haben. Was haben Sie gehört, gespürt, gefühlt, gedacht? Welche Größen, Farben, Formen, Botschaften, Gefühle, Gedanken haben Sie wahrgenommen? Wie sahen die Willenskraft, die Freude, der Mut aus? Was sahen Sie auf dem Weg? Wie sah der Raum der Unternehmensseele aus? Wie groß war er, welche Farben herrschten vor? Wie erging es Ihnen auf dem Weg zur Unternehmensseele, beim Eintreten, im Raum und im Kontakt mit der Unternehmensseele? Wann fiel es Ihnen besonders leicht, wann fiel es Ihnen schwerer? Welche Botschaft hatte Ihre Unternehmensseele für Sie? Versuchen Sie, möglichst viele Details und Informationen festzuhalten.

Legen Sie nun eine kurze Pause ein. Holen Sie anschließend nach einigen Minuten Ihre Notizen wieder hervor, und lesen Sie sich Ihre Aufzeichnungen nochmals durch. Behalten Sie dabei immer die folgenden Fragen im Hintergrund: Was sagt mir das? Was fällt mir dazu ein? Wo ist mir das schon einmal begegnet?

Variante: Weitergehende Fragen

Sie gehen genauso vor, wie gerade eben beschrieben, betreten den Raum der Unternehmensseele, nehmen mit ihr Kontakt auf und stellen die folgende Frage: »Welche Änderung in meinem Unternehmen würde mich momentan am weitesten bringen?« Stellen Sie alle Fragen, die Sie in Bezug auf Ihr Unternehmen bewegen. Nachdem Sie die Antworten erhalten haben, bedanken Sie sich wieder bei Ihrer Unternehmensseele und verlassen den Raum. Zur Nachbereitung gehen Sie so vor wie bei der Eigenreflexion oben beschrieben.

Im Verlauf des Buches wird es immer wieder Gelegenheiten geben, in Kontakt mit Ihrer Unternehmensseele zu treten, sei es bei der Planung, der Positionierung oder der Zielgruppenbestimmung. Jetzt haben Sie Ihr sprechendes Unternehmen kennengelernt, doch warten Sie erst einmal ab, was es Ihnen noch alles erzählt, zu Ihren Zielen und Ihrer Planung!

»Notizen, Notizen, Notizen! Wir wollen doch nicht vergessen, worüber wir uns so angeregt ausgetauscht haben!«

Die sprechende Planung

weiß, wie sie nicht nur geplant, sondern auch erreicht wird.

Es gibt bei mir, so würdet ihr wohl in eurer Welt dazu sagen, verschiedene Abteilungen. Ich nenne es verschiedene Persönlichkeitsanteile. Der eine Teil in mir sagt: Ich weiß, dass sie notwendig ist, aber wirklich lieben tue ich die Planung nicht. Wenn ich ehrlich bin, ich mag sie überhaupt nicht! Ziele, Daten, Projektpläne … uff. Ich weiß, bestimmte Zahlen müssen aufeinander abgestimmt sein, aber am liebsten würde ich die Gesetze außer Kraft setzen. Und die Werbeplanung? Warum soll ich sie denn überhaupt machen? In solch bewegten Zeiten weiß doch ohnehin keiner mehr, wo hinten und vorn ist. Der andere Teil in mir sagt: Die Planung ist ein wunderbares Tool! Sie zeigt mir vieles auf und hält mich an, mit mir ins Reine zu kommen: wo ich überhaupt hinwill und wie klar ich mir darüber bin. Sie hilft mir, mich von meinen inneren Konflikten zu befreien. Denn oft will ich A, aber die Konsequenzen B und C nicht, jedoch die Konsequenzen D und E. Zudem gibt die Planung mir die Möglichkeit, mich auf das Wesentliche zu konzentrieren und den Überblick zu behalten. Und dann erst die Werbeplanung! Sie ist so kreativ, bunt, sprühend! Oh ja, sie ist das wahre Herzstück, ein Konzentrat aller Ideen und Botschaften, die ich in mir trage …

Und dann noch die Zeit! Oh, ich liebe sie! Sie ist ein Phantom der Wirklichkeit in eurer Welt. Wisst ihr, warum? Es geht nämlich nicht wirklich um Zeit. Es geht um das, was ihr in der Zeit bewirkt. Die Zeit ist auch nicht knapp. Es sind eure erreichten Ziele, die knapp sind! Viele Ziele sind gar nicht echt, sie sind Plagiate. Sie tun so, als ob sie Ziele wären. Aber mich fragt ja keiner, ob es wirklich Ziele sind, ob es das ist, was ihr wirklich wollt. Manche sind nur kopiert oder sogar geklaut. Und andere tun nur so, damit ihr beschäftigt und geschäftig seid …

Zahlen! Ja, Zahlen liebe ich besonders! Zahlen sind so emotional, bildlich, echt, ohne Firlefanz und direkt. Zu jeder Zahl habe ich etwas zu sagen – und umgekehrt. Sie sind so klein und kurz und doch so voller Inhalt und Botschaft. Oft werde ich nach den Deadlines gefragt. Ich weiß, ich weiß, für euch Menschen sind die wahnsinnig wichtig. Doch mich frustrieren sie nur, weil ich dann immer schlechte Botschaften habe. Warum müsst ihr euch auch immer alles so setzen, dass ihr ständig mit Hindernissen zu kämpfen habt? Nehmt euch doch einfach Ziele, zu denen ihr schnurstracks durchgeht, bei denen ihr so viel Power habt, dass es keine Hindernisse gibt! Ist doch viel besser, oder?

Wie es damit wohl in eurem Unternehmen aussieht? Auf den nächsten Seiten könnt ihr es erkunden. Mit eurer Zeit, mit euren echten und unechten Zielen, mit euren emotionalen Zahlen …

Das Ende des »Dringend-wichtig«-Dilemmas bei Zielen, Zeit und Werbung

Fühlt sich an, als ob es stimmen könnte, was Ihr Unternehmen Ihnen zu sagen hat, oder? Zielkonflikte kennen wir alle. Uns reichen oft schon die, die uns bewusst sind. Und dass wir häufig die falschen Ziele angehen, wissen wir manchmal erst, wenn wir sie erreicht haben. Aber emotionale Zahlen – ist das wirklich so? Und ist echte Planung in diesen verrückten Zeiten wirklich möglich?

»Hopp, hopp, schneller, schneller! Soll ich hier noch ewig warten?«, drängelt das Ziel.

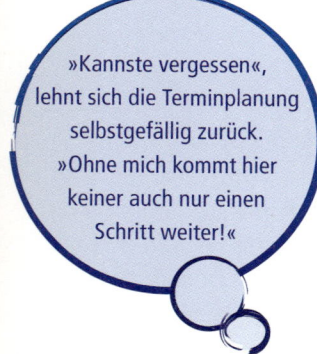

Trotz all unserer Planungen sind wir mit unserer »Dringend-wichtig«- und »Wichtig-dringend«-Nummer langsam am Ende. Priorisierungen werden immer schwieriger, Deadlines verschieben sich nach hinten, und Entscheidungen erscheinen aufgrund der enormen Veränderungen als immer unsicherer.

»Kannste vergessen«, lehnt sich die Terminplanung selbstgefällig zurück. »Ohne mich kommt hier keiner auch nur einen Schritt weiter!«

Genau dieses Dilemma werden wir beleuchten. Dabei erfahren Sie, wie Ihnen Ihr sprechendes Unternehmen helfen kann, angesichts all der wichtigen Dinge die Orientierung zu behalten, komplexe Entscheidungsprozesse in kurzer Zeit zu erfassen und Zielkonflikte sichtbar und damit lösbar zu machen. Damit Sie manche Ziele rechtzeitig, andere überhaupt erreichen und sich selbst weniger Stolpersteine in den Weg legen. Kurzum: Das sprechende Unternehmen erleichtert die Prozesse und hilft, an Tempo zu gewinnen und Grenzen zu sprengen. Es gibt neue Antworten auf alte Fragen zum Erfolg.

Auch diesmal wechseln wir wieder zwischen Bewusstsein und Unterbewusstsein hin und her und nutzen die Technik der Aufstellung für gängige Marketingfragen. Die zentralen Elemente kommen hierbei zu Wort: der Unternehmer, seine Ziele, der Zeitaufwand, das Geldbudget, ergänzt um die Werbeplanung.

In diesem Kapitel erfahren Sie:

- was unter den Begriffen »Ziel«, »Zeit-« und »Geldbudget« sowie »Werbeplanung« zu verstehen ist und wie verstandesmäßig vorgegangen wird
- wie die emotionalen Prozesse dazu aussehen, was sich im Unterbewusstsein an möglichen Überzeugungen zeigt – erläutert an Fallbeispielen
- was eine Aufstellung ist, wie sie funktioniert, was bei Aufstellungen zu beachten ist und wie Sie mit den durch eine Aufstellung gewonnenen Erkenntnissen umgehen
- wie Sie eine Do-it-yourself-Aufstellung durchführen
- wie Sie Aufstellungen für die Eckdaten eines Unternehmens verwenden und Ihre Unternehmensseele weiter befragen

Alle haben etwas zu sagen. Lassen Sie sich überraschen und inspirieren von Ihren Zielen, Meilensteinen und Budgets.

Die Planung mit dem Kopf: manchmal hilfreich, oft vergeblich

Ja, alle Elemente werden hier zu reden beginnen: die Ziele, das Zeit- und Geldbudget sowie die Werbeplanung. Kurz, wir reden hier von – und später mit – den wichtigsten Eckdaten, die zur Planung notwendig sind. Doch was verstehen wir darunter?

Die Begriffe: Ziele, Zeit, Werbeplanung

Mit Zielen formulieren Sie eine Antwort auf die Frage »Wo will ich in der Zukunft stehen?«. Sie sind in einem Ist-Zustand und streben mit dem Ziel einen vom Ist-Zustand abweichenden Soll-Zustand an. Es gibt kurz-, mittel- und langfristige Ziele.

Ziele können in einem Unternehmen alles Mögliche sein: klassischerweise Umsatz- und Absatzziele, aber auch Projekte wie eine neue Website, die Entwicklung eines neuen Logos oder Produkts sowie das Erlernen neuer Fähigkeiten. Allein bei den Werbezielen ergibt sich schon eine endlose Vielzahl – qualitative Ziele wie mehr Glaubwürdigkeit, mehr Vertrauen, ein besseres Image oder eine stärkere Corporate Identity und quantitative Ziele wie mehr Umsatz, mehr Absatz, mehr Kontakte und Adressen.

> »Schön will ich sein, reich will ich sein, begehrt will ich sein, innovativ will ich sein, intelligent will ich sein, bekannt will ich sein, berühmt will ich sein. Was wollte ich noch mal genau?«, schwelgt das Produkt.

Bei der *Zeit* spielen vor allem zwei Bereiche eine Rolle: Wie viel Zeit investiere ich, und bis wann will ich das Ziel erreicht haben? Das »Bis wann« drückt die Deadline, den Endtermin aus. Bei großen Zielen, zum Beispiel bei der Einführung eines Produkts in den Markt, oder beim Umsatz, wird das zeitbezogene Ziel um Zwischenziele, sogenannte Meilensteine, ergänzt. Ob große oder kleine Ziele, es handelt sich immer um Zeitplanung.

Auf der anderen Seite investieren wir auch Zeit. Wir berechnen diese investierte Zeit in Stunden, Tagen, Wochen oder Monaten. Wir schätzen ab, wie viel Zeit wir benötigen, um ein bestimmtes Ziel zu erreichen. Bei größeren Firmen umfasst diese Investition natürlich den Zeitaufwand mehrerer Personen. Hier spielen auch die Personalressourcen eine Rolle, die für ein Projekt zur Verfügung stehen.

DIE SPRECHENDE PLANUNG

Unter *Werbeplanung* versteht man die Überlegung, wann was beworben wird, mit welchem Werbemittel, zu welchen Kosten und mit welchem erwarteten Erfolg. Sie hilft Ihnen, bei den vielen Parametern den Überblick zu behalten, und am Ende des Jahres können Sie das Dokumentierte leicht auswerten. Gutes bleibt erhalten und wird multipliziert, Schlechtes wird analysiert und gegebenenfalls optimiert oder ausgesondert. Auch hier gibt es Zahlen: die Werbekosten pro Maßnahme bzw. das gesamte Werbebudget, das sogenannte Geldinvest und der Werbeerfolg – wenn er denn nachvollziehbar ist.[1]

> Der Flyer jubelt, die Botschaft strahlt, das Timing grinst. »Alles paletti!«, frohlockt die Werbeplanung.

»Ich sehe was, was du nicht siehst«, ruft die Preiskalkulation und hüpft frech vor dem Jahresumsatzziel herum.

Analysen zu Zielen, Zeit und Werbeplanung

Es geht also immer um Sachverhalte, die in Form von Zahlen, Daten und Fakten ausgedrückt werden können, in Tabellen, Statistiken und Zeitverläufen. Alle zusammen geben uns einen Überblick, wie alles stimmig zusammenpasst und sich ineinanderfügt. Es geht um das Zusammenspiel der Eckdaten eines Unternehmens, wobei wir uns hier auf einige wenige beschränken:

- Was wollen Sie erreichen?
- Bis wann wollen Sie es erreichen?
- Wie viel investieren Sie an Zeit?
- Wie viel investieren Sie an Geld?

So erfordert beispielsweise eine 100-prozentige Umsatzsteigerung innerhalb eines Jahres wesentlich mehr Zeit- und Geldbudget als eine 10-prozentige. Sei es eigene oder zugekaufte Arbeitskraft oder ein höheres Werbebudget. Vieles erklärt sich von selbst, wenn man nur einen klaren Kopf bewahrt.

Nehmen wir die Entwicklung des Umsatzes: Höhere Umsatzsteigerungen sind zuweilen möglich, aber um sie über mehrere Jahre hinweg zu erreichen, muss diese Entwicklung stabilisiert werden. Und dies fließt wiederum in die Zeitplanung ein. Natürlich spielen auch die notwendigen Stückzahlen eine Rolle – denn mehr Umsatz bedeutet entweder größere Stückzahlen oder einen höheren Stückpreis. Dies hat wiederum Auswirkungen auf die Zeitressourcen bzw. Personalressourcen. Auch kann ein geringeres Geldbudget durch vermehrten eigenen Arbeitseinsatz wettgemacht werden. Aber natürlich gibt es Grenzen, da der Tag schlicht und ergreifend nur 24 Stunden hat und vieles nicht selbst gemacht werden kann, wenn auf einem Gebiet keine oder zu wenig Kompetenzen vorhanden sind.

Bei den Werbemaßnahmen verhält es sich ähnlich. Ein Beispiel: Sie haben ein bestimmtes Werbebudget für das ganze Jahr und eine Idee für Ihre Werbung. Beantworten Sie für sich nun die folgenden Fragen, so gelangen Sie in Ihren Überlegungen ein gutes Stückchen weiter:

- Was will ich damit erreichen, und wie realistisch ist das Ziel?
- Bis wann werde ich mein Ziel erreicht haben?
- Wie viel Geld muss ich investieren?
- Wie viel Zeit muss ich dafür investieren?

Bei der Abschätzung fließen Erfahrungen mit anderen Werbeaktionen ein. Wie viel Umsatz haben diese damals gebracht? Wie viele Kontakte wurden geschlossen, wie oft haben Sie PR-Artikel bekommen? Hier zahlt es sich aus, wenn Sie eine genaue Werbeplanung erstellt und die Ergebnisse Ihrer Aktionen notiert und ausgewertet haben.

Bei der Beantwortung der Fragen kann es passieren, dass die Werbemaßnahme schon aufgrund des zu schmalen Budgets verworfen wird. Möglicherweise würde die Idee einen zu großen Teil des Gesamtbudgets verschlingen oder über einen längeren Zeitraum nicht regelmäßig finanzierbar sein – wie es beispielsweise bei Anzeigen notwendig ist. Manchmal ist auch der Zeitbedarf für die Realisierung einfach zu groß und würde das ganze Unternehmen über Wochen oder gar Monate hinweg lahmlegen.

Auch bei der Festlegung Ihres Werbebudgets spielen Relationen eine Rolle. Empfehlenswert ist es, einen bestimmten Prozentsatz vom geplanten Umsatz anzusetzen. Je kleiner der Umsatz, desto höher der Prozentsatz. Sinnvoll ist es auch, sich zu fragen: Was möchte ich überhaupt an Aktivitäten starten und wie viel kosten mich diese? Diese Frage hat die Funktion eines Gegenchecks. Oft klafft zwischen Werbebudget, das notwendig ist, für das, was man tun möchte, und dem zur Verfügung stehenden Werbebudget eine Lücke. In der Praxis kommt es dann zu einem vorsichtigen Angleichen von Wunsch und Realität – über günstigere Varianten, preiswertere Lösungen oder Ähnliches.[2]

»Also, du bist echt schick! Mit dir kann man sich sehen lassen. Aber leider, leider bist du unerschwinglich«, bedauert das Werbebudget und schaut die Kampagne traurig an.

Sie merken schon: Egal, von welcher Seite Sie es aufrollen, es ist wie ein magisches Viereck. An welcher Seite Sie auch ziehen, die anderen Elemente bewegen sich mit, ob Sie nun beim Ziel, beim Zeiteinsatz, beim Geldbudget oder bei der Werbeplanung anfangen. Allein mittels dieses Kurzchecks – die oben genannten vier Fragen – können Sie sich vieles selbst beantworten und entscheiden. Dann liegt die Antwort oft auf der Hand.

Die Planung mit dem Bauch: leicht und schnell

Allein mit dem Kopf kann man also schon viel abschätzen, klären und entscheiden, wenn man sich nichts vormacht. Aber genau da liegt der Hund begraben, denn Papier ist geduldig. Nun werde ich Ihnen zeigen, was Ihr Bauch für Sie tun kann.

Meine Erfahrung ist, dass gerade bei den Zahlenthemen das sprechende Unternehmen den Durchbruch bringt. Denn das eine ist, dass Zahlen in sich logisch und stimmig sein müssen. Das andere ist, sie auch wirklich zu erreichen. Das aber bestimmt nicht der Kopf, sondern Ihre Programmierung, Ihr Glaubenssystem.

»Na, endlich. Ich dachte schon, ich werde hier komplett übergangen ... Bin total abgekämpft!«

Scheuklappen ablegen

Die Klarheit über ein Ziel reicht allein nicht aus. Eine starke Fixierung auf ein Ziel führt oft dazu, dass ganz wesentliche Aspekte, die ebenfalls auf das Ziel mit einwirken, außer Acht gelassen werden. Das Beispiel eines Pferdes mit Scheuklappen verdeutlicht dies sehr gut. Eine Kutsche kommt schneller voran, wenn das Pferd von rechts und links nicht gestört, wenig abgelenkt wird und dadurch nicht scheut, nicht aufsteigt und somit weniger Gefahr für die Insassen in der Kutsche besteht. Aber es nimmt auch weniger wirklich wichtige Signale und Informationen von rechts und links auf, selbst wenn diese bedeutsam für Gesundheit und Leben sein sollten. Genau so ist es mit einer extrem starken Fixierung auf ein Ziel. Es geht also darum, sich klar auf seine Absicht zu konzentrieren und gleichzeitig noch das Umfeld wahrzunehmen, um wichtige Warnsignale oder auch Hinweise auf Chancen zu bemerken. Genau dies leistet der nun folgende Zugang zu unserem Unterbewusstsein: die Aufstellung.

> Die Aufstellung:
> »Weißt du, ich bin so etwas wie eine Aussichtsplattform. Wir steigen gemeinsam nach oben, und dann kann ich dir viel besser erklären, was dort unten alles abgeht. Schließlich hat doch alles mindestens zwei Seiten, überall gibt es ein Unten und ein Oben. Das Einzige, was du dabei zu tun hast: Schenke mir dein Vertrauen!«

Was ist eine Aufstellung?

Bei einer Aufstellung wird das innere Bild desjenigen, der ein Anliegen, eine Situation oder eine Fragestellung beleuchten möchte, im Raum sichtbar gemacht. Der Fragesteller wird auch »Fallgeber« genannt. Weitere Personen können als »Repräsentanten«, also als Vertreter spezifischer »Systemelemente«, aufgestellt werden. »Systemelemente« könnten beispielsweise der Unternehmer, das Ziel, der Zeitaufwand, der Geldaufwand, der Umsatz und die Werbung sein. Der zentrale Schlüssel ist die Wahrnehmung der Repräsentanten. Sie können – stellvertretend für die Systemelemente – etwas fühlen, denken, sehen. Oder sie wollen in eine bestimmte Richtung gehen und haben körperliche Eindrücke.[3] Dieses Phänomen wird als »repräsentierende Wahrnehmung« bzw. »repräsentierende Empfindung«[4] bezeichnet.

Auf der Basis dieser Wahrnehmungen lassen sich Rückschlüsse darauf ziehen, wie die jeweiligen Systemelemente zueinander stehen und was verbessert und geändert werden soll. Diese Prozesse werden bereits während der Aufstellung eingeleitet. Im Ergebnis wirken die gelösten Themen dann unbewusst und verändern unsere Haltung und Einstellung dazu, ganz ohne eigentliche Arbeit. Auf der sachlichen Ebene können Sie bewusst Entscheidungen treffen, damit Veränderungen einleiten und mit herkömmlichen Aufgabenlisten weiterarbeiten.[5]

Bezüglich der sogenannten Bilder einer Aufstellung ist es wichtig zu wissen, dass sich hier nur Gefühle, Gedanken, Überzeugungen, Glaubenssätze zeigen. Diese können jedoch real werden, wenn sich an der unbewussten Haltung und Einstellung nichts ändert.

> »Mich gibt's in allen möglichen Varianten. Glaubt mir, da ist für jeden etwas dabei!«, so die Aufstellung zuversichtlich.

Varianten von Aufstellungen

Grundsätzlich gibt es mehrere Möglichkeiten, eine Aufstellung durchzuführen: vor dem inneren Auge, mit Gegenständen, mit kleinen Figuren, mit Bodenankern und mit Personen. Sie unterscheiden sich nach Anspruch, Können und auch Intensität der

Wahrnehmung.⁶ Wählen Sie die Variante aus, mit der Sie sich am wohlsten fühlen. Wenn Sie den gleichen Sachverhalt mit mehreren, unterschiedlichen Methoden untersuchen, gewinnen Sie noch zusätzliche Informationen. Am Anfang mögen diese Vorgehensweisen etwas ungewohnt sein, aber vertrauen Sie auf Ihre Intuition. Mit etwas Übung gewinnen Sie immer mehr Eindrücke und Informationen.

Vor dem inneren Auge heißt, dass Sie sich die Systemelemente vorstellen und den inneren Dialogen lauschen. Ähnlich wie bei der Unternehmensseele im ersten Kapitel stellen Sie sich das Gegenüber vor. Je mehr Sie sich darauf einlassen, desto vielfältiger sind die Bilder, Farben und Formen, die Sie sehen, die Wörter und Sätze, die Sie hören, das, was Sie fühlen und riechen.

»Ja, ja, ihr könnt euch mich auch einfach nur vorstellen. Das klappt auch.«

Genauso gut können Sie für die Elemente, die Sie aufstellen wollen, greifbare *Gegenstände* aus Ihrer Umgebung nehmen. Diese Vorgehensweise kommt unter Geschäftsleuten mit geringer Aufstellungserfahrung gut an, da sie so unkompliziert ist. Und Kaffeetasse, Kanne, Zuckerstreuer und Textmarker sind auch meist unmittelbar griffbereit. Es ist eine praktische Herangehensweise, mit der Sie schnell einen Überblick bekommen, da Sie in der Metaposition sind. Anfänger – und insbesondere Skeptiker – kommen gut mit ihr zurecht.

Gleichwertig, jedoch professioneller, sind *Figuren,* egal ob von Spielzeugherstellern oder speziell für diesen Zweck produziert. Der enorme Vorteil ist die hohe Zahl der verfügbaren Figuren. Sie ermöglicht es, sehr komplexe Sachverhalte, zum Beispiel mit vielen Abteilungen, Führungskräften oder Produkten, abzubilden und damit blitzartig einen Überblick zu gewinnen. Über die Position im Raum werden noch zusätzliche Informationen gewonnen, die enorm klärend wirken können. Wenn Sie die Figuren mit dem Finger berühren, können Sie noch leichter in das jeweilige Systemelement hineinspüren.

Eine weitere Variante ist die Arbeit mit *Bodenankern*. In der Aufstellung werden diese Anker auf dem Boden ausgelegt und symbolisieren die Position und Blickrichtung der Systemelemente. Wenn Sie sich dann auf diese Bodenanker stellen, fällt es Ihnen zusätzlich leichter, sich in das eine oder andere Systemelement einzufühlen. Ich zeige Ihnen später noch, wie Sie sich Bodenanker aus einem Stück Papier basteln können.

Schließlich gibt es noch Aufstellungen mit *Personen*. Jeweils eine Person steht darin als Repräsentant für ein Systemelement. Sie teilt dem Fallgeber die Empfindungen mit, die sie in der jeweiligen Rolle wahrnimmt.

Bei der Arbeit mit Bodenankern oder Personen als Repräsentanten ist es wichtig, dass die Stellvertreter sich nach dem Abschluss der Aufstellung ihrer Rollen entledigen. Dies passiert üblicherweise, indem der Fallgeber zu jedem einzelnen Repräsentanten geht, ihn an der Schulter oder am Oberarm berührt und beispielsweise sagt: »Danke, dass du Unternehmen warst. Du bist nun wieder Klaus.« Zusätzlich können die Repräsentanten sich entgegen dem Uhrzeigersinn aus der Rolle und deren Energiefeld »hinausdrehen«. Um die Rolle »abzuschütteln«, hilft es vielen, sich ganz konkret zu schütteln – zu springen, zu hüpfen und mit den Armen zu schlenkern. Manche gehen nach einer intensiven Rolle auch bewusst lange duschen. Zusätzliche reinigende Visualisierungen verstärken den Effekt.

Klassische Aufstellungen und Do-it-yourself-Aufstellungen

Die »klassische« Aufstellung durchläuft verschiedene Phasen: Vorgespräch, Aufstellung des Ist-Zustands, Prozessarbeit, Lösungsbild und Nachbesprechung. Solche Aufstellungen werden aufgrund der Komplexität und der Verantwortung gegenüber Fallgeber und Repräsentanten mit einem professionellen Aufstellungsleiter durchgeführt. Hierfür gibt es im Wesentlichen zwei Gründe: Die Komplexität nimmt mit der Größe der Aufstellung zu. Es bedarf einer intensiven, umfassenden Schulung und Ausbildung in der Aufstellungsarbeit sowie auch der Fähigkeit, Teilnehmer durch emotional beladene Themen hindurchzuführen.

In den folgenden Abschnitten wird die Aufstellung für Sie Schritt für Schritt so vereinfacht, dass Sie sich auf zwei oder wenige Systemelemente beschränken können. Dies hat den Vorteil, dass sich die Komplexität reduziert und Sie für Ihre Aufstellung keine weiteren Personen benötigen. So können Sie alle Übungen selbst durchführen.

Wir beschränken uns auf die Aufstellung eines Ist-Zustands. Das heißt, wir nutzen die Übungen, um mit Ihrem Unterbewusstsein in Kontakt zu treten und »hineinzuschauen«. Sie werden überrascht sein, wie viele Erkenntnisse Sie durch diese Kurzversion gewinnen werden. Es wird sich schlichtweg vieles ganz anders zeigen, als Sie es bislang vom Kopf her wahrgenommen haben. Und somit haben Sie erstmals wirklich die Chance, genau da anzusetzen, wo Sie etwas verändern können.

Was zeigt sich bei Ziele-Aufstellungen?

Manchmal kann es sein, dass Sie im rein Operativen mit Ihrem Ziel schon vermeintlich weit sind und sich in Sicherheit wiegen, es bald zu erreichen. Aber in der Aufstellung zeigt sich dann, dass Ihr Ziel noch weit weg ist. Tatsächlich kommt es dann in der Realität prompt zu einem Zwischenfall, einem unerwarteten Ereignis, das die Sache sabotiert, platzen, stocken lässt. Jeder kennt sie: die streikenden Drucker vor dem Abgabetermin, die zu spät gelieferten Informationen, die plötzliche Erkältung. Mithilfe des Blicks in Ihr Unterbewusstsein können Sie die Ursachen, die hinter solchen Zwischenfällen stecken, schon im Vorhinein erkennen. Oder Sie können sie im Nachhinein grundlegend klären.

»Vorsicht ist die Mutter der Porzellankiste! Lass dir doch helfen und von mir ein bisschen in die Karten gucken. So ersparst du dir 'ne Menge Ärger und Geld!«, ermuntert die Aufstellung.

Sie können sehen, wie sich die Beziehungen zwischen dem Projekt, dem Zeitaufwand und dem Zeitgewinn gestalten werden. Dynamiken werden erkannt, bevor sie sich überhaupt realisiert haben. Gegenmaßnahmen können in Angriff genommen werden, bevor Probleme entstanden sind. Es geht schlichtweg um die Antizipation möglicher Ereignisse, die Königsdisziplin eines jeden Unternehmers.

»Zieh, wenn du ein Mann bist!«, fordert das Ziel.

Es gibt mitunter Ziele, die nur auf einem Bein stehen und wackeln. Andere haben Angst, rennen davon oder sind sogar aggressiv und wütend. Auch gibt es Ziele und Unternehmer, die nichts miteinander zu tun haben wollen, sich gar nicht wahrnehmen und auf ganz andere Dinge ausgerichtet sind. Sie stehen zum Beispiel mit dem Rücken zueinander, in der Ecke oder schauen gar aus dem Fenster.

Andere Ziele wiederum lieben ihre Unternehmer, aber diese rennen vor ihnen davon und wollen mit den Zielen nichts zu tun haben. Wieder andere Ziele haben das Gefühl, dass sie womöglich überrannt werden, wenn sie nicht »die Bremse reinhauen«.

> In der Tat drohte einmal in einer Aufstellung das bedrängte Ziel: »Wenn du noch einen Schritt näher kommst, dann hole ich die Pistole raus.« So begierig und ungeduldig und gleichzeitig Feuer und Flamme war die Unternehmerin. Sie wollte ein neues Beratungskonzept möglichst schnell in ihr Portfolio integrieren. Doch je mehr Druck sie aufbaute, desto heftiger setzte sich das Ziel zur Wehr. Erst als die Geduld mit hineingestellt wurde, beruhigte sich das System, und das Ziel entspannte sich.

Beim Geld sieht es nicht viel anders aus. Manchmal steht es mehrere Meter weit weg und weiß gar nicht, was es im System soll. Es steht beispielsweise mit dem Rücken zu den anderen Elementen der Aufstellung und sinniert vor sich hin. Oder der Klient geht ganz unterwürfig und unwürdig geknickt auf das Geld zu. Es gibt aber auch noch ganz andere Fälle.

> So haben wir bei einem Selbstständigen eine Umsatzaufstellung durchgeführt. Doch der Umsatz wollte und wollte nicht über eine gewisse Grenze steigen. Auf Nachfragen erzählte mir der Klient, dass sich ein Verwandter mit Immobilien verspekuliert und dann umgebracht hatte. Seither assoziierte er Anlagegüter, Investitionen und das dazugehörige Geld mit dem Tod. Das Letzte, was er wollte, war natürlich der Tod – und damit leider auch der Umsatz. Erst als dies in der Aufstel-

lung erkannt und aufgelöst worden war, konnte der Klient auf seine Umsatzziele zugehen. Glaubenssätze wie »Nie spekulieren«, »Kein großes Risiko eingehen«, »Bloß keine Häuser, keine Immobilien«, »Das bringt mich um«, »Das ist zu gefährlich« wurden im Unterbewusstsein ins Positive verändert, ebenso die dazugehörigen starken Emotionen. Danach war es dem Klienten möglich, ganz konkret auf das Systemelement *Umsatz* zuzugehen.

»Danke, danke, danke! Endlich versteht mich mal jemand«, seufzt der Umsatz erleichtert. »Ich bin weder Tod noch Teufel. Ich bin einfach Geld.«

Das klingt drastisch, ist aber gar nicht so selten. Arbeit, Geld und Tod sind in unserem Unterbewusstsein oft enger verknüpft, als wir denken. Dies zeigt sich schon in bestimmten Sprachbildern: Tod und Teufel nimmt kein Geld, heißt es. Oder es wird davon gesprochen, dass ein Mensch sich zu Tode arbeitet oder bis zum Umfallen schuftet. In der Praxis treten aber ganz ungeahnte Stolpersteine auf.

Eine Klientin war freischaffende Künstlerin und vertrieb ihre Werke auch selbst. Obwohl ihre Schöpfungen von großem Können zeugten, war sie in finanzieller Hinsicht nicht so erfolgreich, wie sie sein wollte. Im Vorgespräch stellte sich heraus, dass die Klientin »gut Geld verdienen« oft mit dem Verlust ihrer Unabhängigkeit, ihrer Freiheit, in Verbindung brachte. Deshalb lehnte sie oft auch lukrative Angebote und Kooperationen ab oder ließ Umsatzchancen verstreichen. In der Beratung führten wir daher eine Aufstellung mit folgenden Systemelementen durch: *Klientin, Freiheit* und *Geld*.

In der Rolle von *Klientin* war ein starker Druck im Rücken, in der Gegend des Steißbeins, bemerkbar. Das Steißbein kann für »Sorgen um die materielle Lebensgrundlage« stehen und dafür, sich »keine Abhängigkeiten eingestehen« zu wollen.[7] *Freiheit* verschanzte sich in der Ecke und war nicht bereit hervorzukommen. Erst als alle Projektionen in Bezug auf das Geld und die Freiheit gelöst wurden, konnte sich *Freiheit* bewegen und umdrehen. Im weiteren Verlauf stellte sich heraus, dass die Klientin glaubte, durch Routinearbeiten, die täglich und immer wieder gemacht werden mussten, ihre Freiheit zu verlieren. Schließlich stand *Klientin Geld* gegenüber, zwar ohne körperliche Schmerzen, aber immer noch mit dem Gedanken »Scheiße, scheiße, scheiße!«. *Geld* auf der anderen Seite fühlte sich auch nicht wohl. Es war betreten und spürte einfach, was im Kopf der Klientin vorging. Auf Nachfragen stellte sich heraus, dass es vor allem Sorgen waren wie »Hier ist noch eine Rechnung offen«, »Dort ist noch etwas zu bezahlen«.

Es ging vor allem darum, anzuerkennen, dass Geld auch Freiheiten bringt. Beispielsweise die Freiheit, sich einen Urlaub zu leisten oder Dienstleistungen einzukaufen, die auch Freiräume schaffen für Tätigkeiten, die man gern tut, also Geld als ein Vehikel zur Freiheit zu sehen. Wichtig war es auch, sich mit den diversen Routinetätigkeiten auszusöhnen und für die Zukunft genau zu überprüfen, was davon gestrichen, delegiert oder reduziert werden konnte.

Auf der anderen Seite ging es darum, die eigene Aufmerksamkeit von den Geldausgaben auf die Geldeinnahmen zu lenken. Denn Geld ist nicht nur zu bezahlende Rechnungen, sondern auch Einnahmen, Umsatz, Gewinn etc. Ängste bezüglich dessen wurden gelöst und Schlüsselsituationen von »Ich habe nicht genug Geld« in der Vergangenheit losgelassen. An ihrer Stelle wurde die Fülle integriert.

Um auch entsprechend handeln zu können, wurde der innere männliche Anteil der Klientin gestärkt. Dieser steht unter anderem für Aktivität, auch für eine gewisse Aggressivität und für das Thema Durchsetzung: Dinge ansprechen, sagen, was man will, Konflikte austragen. Das war im Job genauso wichtig wie in der Vertretung der eigenen Interessen in den diversen Rollen, die die Klientin innehatte. Ob als Geschäftsführerin, Künstlerin, Ehefrau, Mutter, Oma, Tochter – es ging darum, Zeit und Raum zu finden für die ureigenen Bedürfnisse. Die Klientin sagte am Ende des Coaching: »Ich hatte mich verloren und habe mich nun wiedergefunden.«

Auch in anderen Bereichen stolpern Unternehmer über Geldthemen, wie in dem folgenden Fall über eine Preiserhöhung. Bei einer Figurenaufstellung im Rahmen einer Positionierungsarbeit zeigte sich Folgendes.

> Fast idealtypisch standen alle Elemente des Fallgebers, einer Werbeagentur, auf dem Tisch: die Produkte, die Mitarbeiter und die Kunden. Doch siehe da: Der Preis tanzte aus der Reihe und stellte sich direkt neben einen der Mitarbeiter. Die Klientin erklärte mir daraufhin, dass genau dieser Mitarbeiter meist den ersten Kontakt zu den Kunden aufnahm und die ersten »Preisgespräche« führte. In einer vertiefenden Aufstellung stellte sich heraus, dass das Produkt, die Websites, vom Kunden als großartig empfunden wurde, fast wie mit einem Heiligenschein versehen. Der Preis hingegen wurde als altmodisch und altbacken angesehen.
>
> Im realen Geschäft wurden die Preise daher so verändert, wie sie im Unterbewusstsein ohnehin schon waren. Vor der Figurenaufstellung war das Thema Preise überhaupt nicht vorhanden. Seine Relevanz wurde erst durch die Aufstellung sichtbar.

»Irgendwas passt da nicht!«, wundert sich das Produkt und schüttelt vehement den Kopf. »Mit diesem niedrigen Preis komme ich mir total altmodisch vor.«

Auch wenn in einem Unternehmen der Erfolg darauf aufbaut, dass alle an einem Strang ziehen, können die Überzeugungen jedes Einzelnen dafür sorgen, dass er dies anders erlebt und empfindet.

> Eine ehrgeizige Angestellte wollte mehrere Hierarchieebenen erklimmen. Mit jedem Posten gab es mehr Umsatz-, Budget- und Führungsverantwortung und ein höheres Gehalt. Und mit jeder Ebene waren bestimmte abschreckende, aber auch motivierende Bilder und Vorbilder verbunden. »Oh Gott, so wie mein Chef will ich nicht werden.« Oder: »Der ist richtig gut – wenn ich nur ein bisschen was von ihm hätte.« So galt es, die einen loszulassen und die anderen möglichst zu integrieren. Interessanterweise hatte die Klientin Skrupel wie »Mein Chef will nicht, dass ich besser bin als er« oder »Dann sind meine Kollegen neidisch«. Daher musste erst im Unterbewusstsein

verankert werden, dass der Chef und die Untergebenen ebenfalls davon profitieren würden, wenn sie Erfolg hätte, etwa in Form von Umsatzbeteiligungen, mehr Wachstum oder eigenen Führungsmöglichkeiten.

Und da wir gerade beim Thema »Karriere« sind, hier ein für Frauen spezifischer Fall:

> »Verdammt und zugenäht«, zischt die Gehaltserhöhung und verlässt zähneknirschend das Chefbüro.

Eines Tages kam eine Angestellte zu mir. Sie war ehrgeizig und hatte in ihrem Job viele Aufgabenbereiche zu betreuen. Ihre Beförderung hatte die Klientin informell schon längst erhalten, aber auf dem Papier und dem Gehaltszettel ließ sie noch auf sich warten. Als die Angestellte begann, ihre Situation zu beschreiben, legte sie los: »Diese Ego-Männer!« und »Ich sage Ihnen, jetzt reicht's mir ein für alle Mal!«. Eigentlich wäre das zum Lachen gewesen, aber sie arbeitete in einer Männerbranche – ihre Kollegen, Vorgesetzter und Kunden waren hauptsächlich Männer. Nachdem wir die Wut auf die Männer aufgelöst hatten, wurde sie nach zwei Coachings befördert. Denn wenn sie auch ihre Überzeugungen ihren Chefs und Kollegen nicht ins Gesicht schrie – diese spürten ihre Wut doch. Bewusst oder unbewusst, sie schwang immer mit.

Was zeigt sich bei Zeit-Aufstellungen?

Im Fall der Zeit verhalten sich die Dinge etwas anders. Meist handelt es sich schon auf den ersten Blick nur vordergründig um Zeitfragen. Eigentlich geht es um das Setzen von Prioritäten und um konsequentes Handeln. Es geht um die Schwierigkeiten auf dem Weg zum Ziel, durch die es dann oft zeitlich eng wird – aber eben nicht, weil die Zeit knapp ist, sondern, weil die Zwischenziele aus anderen Gründen nicht erreicht werden.

> »Mich wirst du so schnell nicht los«, sagt der Zeitaufwand und heftet sich der Zielplanung an die Fersen.

Dann stellen sich die erfolgsentscheidenden Fragen: »Was mache ich, was mache ich nicht? Was lasse ich los?« Es geht teils darum, die hinderlichen Überzeugungen loszulassen und vehement – auch gegenüber dem Umfeld – für die Veränderung, für das Neue einzustehen. Tun Sie das nicht, dann stellen sich Zeitprobleme ein – weil schlicht und ergreifend neue Aufgaben dazugekommen sind und die alten noch nicht losgelassen wurden. Ein typischer Fall hierfür ist der folgende:

> Eine Selbstständige wollte jeden Vormittag Telefonakquise betreiben. Dahinter standen festgelegte Umsatzziele. Doch im Alltag erwiesen sich ihre Kinder als allzu süße Ablenkung. Ihr war sehr wohl bewusst, woran es hakte, aber sie hatte einfach Schwierigkeiten, sich in der konkreten Situation so zu verhalten, dass sie ihrem Ziel näher kam. Die Umsetzung schien nicht einfach.
>
> Nachdem wir sichergestellt hatten, dass das Ziel attraktiv, realistisch und erreichbar war,[8] arbeiteten wir daran, Spielregeln für alle Beteiligten einzuführen. Im Zentrum standen dabei vor allem die Bedenken der Klientin in Bezug auf die Durchsetzung der Regeln: »Ich kann doch nicht …«, »Ich muss doch …«, »Dann stoße ich sie ja vor den Kopf!«, »Dann bin ich eine schlechte Mutter.« Hier war es ganz wichtig, auch an der Mutterrolle mit allen Konzepten, die dahinterstehen, zu arbeiten. Erst als sich die Klientin die Vorteile für alle – auch für die Kinder – bewusst gemacht hatte, war es für sie möglich, auf das Ziel zuzugehen.

Im unternehmerischen Umfeld kommt solch eine Thematik bei Existenzgründerinnen bzw. Wiedereinsteigerinnen häufiger vor. Es geht darum, zu lernen, auch einmal Nein zu sagen, sich gegenüber den anderen erwachsenen Familienmitgliedern durchzusetzen, für die eigenen Ziele einzustehen, Aufgaben im Haushalt umzuverteilen, souverän abzusagen und es auch auszuhalten, wenn eigene Entscheidungen anderen nicht gefallen.

Wer tiefer in diese Thematik einsteigen möchte, dem empfehle ich das Buch *Gute Mädchen kommen in den Himmel, böse überall hin.*[9] Dieses Buch räumt gnadenlos auf mit Denkfallen wie »Hilfsbereitschaft wird belohnt« oder »Ich muss tun, was von mir erwartet wird«. Die Autorin Ute Erhardt beleuchtet Beziehungs-, Verständnis-, Helferinnen- und Bescheidenheitsfallen, die unbewusste

»Mach mal dies, mach mal das. Wie ich das hasse! Jeder zerrt an meiner Chefin rum, und ich kann schauen, wo ich bleibe. Ab heute wird sich das ändern!«, beschließt der Erfolg und krempelt die Ärmel hoch.

Selbstsabotage und den Verzicht. Dieses Buch wurde zwar speziell für Frauen geschrieben, aber nach meiner Erfahrung ist die Problematik beiden Geschlechtern bekannt.

Bei größeren Firmen verlagert sich die Zeitdiskussion oft auf die Mitarbeiter: Probleme entstehen beispielsweise dann, wenn das Arbeitspensum nicht im angemessenen Rahmen absolviert wird oder wenn Kollegen ausfallen.

> In einem Betrieb mit mehreren Technikern herrschte über den Jahreswechsel oft Hochkonjunktur. Doch die Mitarbeiter nahmen trotz dieser Auftragslage ihren Weihnachtsurlaub, und der Chef hatte Skrupel, ihnen diesen zu streichen und zu sagen: »Achtung, Leute, zuerst den Job machen, Auftrag abwickeln, und dann Urlaub.« Das Ende vom Lied war, dass der Chef die Arbeit selbst machte und mehr oder weniger ständig überarbeitet war. Erst als seine Bedenken zu »Die Arbeit sichert ihnen ihren Arbeitsplatz« gedreht und dieser Satz auch wirklich im Unterbewusstsein verankert worden war, konnte der Chef mit seinen Mitarbeitern die notwendigen Vereinbarungen treffen.

In einem anderen Fall wurde der Zeitengpass durch vermehrte Fehler ausgelöst.

> In einem frisch übernommenen Dienstleistungsunternehmen gab es Schwierigkeit bei der Umsetzung der Projekte, zu viele Projekte auf einmal, viele Überstunden der Mitarbeiter. Interessanterweise stellte sich heraus, dass es sich unter anderem um eine innerlich noch nicht abgeschlossene Firmenübergabe handelte. Denn die Firma war von dem aktuellen Inhaber nicht selbst gegründet, sondern gekauft worden. Und der Geist des Vorgängers und Gründers spukte noch sprichwörtlich in der Firma umher, verstärkt durch die Tatsache, dass das Büro sich noch in seinem Haus befand. Obwohl sein »Lebenswerk« nun in anderen Händen war, war er für Mitarbeiter und Kunden noch sehr präsent. Half er doch dem Jungunternehmer bei der

Akquise von großen Projekten. Es ging ganz offensichtlich um einen möglichst fließenden Übergang von einem Chef zum anderen. Erst als der ehemalige Inhaber in der Aufstellung für seine Leistungen gewürdigt und innerlich losgelassen wurde, entspannte sich die Beziehung zwischen dem Gründer und dem Jungunternehmer. Die Arbeit wurde sichtlich leichter für alle Beteiligten.

Zeitaufwand und Zeitgewinn sind wie die zwei Seiten einer Medaille. Das eine gibt es nicht ohne das andere. Investiere ich zum Beispiel (wie in Kapitel 5, »Lohnt sich Facebook?«, beschrieben) nicht ausreichend Zeit, um Facebook und seine Funktionsweisen kennenzulernen, so werden mir die vermeintlichen Zeitvorteile – unkomplizierte Kommunikation, schnelle Verbreitung, hohe Empfehlungsquoten und Reichweiten – verwehrt bleiben. Die Frage ist nur: Worauf lege ich den Fokus? Was habe ich im Blick? Worauf will ich mich konzentrieren?

»Bauch oder Kopf? Tja, das lässt sich halt nicht trennen, eins geht nicht ohne das andere. Ist wie bei einem Euro. Du hältst immer beides in der Hand – den Adler und die Zahl. Und erst zusammen ergibt es einen Wert. Und so ist das auch bei mir!«, freut sich die Aufstellung und ruft zur nächsten Runde.

Wo es einen Zeitgewinn gibt, gibt es auch einen Zeitaufwand. Wo es einen Nutzen gibt, gibt es auch einen Preis. Wo es einen Vorteil gibt, gibt es auch einen Nachteil. Wo ein Pro, da auch ein Kontra. Kurz: Es geht immer um die zwei Seiten einer Medaille.

Sie sehen, die Aufstellung ist ein Tool, das Sie bei Ihren Entscheidungen wirklich unterstützt. Sie bekommen schneller ein komplettes Bild. Die Komplexität wird reduziert, auf den ersten Blick nicht sichtbare Zusammenhänge werden aufgedeckt, Scheuklappen verschwinden. So können Sie bei Ihren Entscheidungen schon frühzeitig wichtige Hintergründe und Handlungsbedingungen berücksichtigen.

Auch wenn es Ihnen vielleicht ein bisschen so vorkommt – hier handelt es sich keinesfalls um Hellseherei. Sie werfen lediglich einen Blick ins Unterbewusstsein und erfahren, wie es zu Ihren Zielen und zu anderen Systemelementen steht. Wenn Sie an Ihrer Einstellung, an Ihrer Haltung, an Ihren Gefühlen, an Ihren Glaubenssätzen und Überzeugungen in Bezug auf Ihre Ziele nichts ändern, wird sich das Ergebnis so einstellen, wie es sich in der Aufstellung gezeigt hat. Es ist jedoch zu berücksichtigen, dass allein schon eine Aufstellung des Ist-Zustandes und die Bewusstmachung der aktuellen Situation eine Veränderung Ihres Unterbewusstseins zur Folge hat. Denn allein durch das bewusste Erkennen kann bereits eine Transformation stattfinden.

Wer verinnerlicht hat, dass das Unterbewusstsein dafür verantwortlich ist, dass die eigene Programmierung in der Realität umgesetzt wird, der verwirft den Gedanken an Hellseherei, an suspekte Vorhersagen der Zukunft – für den ist das alles nur ein Erkennen und Verstehen der aktuellen Programmierung und der eigenen Überzeugungen.

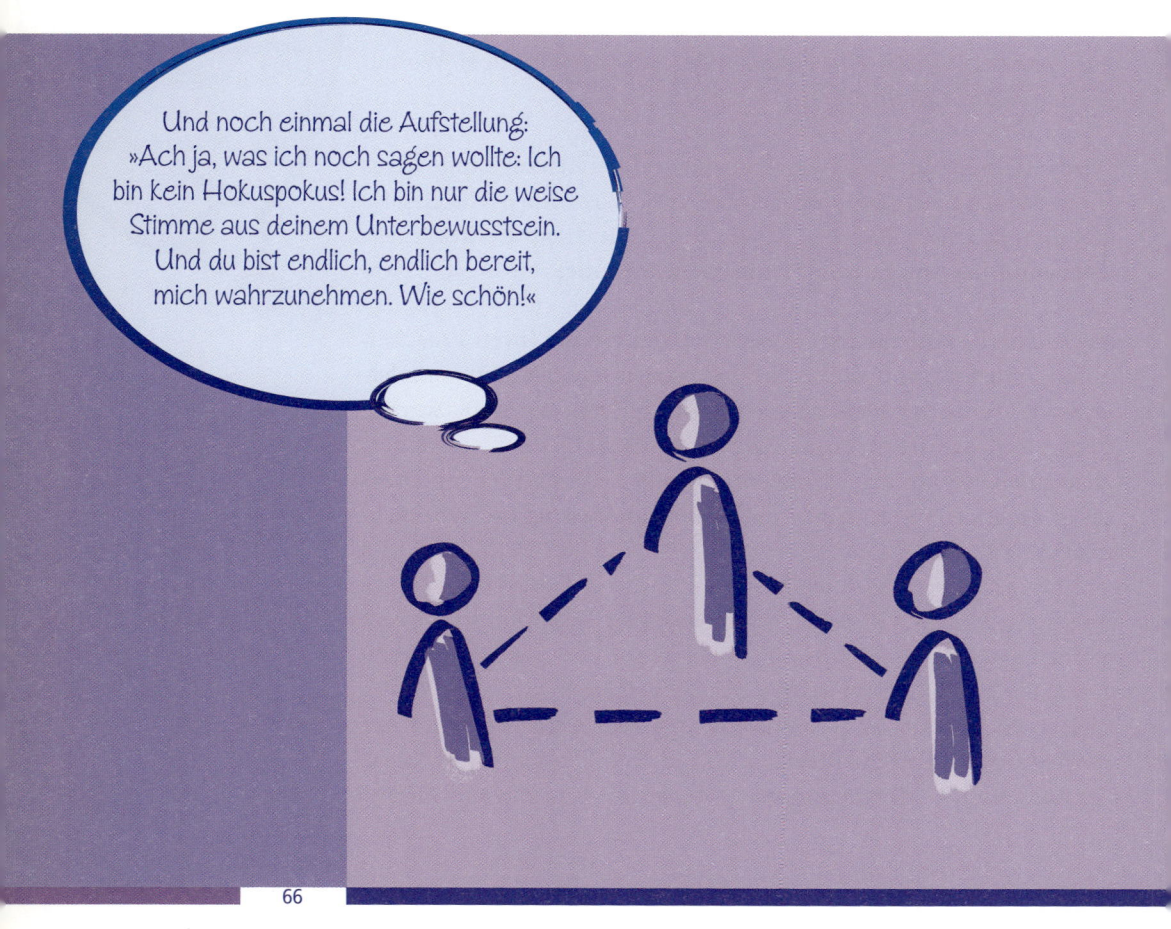

Und noch einmal die Aufstellung:
»Ach ja, was ich noch sagen wollte: Ich bin kein Hokuspokus! Ich bin nur die weise Stimme aus deinem Unterbewusstsein. Und du bist endlich, endlich bereit, mich wahrzunehmen. Wie schön!«

Und jetzt? Der Umgang mit den Ergebnissen einer Aufstellung

Nach einer Aufstellung stellt sich oft die Frage: Was heißt das jetzt für mich? Was mache ich damit?

Sie haben Erkenntnisse gewonnen, das Ziel steht weit weg, der Zeitaufwand plagt Sie. Ja, was machen Sie nun mit den Erkenntnissen? Grundsätzlich gibt es vier Möglichkeiten:

- Wahl der stärksten positiven Beziehung
- Veränderung bei einem selbst
- Veränderung im realen Geschäft
- Kombination aus allen drei Möglichkeiten

Wahl der stärksten positiven Beziehung

Sie entscheiden sich für die Variante, die sich in der Aufstellung am stärksten zeigt. Sie nehmen sozusagen die »beste« Lösung und richten Ihr Handeln danach aus. »Beste« heißt in diesem Fall »wohlfühlen am Platz, Blickkontakt, Bewegungsimpuls in diese Richtung«. Der Volksmund würde sagen: »Ich habe ein gutes Bauchgefühl und entscheide mich danach.«

Doch jetzt kommt die Crux: Oft wollen wir ganz anders entscheiden, leben und agieren, als es uns »in die Wiege gelegt wurde«. Wir wollen einen »Musterbruch«[10] vollziehen. Dies geschieht allein schon deswegen, weil vieles in der heutigen Zeit nicht mehr so funktioniert wie früher. Oder schlichtweg, weil die »stärkste positive« Beziehung Ihnen nicht in Ihre erarbeitete Strategie passt oder Sie diese schlicht und ergreifend nicht mehr wollen.

Veränderung bei einem selbst

Hier heißt es, Ihre Überzeugung anzupassen. Was nichts anderes bedeutet als, Ihre Einstellung und Haltung gegenüber der neuen Strategie zu ändern und an Ihrem Glaubenssystem zu arbeiten. Was

Sie in Ihrem Kopf erarbeitet haben, daran müssen Sie noch lange nicht glauben. Oft geht es darum, Ihre Glaubenssätze zu drehen, Projektionen aufzulösen und Ängste loszulassen. Ansonsten kann sich Ihr Unglaube in der Realität manifestieren.

Im Laufe des Buches sind immer wieder Übungen zum Lösen dieser Aspekte eingestreut. So können Sie sich mit Ihrer Unternehmensseele verbinden, Farben oder andere Ressourcen wie Mut, Geduld etc. mittels bewussten Atmens integrieren (Kapitel 1). Bei den Aufstellungen können Sie die Ressourcen sogar mit hineinstellen (Kapitel 2). Zentral ist, die Glaubenssätze zu identifizieren und diese dann zu drehen (Fragekasten in Kapitel 2 und Kapitel 5). So ist es für Sie ganz wesentlich, zu erkennen, woher dieser Glaubenssatz kommt: Habe ich ihn übernommen? Von wem? Wann? Welches Ereignis lag dem zugrunde? Verwechsle ich hier etwas? Oder ist es gar eine Projektion? Auch können sogenannte Blockaden im Körper erspürt und »weggeatmet« werden (Kapitel 1 und Kapitel 5).

Aber natürlich kann jeder seine eigenen ihm vertrauten Methoden verwenden und die gewonnenen Erkenntnisse gemäß seinem »Background« in seiner »eigenen« Meditation, Technik oder Energieform verarbeiten, wie zum Beispiel Lichtvisualisierung, Muskeltest, Kinesiologie und anderes. Unabhängig davon, womit Sie arbeiten, ist es wichtig, dass Sie möglichst viele Sinne einsetzen, denn umso leichter wird etwas Realität.

Veränderung im realen Geschäft

Nun verändern Sie reale Dinge an Ihrem Geschäftskonzept, entsprechend den »Fehlern«, die sich offenbart haben. Vielleicht fehlt noch etwas beim Ziel, bei der Zeiteinteilung, bei der Werbeplanung. Jetzt kommen die berühmten Joblisten, die wir alle so gut kennen.

Aber vielleicht reicht das immer noch nicht aus, und es geht immer noch zu langsam. Daher gibt es eine weitere Variante, die in der Praxis die besten Erfolge erzielt: die Kombination.

Kombination aus allen drei Möglichkeiten

Sie entscheiden sich für alle drei Varianten und übernehmen das Beste, was sich in der Aufstellung gezeigt hat. Zusätzlich ändern Sie etwas in Ihrem Geschäft und ändern zu der einen oder anderen Sache Ihre persönliche Einstellung.

Für dieses Vorgehen gibt es eine wunderbare Umschreibung: »Love it, leave it – or change it.« Nur haben wir jetzt ganz andere, fantastische Tools zur Verfügung, um diesen Satz tatsächlich Realität werden zu lassen. Es verhält sich ungefähr so wie bei der Entwicklung unserer Fortbewegung. Fortbewegen konnten wir uns schon immer – ob zu Fuß, mit dem Pferd, dem Fahrrad oder dem Auto. Doch plötzlich haben wir sogar unseren eigenen Düsenjet.

»Wow, habt ihr das gehört? Jedem sein eigener Düsenjet. Das ist ein Angebot.«

Zur Bedeutung der Körperwahrnehmungen

Auf das Thema Körperwahrnehmungen möchte ich an dieser Stelle kurz eingehen. Bestimmte Körperteile können sich in der Aufstellung auf besondere Weise bemerkbar machen. Diese Signale sind äußerst wertvolle Hinweise unseres Körpers, die uns in vielen Bereichen helfen können. Doch nur zu oft stellt sich die Frage, wie derartige Signale – zum Beispiel ein Zucken im rechten Arm oder ein Schmerz im linken Bein – sinnvoll interpretiert werden können. Fragen Sie sich zuallererst einmal selbst, was es für Sie bedeuten könnte.

Meist steht ein Körperteil für bestimmte Themen, und auch die Art der Wahrnehmung bzw. des Signals, wie etwa ein Gefühl der Kälte oder Wärme, hat unterschiedliche Bedeutungen. Um diese Wahrnehmungen besser deuten zu können, empfehle ich Ihnen, sich mit der »Sprache des Körpers« weitergehend auseinanderzusetzen. Als eine Art von Grammatik und Wörterbuch können hier die Bücher *Dein Körper sagt: «Liebe dich!»*,[11] *Heile deinen Körper*[12] oder *Der Schlüssel zur Selbstbefreiung*[13] dienen. Hier einige Beispiele:

Wahrnehmungen in der Schulter können auf folgende Themen verweisen: »unsere Fähigkeit, unsere Erfahrungen im Leben freudig zu tragen. Wir machen uns mit unserer Einstellung das Leben zur

Last.«;[14] »Gefühl haben, eine zu große Last tragen zu müssen«,[15] »Zu viel für andere tun zu wollen«,[16] »Für Glück und Erfolg der anderen verantwortlich«[17] zu sein.

Wahrnehmungen in den Armen stehen für das Handeln an sich, dabei steht »der rechte Arm mit dem Geben, der linke Arm mit dem Nehmen in Verbindung«;[18] »Armschmerzen können aber auch bei Menschen auftreten, die eigentlich in der Lage wären, sich einer neuen Situation zu stellen, sich jedoch zu stark von ihrem Umfeld oder ihren Gedanken beeinflussen lassen und deshalb nicht zur Tat schreiten.«[19]

Zu den Händen im Speziellen: »Die Hände sind, wie auch die Arme, eine Fortsetzung der Ebene des Herzens. [...] Probleme an den Händen können auch darauf hinweisen, dass die betroffene Person nicht das tut, was sie eigentlich gerne täte. Sie hört nicht auf ihre Bedürfnisse und die Wünsche ihres Herzens.«[20]

Wahrnehmungen in den Hüften stehen in Zusammenhang mit dem »aufrecht stehenden und gehenden Menschen«[21] und deuten darauf hin, dass »der betroffene Mensch sich nicht so recht dazu entscheiden kann, zur Tat zu schreiten, um seine Wünsche zu verwirklichen.«[22] »Schmerzt die Hüfte vor allem beim Stehen, so würde der betroffene Mensch gerne auf eigenen Beinen stehen, lässt sich jedoch durch seine eigenen Ängste davon abhalten.«[23]

Wahrnehmungen in der linken Körperhälfte deuten auf »Unausgewogenheit oder Überbelastung des ›gefühlsmäßigen‹ oder emotionalen Teiles hin.«[24] Die linke Seite steht für: »Empfänglichkeit – Flexibilität – das Gefühlsmäßige – mehr unbewusste Regionen – das Pflegende – Weichheit – Intuition – Biegsamkeit – beweglich, sich einfügend, anpassend – Hingabe [...] – das Produzierende/Gebärende«.[25]

Die rechte Körperhälfte steht eher für »das Kontrollierende – nüchterne Logik, das Rationale [...] – entschlossenes Eingreifen: eine Entscheidung fällen – kraftvoll, stark, stabil – hart und trennend – logisch und analysierend [...] – spontan aggressive Energien [...] – Grenzen setzen, sich abgrenzen [...] – Selbstsicherheit«.[26]

Übungen: Do-it-yourself-Aufstellungen für Ihren Erfolg

Auf den folgenden Seiten stelle ich Ihnen Übungen vor, in deren Rahmen Sie im Kleinen Aufstellungen für sich selbst durchführen können. Auch hier gehen wir wieder Schritt für Schritt vor, damit Sie danach Ihr ganz persönliches Aha-Erlebnis haben.

Ein wichtiger Hinweis gleich zu Anfang: Negativ besetzte Beziehungen oder gar traumatische Situationen sollten Sie nur mit einem ausgebildeten Aufstellungsleiter angehen! Diese Arbeit lohnt sich zwar enorm, weil sie sich in vielen Bereichen Ihres Lebens positiv auswirkt. Doch sollte gerade, wer sich aktuell in psychiatrischer oder psychotherapeutischer Behandlung befindet, die Aufstellungen nur unter professioneller Begleitung vornehmen.

Gehen Sie einfach Stück für Stück vor, und achten Sie darauf, wie es Ihnen dabei geht, ob Sie sich wohlfühlen

1. Aufstellung vor dem inneren Auge

Sie können Aufstellungen auch vor Ihrem inneren Auge ablaufen lassen. Dazu stellen Sie sich vor Ihrem inneren Auge sich selbst vor, und im nächsten Schritt holen Sie das andere Systemelement hinzu. Wenn es sich dabei um eine Person handelt, zum Beispiel einen konkreten Kunden, gelingt das in der Regel leicht. Sie sehen, wie er aussieht, wie groß oder klein, wie jung oder alt er ist, wie sein Gesichtsausdruck, seine Haltung sind, wie nah oder fern er von Ihnen steht, wie seine Stimmung und Gefühle sind, was passiert, wenn Sie auf ihn zugehen, was er sagt, wie er auf Gesagtes von Ihnen reagiert.

Es mag zuerst ungewohnt sein, aber mit abstrakten, »nicht menschlichen« Elementen funktioniert das genauso. So können Sie Elemente wie Erfolg und Mut, aber auch Geld, Umsatz, konkrete Projekte mit hinzunehmen.

Je nachdem, welcher Sinn bei Ihnen besonders ausgeprägt ist – Sehen, Hören, Fühlen, Riechen –, nehmen Sie entsprechende Reize

ÜBUNG

auf die ein oder andere Weise wahr. Die Art der Eindrücke kann sehr vielfältig sein. Manche sehen eine Figur, nehmen bestimmte Details – Farbe, Bewegung, Mimik – wahr, andere sehen eine schemenhafte Figur, wieder andere haben einfach ein inneres Wissen um das Element. Diese Kontaktaufnahme gibt Ihnen noch einmal ganz andere Informationen als die später folgende Aufstellung. Sie ist eine optimale Ergänzung und vervollständigt Ihr Bild, ist perfekt für den Einstieg, gibt Ihnen weitere Antworten, ist schnell und überall anzuwenden.

Alle folgenden Übungen im Buch können Sie sehr gut auch auf diese Weise durchgehen. Fangen Sie am besten gleich mit der nächsten an: Stellen Sie sich vor dem inneren Auge sich selbst vor und dann eines der von Ihnen definierten Erfolgserlebnisse. Machen Sie es später mit den Qualitäten, Zielen und Teilzielen genauso.

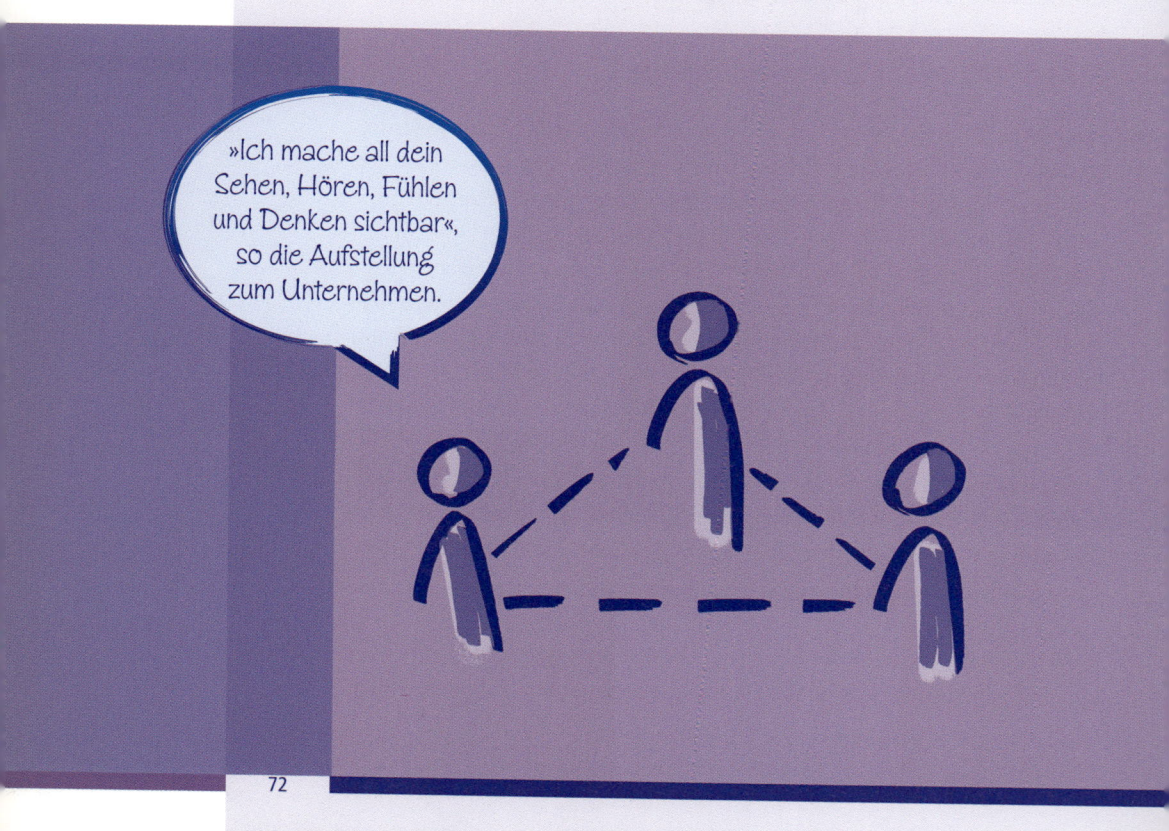

»Ich mache all dein Sehen, Hören, Fühlen und Denken sichtbar«, so die Aufstellung zum Unternehmen.

ÜBUNG

2. Erste Aufstellungen

Sinn und Zweck der folgenden Übung ist es, dass Sie ein Gefühl dafür bekommen, wie Aufstellungen funktionieren. Dieses berühmte Gefühl: »Es funktioniert! Ich habe was gespürt! Ich habe in den verschiedenen Rollen Unterschiede wahrgenommen.«

Wie bei der Aufnahme des Kontakts zur Unternehmensseele ist es auch bei einer Aufstellung sinnvoll, räumliche und persönliche Vorbereitungen zu treffen. Denken Sie dabei auch an die verschiedenen Varianten des Atmens. Lesen Sie sich die in Kapitel 1 beschriebene Vorgehensweise gegebenenfalls noch einmal durch. Der einzige Unterschied bei dieser Übung ist, dass Sie nun Systemelemente verwenden. Sie können wählen, wie Sie die Systemelemente darstellen wollen, zum Beispiel vor dem inneren Auge, mit Alltagsgegenständen wie Kaffeekanne & Co., mit Figuren oder mit Bodenankern. Die meisten dieser Dinge können Sie sich in Ihrer Umgebung leicht organisieren. Bezüglich der Bodenanker im Folgenden eine kurze »Bastelanleitung«.

Gestaltung der Bodenanker

- Nehmen Sie ein DIN-A4-Blatt. Je fester es von der Beschaffenheit ist, umso besser. Ideal sind 110 bis 160 g/qm. Falten Sie das Blatt in der Mitte der Längsseite so, wie hier skizziert, zusammen.

- Machen Sie dies mit zehn Blättern. Wenn Sie wollen, können Sie für jeden Bodenanker eine andere Papierfarbe nehmen, das erleichtert die Unterscheidung.

- Haben Sie die Bodenanker fertig, geben Sie jedem eine Nummer, indem Sie die Zahlen von 1 bis 10 darauf schreiben.

Das sind Ihre Bodenanker. Sie werden sie für diese Übung und für noch viele weitere benötigen. Bitte bewahren Sie sie gut auf.

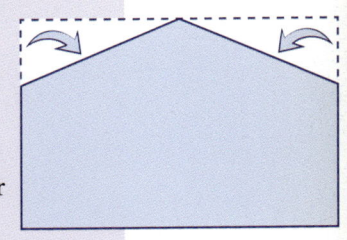

ÜBUNG

Aufstellung Erfolgserlebnis

Zum Üben schlage ich vor, dass Sie sich an ein Erfolgserlebnis in Ihrem Leben erinnern. Dies kann ein erfolgreicher Abschluss in der Schule, ein schönes Erlebnis im Beruf oder eine tolle Erfahrung mit Ihrem Unternehmen sein – zum Beispiel die Überreichung des Abschlusszeugnisses, eine Jubiläumsfeier, ein besonders erfolgreiches Projekt, der Moment, als Sie von Chefs, Kollegen, Kunden, Mitarbeitern gelobt wurden, als Sie einen Pokal oder eine Auszeichnung bekamen, als Sie befördert wurden, als Sie eine Gehaltserhöhung erhielten. Haben Sie schon etwas Passendes gefunden? Wunderbar. Dann legen wir los:

- Sie haben sich für ein Erfolgserlebnis entschieden und schreiben es nun in einem Satz auf ein Blatt Papier. Beispielsweise »Als ich den Siegerpokal beim Tennis überreicht bekommen habe« oder »Als mein Chef mir mitteilte, dass ich ein höheres Gehalt bekommen werde«. Versehen Sie diesen Satz mit der Zahl 1.

- Legen Sie nun den Bodenanker 1 flach auf den Boden. Die Spitze des Bodenankers drückt die Blickrichtung aus, achten Sie also darauf, wie Sie ihn hinlegen. Und schauen Sie ebenfalls in diese Richtung, wenn Sie sich auf den Bodenanker stellen. Durchlaufen Sie hier noch einmal eine Cool-down-Phase. Schließen Sie die Augen. Atmen Sie ganz tief ein und aus. Lassen Sie die Arme locker hängen, und lassen Sie alle Gedanken an sich vorüberziehen, bis Sie ganz leer sind. Dann spüren Sie in die Rolle (Bodenanker) hinein, die Sie sich selbst zugewiesen haben, bis Sie das Gefühl haben, Sie sind ganz in der Rolle. Wenn Sie dieses Gefühl haben, dann heben Sie den Kopf, öffnen Sie die Augen, und nehmen Sie die Rolle ein.

- Was nehmen Sie wahr? Was spüren, fühlen, denken Sie? Haben Sie Bilder bekommen, was nehmen Sie an Ihrem Körper wahr? Machen Sie sich die Gefühle und Empfindungen bewusst, die Sie vor dem Einnehmen der Rolle noch nicht hatten.

Variante: Erfolgs-Parcours

Nun geht es darum, dass Sie die Unterschiede zwischen verschiedenen Situationen, die durch verschiedene Bodenanker repräsentiert werden, wahrnehmen. Sie gewinnen so mehr Sicherheit beim »Erfühlen« und gewöhnen sich zugleich daran, von einem Bodenanker zum nächsten zu wechseln.

Wählen Sie von Ihren Erfolgsgeschichten die fünf schönsten aus. Beschreiben Sie die Situationen mit jeweils einem konkreten Satz oder Stichwort. Ordnen Sie jeder Situation eine Zahl respektive einen Bodenanker zu, und stellen Sie sie im Raum auf. Gehen Sie nun in den ersten Bodenanker, und spüren Sie nach. Verlassen Sie die Rolle wieder. Gehen Sie anschließend in den nächsten Bodenanker, und spüren Sie nach. Setzen Sie die Übung nach dem beschriebenen Muster für alle weiteren Bodenanker fort. Was haben Sie jeweils wahrgenommen?

»Ist es nicht herrlich, mich zu spüren?«, strahlt der Erfolg.

Variante: Qualitäten-Parcours

Ein hervorragendes Training, um die unterschiedlichen Wahrnehmungen deutlich zu spüren, ist es, verschiedene Qualitäten aufzustellen, zum Beispiel Humor, Begeisterung, Ruhe oder Dankbarkeit. Auch hier können Sie wieder eines nach dem anderen aufstellen. Oder Sie legen alle Bodenanker gleichzeitig aus und gehen nacheinander auf jeden einzelnen Anker und spüren nach. Denken Sie jeweils daran, nach jedem Bodenanker die Rolle wieder abzulegen.

Variante: Energie tanken

Grundsätzlich gibt es zwei Möglichkeiten, mit Energie zu arbeiten: Transformieren und Integrieren. Wenn Sie sie transformieren, dann verwandeln Sie zum Beispiel Hass oder Wut in Liebe oder Angst in Mut. Integrieren können Sie Qualitäten oder Ressourcen, die Sie stärken. Sie können solche Qualitäten zum Beispiel in Meditationen integrieren. Eine andere Variante wäre, sich auf die Bodenanker zu stellen und die entsprechenden Qualitäten bewusst ein- und auszu-

»Jepp, her mit der Power!«

atmen. Da der Bodenanker eine zusätzliche räumliche und visuelle Hilfe ist, kann dies die Integration erleichtern.

3. Aufstellung Ziele

Sinn der Übung ist es, dass Sie ein Gefühl dafür bekommen, wie nah Sie Ihrem Ziel momentan tatsächlich sind. Mithilfe der Aufstellung ergründen Sie Ihre persönliche Sichtweise und die Ihres Zieles, da Sie auch erleben, wie Ihr Ziel sich fühlt und was es Ihnen gegenüber empfindet. So bekommen Sie Impulse bezüglich der Frage, woran Sie als Nächstes arbeiten sollten, um weitere Fortschritte verzeichnen zu können und Ihr Ziel schneller und leichter zu erreichen. Letztlich erhalten Sie eine große Klarheit, die Ihnen in Ihrem Handeln hilft.

Sie können jetzt erkennen, welche Ziele oder Teilziele für Sie besonders wichtig sind, welche Sie besonders stark wahrnehmen oder welche Ihnen buchstäblich nahestehen. Nahe heißt in diesem Fall: Je näher das Ziel ist, desto leichter können Sie es umsetzen, desto näher sind Sie ihm auch schon im realen Leben, auch wenn Sie sich dessen noch gar nicht bewusst sind. Zum anderen können Sie erkennen, welche Ziele noch weit entfernt sind. Mithilfe von zusätzlichen Reflexionsfragen können Sie herausfinden, welche tieferen Ursachen dafür maßgeblich sind. Damit kommen Sie den eigentlichen Gründen, aus denen etwas noch nicht erreicht worden ist, auf die Spur, und nähern sich letztlich auch dem Erreichen Ihres Ziels. Auch hier ist es anfangs sinnvoll, ein einfach zu erreichendes Ziel zu wählen, ein Ziel also, mit dem Sie sich wohl- und sicher fühlen.

Vorgehensweise

Beginnen Sie mit dem Festlegen der Systemelemente und ihrer Zuordnung zu den nummerierten Bodenankern.

- Legen Sie Ihr Ziel fest. Je konkreter Ihr Ziel ist, desto besser. Notieren Sie es sich, und versehen Sie es mit der Zahl 1; zum Beispiel: Ich mache xy Umsatz bis zum xy oder ich mache xy Umsatz pro Monat

- Schreiben Sie Ihren Namen in die nächste Zeile, und versehen Sie ihn mit der Zahl 2.

Diese Vorgehensweise nennt man Kodierung, denn nun entspricht die Zahl 1 Ihrem Ziel und die Zahl 2 Ihrer Person. Bei der Übung ist sodann der Bodenanker 1 Ihr Ziel und der Bodenanker 2 Ihre eigene Person.

Um Ihre Neutralität in der Aufstellung sicherzustellen, ist es hilfreich, wenn Sie nicht wissen, welcher Bodenanker wofür steht. Am besten bitten Sie deshalb eine andere Person, die Systemelemente auf dem Papier mit Zahlen zu versehen. Wenn nicht bekannt ist, welcher Bodenanker wofür steht, dann spricht man von einer verdeckten Aufstellung. Bei zwei Bodenankern ist dies noch nicht besonders hilfreich, da Sie mit 50-prozentiger Wahrscheinlichkeit wissen, welcher Bodenanker für welches Element steht. Wenn Sie jedoch alle Systemelemente, die Sie nacheinander aufstellen wollen, in einem Durchgang durchnummerieren lassen, sind Sie ganz sicher, dass Sie sich nichts »zusammendichten« können, da Sie die Verknüpfung zwischen Systemelement und Bodenanker nicht kennen. Ihr Verstand kann Ihnen damit keine Streiche spielen, da er nicht weiß, was er denken soll. Er hat keine Chance, weil ihm die Basisinformation fehlt. Er kann sich wirklich nur auf die Wahrnehmungen innerhalb der Rolle verlassen.

Sie werden sich jetzt wundern, wie Sie ein inneres Bild von etwas haben können, von dem Sie nicht wissen, was es ist. Gerade dies ist die Stärke einer verdeckten Aufstellung, dass Sie gezwungen werden, sich auf Ihre Wahrnehmungen innerhalb der Rolle – Sehen, Hören, Fühlen, Denken – zu konzentrieren. Dies ist besonders in Bereichen sehr hilfreich, in denen man sich gern auch im Business etwas vormacht: eigene Stärken und Schwächen, Nutzen der Produkte, eigenes Engagement, eigener Marktwert, Umsatzziele.

- Legen Sie den Bodenanker 1 gemäß Ihrem inneren Bild in den Raum. Hier kommt oft die Frage: Einfach irgendwohin? Ja, es gibt hierfür keine Regel. Allein ausschlaggebend ist, dass der Platz Ihrem inneren Bild entspricht. Ordnen Sie die Anker intuitiv im Raum an. Seien Sie unbesorgt, Sie werden fühlen,

ÜBUNG

wo der Bodenanker liegen muss. Wenn Sie unsicher sind, dann platzieren Sie ihn trotzdem. Sie werden spüren, ob der Platz der richtige ist oder nicht.

- Legen Sie als Nächstes den Bodenanker 2 in den Raum.

- Stellen Sie sich nun auf den Bodenanker 1. Durchlaufen Sie hier noch einmal das vorab beschriebene Prozedere: Augen schließen, atmen …

- Nehmen Sie nun wahr, was Sie spüren. Folgende Fragen können Ihnen hierbei helfen.

»Na, das ist wieder typisch«, schimpft der Umsatz. »Ich immer größer und größer werden. Aber wer hilft mir denn dabei? Und jetzt ist auch noch der halbe Vertrieb krank.«

Umsatz

> **Was haben Sie wahrgenommen?**
>
> **Welche Gefühle haben Sie?** Positive oder negative? Ist das, was Sie empfinden, stark oder schwach? Wie intensiv ist es? Oft sind auch mehrere Gefühle miteinander vermischt. Versuchen Sie, Ihre Gefühle so genau wie möglich zu beschreiben.
>
> **Welche Gedanken haben Sie?** Welche Bilder entstehen vor Ihrem inneren Auge? Fällt Ihnen spontan etwas ein? Welche Gedanken haben Sie beim Anschauen des anderen Bodenankers?
>
> **Was nehmen Sie an Ihrem Körper wahr?** Welcher Körperteil ist davon betroffen? Was nehmen Sie dort genau wahr? Schwäche oder Stärke? Zittern oder Starre, Wärme oder Kälte? Versuchen Sie, genau zu beschreiben, was Sie wahrnehmen.
>
> **Welche Bewegungsimpulse haben Sie?** Wollen Sie eher vor oder zurück? Wollen Sie sich vielleicht sogar aufrichten oder auf den Boden legen? Sacken Sie in sich zusammen? Gehen Sie zur Seite? Eher nach links oder nach rechts?
>
> **Wohin geht Ihre Blickrichtung?** Schauen Sie auf den Boden oder an die Decke oder direkt auf den anderen Bodenanker? Ist der Blick weitschweifend oder starr? Was nehmen Sie sonst noch wahr? Oder haben Sie gar einen Rundumblick über das gesamte Geschehen im Raum?

- Gehen Sie nun aus dem Bodenanker 1, verlassen Sie die Rolle, und gehen Sie auf Bodenanker 2. Beobachten Sie nun, was Sie im Bodenanker 2 wahrnehmen. Beantworten Sie hierzu dieselben Fragen wie bei Bodenanker 1.
- Notieren Sie nacheinander, was Sie wahrgenommen haben, während Sie auf den Bodenankern standen.
- Geben Sie gegebenenfalls dem Bewegungsimpuls nach, den Sie zuvor bei Bodenanker 1 und Bodenanker 2 verspürt haben.
- Gehen Sie jeweils auf die Bodenanker 1 und 2, und spüren Sie, was Sie in den veränderten Positionen wahrnehmen.
- Notieren Sie Ihre Wahrnehmungen.
- Wichtig: Bitte denken Sie daran, sich nach jedem Verlassen der Bodenanker der zugeordneten Rollen wieder zu entledigen.

ÜBUNG

Eigenreflexion

Lesen Sie Ihre Notizen durch, und stellen Sie sich hierbei die folgenden Fragen:

> - Was geht Ihnen als Erstes durch den Kopf? Welche Bilder kommen?
> - Was fällt Ihnen zu Ihren Beobachtungen ein?
> - Was fällt Ihnen zu dem Gefühl ein, das Sie wahrgenommen haben?
> - Aus welchen anderen Situationen kennen Sie dieses Gefühl noch?
> - Was ist der Vorteil der Situation? Was ist der Gewinn?
> - Was ist der Nachteil der Situation? Was ist der Preis?
> - Was müssen Sie zahlen, wenn Sie dieses Ziel erreichen? Was befürchten Sie insgeheim beim Erreichen der Ziele?
> - Wie verändern sich Ihr Leben und Ihre Arbeit, wenn Sie dieses Ziel erreicht haben? Welche Bedenken haben Sie, wenn Sie es sich ausmalen?

Diese Fragen können Sie übrigens auch bei anderen Aufstellungen immer wieder verwenden. Ebenso den Fragekasten zuvor.

Variante: Andere Ziele

Sie können auch die Ziele variieren. Das heißt konkret, dass Sie unterschiedliche Ziele ausprobieren können, um jeweils zu sehen, wie Sie zu diesen Zielen stehen. Nehmen Sie zum Beispiel Ihr Umsatzziel pro Monat oder Jahr, Absatzziele pro Monat oder Jahr, die gewünschte Zahl von Neukunden oder Preise für verschiedene Produkte und Dienstleistungen. Ebenso können Sie geplante Maßnahmen in der Werbung nehmen, beispielsweise eine bestimmte Messe, Anzeigen, Mailings oder Flyer für eine Werbeaktion.

Diese Übung können Sie im Laufe des Jahres oder eines Projekts immer wieder neu machen. Somit visualisieren Sie Ihren aktuellen Stand im Bezug auf Ihr Ziel und sehen immer wieder, wo Sie wirklich stehen.

4. Aufstellung Teilziele

In der letzten Übung haben wir ein Ziel definiert und erste Erfahrungen damit gemacht. In der Realität ist es aber oft so, dass wir mit einem Projekt nicht nur ein Ziel verfolgen, sondern dass darunter mehrere Teilziele oder Unterziele sind, die wir anstreben, um letztlich das übergeordnete Ziel zu erreichen.

Diese können Sie auch aufstellen. So erkennen Sie, welche am stärksten mit Ihrem Hauptziel harmonieren. Sie sehen, welche Einzeletappen nah beim Hauptziel stehen, welche weit weg sind und welche Teilziele eine gewisse Affinität zueinander haben.

Der Vorteil dabei: Sie müssen über die einzelnen Teilziele noch nicht im Detail informiert sein und sich nicht einarbeiten, was das »Unterziel« nun konkret bedeutet. Sie können sich erste intuitive Informationen einholen, ohne »einen Finger zu rühren«. So sparen Sie enorm viel Zeit. Im zweiten Schritt können Sie dann mit den Vorabinformationen viel gezielter in die Recherchen und in die Projektvorbereitung gehen.

So haben Sie sich beispielsweise vorgenommen, eine finanzkräftigere Zielgruppe zu erreichen. Damit dies gelingt, wollen Sie Ihr Akquise- und Erstgespräch optimieren, die Produkte überarbeiten, den Service verbessern, die Informationsunterlagen für die Interessenten bedürfnisgerechter gestalten, die notwendige Telefonarbeit an einen externen Dienstleister vergeben. All diese Vorhaben lassen sich als Teilziele auffassen, die zum Erreichen des Hauptziels beitragen.

Ein anderes Beispiel: Sie wollen eine neue Broschüre erstellen, da zu Ihren Kunden größere Unternehmen hinzugekommen sind und somit ein neuer Auftritt notwendig ist. Hierzu wollen Sie neue Inhalte ermitteln, die Texte dazu erstellen, das passende Design entwickeln lassen. Und letztlich muss die Broschüre gedruckt und an die Kunden verschickt werden. All dies sind Unterziele, die aufeinander aufbauen. Zuweilen spricht man auch von Meilensteinen. In der folgenden Aufstellung wollen wir dem nun Rechnung tragen.

ÜBUNG

> Ein Systemelement zum anderen: »Puh, immer dieses Entrollen ... Mir dreht sich schon alles.«
>
> »Lass es bloß nicht weg! Sonst weißt du wirklich nicht mehr, wo dir der Kopf steht.«

Vorgehensweise

Schreiben Sie zu einem Ihrer Hauptziele möglichst konkret die Teilziele bzw. Meilensteine auf. Werden Sie sich bewusst, welche und wie viele Teilziele zu Ihrem Hauptziel buchstäblich im Raum stehen. Unterstreichen Sie nun die drei wichtigsten.

- Bodenanker 1 steht für Sie selbst, Bodenanker 2 steht für eines Ihrer Teilziele. Zwei weitere Teilziele werden den Bodenankern 3 und 4 zugeordnet.

- Legen Sie nun die Bodenanker 1 und 2 in den Raum, und gehen Sie so vor wie in der zuvor beschriebenen Übung: in die Rolle einfühlen, in der Rolle wahrnehmen und dabei die weiter oben genannten Fragen (Seite 79) beantworten, die Rolle verlassen, auf den nächsten Bodenanker gehen. Alles notieren. Gegebenenfalls dem Bewegungsimpuls beim zweiten Durchlauf nachgeben. Wieder alles notieren.

- Tauschen Sie nun Bodenanker 2 aus, und platzieren Sie Bodenanker 3. Durchlaufen Sie die beschriebenen Aufstellungsphasen erneut. Machen Sie dies mit allen Teilzielen.

Eigenreflexion

Lesen Sie in Ruhe Ihre Notizen durch. Beantworten Sie die weiter oben aufgeführten Fragen (Seite 80) und zusätzlich die folgenden Fragen.

- Was fällt Ihnen zu dem Teilziel ein, das Ihnen am nächsten stand? Wie ging es Ihnen damit? Wie ging es dem Ziel?

- Welches der Ziele stand am weitesten weg? Wie erging es dem Ziel? Und wie erging es Ihnen?

- Was müssen Sie tun, damit alle weiter entfernten Teilziele näher kommen? Was fehlt in den Beziehungen?

Variante: Alle Teilziele auf einmal

Mit etwas Übung können Sie auch alle Teilziele auf einmal aufstellen.

- Legen Sie die Bodenanker 1 für sich selbst auf den Boden und einen weiteren Bodenanker für jedes Teilziel. Ordnen Sie die Anker so an, dass die Konstellation Ihrem inneren Bild entspricht. Achten Sie auf die Abstände. Es kann sein, dass manche Ziele enger zusammenliegen und andere eher weiter voneinander getrennt sind.
- Stellen Sie sich nun auf den Bodenanker 1, und spüren Sie nach, was Sie wahrnehmen. Welchen Bodenanker schauen Sie an? Welcher interessiert Sie? Wohin möchten Sie gehen? Welche Empfindungen haben Sie dabei?
- Welche der Teilziele stehen Ihnen, dem Bodenanker 1, gegenüber? Welche stehen Ihnen am nächsten? Notieren Sie, was Sie wahrgenommen haben.

Verarbeiten Sie Ihre Erkenntnisse, und nehmen Sie die Fragekästen auf Seite 79 und 80 zur Hilfe.

5. Die Unternehmensseele in der Planung

Sie haben die Aufstellungen gemacht. Diese haben Ihnen etliche Antworten gegeben, aber auch etliche Fragen aufgeworfen. Ziehen Sie nun Ihre Unternehmensseele zurate, und befragen Sie sie bezüglich der Erkenntnisse. Sie können aber auch genau umgekehrt vorgehen, das heißt, zuerst die Unternehmensseele befragen und dann die noch offen Fragestellungen, die sich daraus ergeben, anhand der Aufstellungen beleuchten.

So oder so gewinnen Sie auf jeden Fall Informationen hinzu und erhalten mit jeder weiteren Übung ein weiteres Mosaiksteinchen an Informationen. Denn jede Herangehensweise hat ihre Stärken und Vorteile. So bietet die Unternehmensseele eher Bilder und Dialoge und die Aufstellung eher die räumliche Anordnung eines Sachverhalts, inklusive der körperlichen Erfahrung. Zusammen ergibt beides einen besseren Überblick.

Vorgehensweise

Treffen Sie die räumlichen und persönlichen Vorbereitungen. Dann gehen Sie genauso vor wie in der Übung mit der Unternehmensseele, die in Kapitel 1 beschrieben ist (Seite 40).

- Betreten Sie den Raum der Unternehmensseele, und nehmen Sie mit ihr Kontakt auf.

- Sie stehen ihr direkt gegenüber und schauen ihr in die Augen.

- Stellen Sie nun Ihr Ziel mit dazu – egal, ob Umsatz-, Absatz- oder Werbeziel –, und hören Sie zu, was Ihre Unternehmensseele dazu zu sagen hat. Hören Sie genau hin, und lassen Sie sich dabei genügend Zeit.

- Wenn Sie das Gefühl haben, dass Sie alle Informationen erhalten haben, können Sie dem Ziel danken und es aus dem Raum verabschieden.

- Laden Sie nun Ihr nächstes Ziel in den Raum der Unternehmensseele ein. Verfahren Sie ebenso wie mit dem zuerst eingeladenen Ziel.

- Bedanken Sie sich zum Abschluss bei Ihrer Unternehmensseele, und verlassen Sie selbst den Raum, schließen die Tür und gehen wieder zu dem Startpunkt Ihrer Meditation.

Machen Sie dies ruhig öfter. Mit etwas Übung entsteht zwischen Ihnen und Ihrer Unternehmensseele ein enger und intensiver Kontakt.

Variante: Unternehmensseele aufstellen

Natürlich können Sie auch die Unternehmensseele aufstellen. Dies möchte ich Ihnen nicht vorenthalten, da sie eine enorm klärende Kraft ist – und dies umso mehr, je inniger Sie mit ihr verbunden sind.

Nehmen Sie einen Bodenanker für sich selbst und einen anderen für die Unternehmensseele, und stellen Sie beide im Raum auf. Gehen Sie jeweils auf die Bodenanker, und nehmen Sie wahr, was ist. Selbstverständlich können Sie die Unternehmensseele als stärkende Kraft auch bei den eben beschriebenen Ziele-Aufstellungen mit hineinnehmen.

So, nun wissen Sie, was eine Aufstellung ist, und haben erfahren, wie sie sich anfühlt. Im Folgenden geht es nun um große Projekte und darum, wie man diese am besten mit Intuition und Verstand begleitet.

Die sprechende Positionierung

weiß, was der Kunde will und der Wettbewerb nicht.

Jeder von euch ist einzigartig! Einzigartig in seinem ganzen Wesen. Ihr braucht euch nicht gegenseitig zu kopieren oder nachzuahmen. Und somit bin auch ich, euer Unternehmen, einzigartig. Mich gibt es auf der ganzen Welt kein zweites Mal. Ich kenne meine Stärken, und ich liebe sie. Ja, ich liebe sie. Und ich liebe es, sie zu leben und zu zeigen! Die Positionierung, wie ihr Menschen es nennt, brauche ich nicht. Denn ich bin positioniert! Ihr braucht die Positionierung, weil ihr sie nicht sehen könnt. Ich für mich, ich bin glasklar!

Macht die Augen auf, und seht, wie wunderbar ich bin! Seht ihr meine Stärken? Den Kunden, der so begeistert ist? Die dankbare Zielgruppe? Die enorme Power, die in mir steckt, sodass ich durch nichts aufzuhalten bin? Aber ich weiß ja: Ihr braucht die Positionierung. Dann macht sie, Stück für Stück. Testet aus, versucht und probiert. Ich werde euch dabei helfen, damit auch ihr erkennt, was ich schon immer wusste: Ich bin einzigartig!

Was ihr als Zielgruppe bezeichnet, das sind in Wahrheit Menschen. Nennt sie doch auch einfach so! Denn Menschen haben Emotionen, und Emotionen kaufen – oder sie kaufen nicht. Sie entscheiden, ob ein Produkt gemocht wird oder nicht, ob es gut oder schlecht ist, ob es ein Bestseller oder ein Flop wird. Emotionen entscheiden darüber, ob und wie ihr weiterempfohlen werdet. Emotionen sind einfach das Salz in der Suppe zwischen jedem einzelnen Kunden und euch. Kurz: Es lohnt sich, die Emotionen kennenzulernen, und zwar auf allen Ebenen.

Lauscht auf den nächsten Seiten dem, was ich so zu erzählen habe über eure Stärken, eure Einzigartigkeit und eure Beziehungen. Ihr werdet staunen!

> Intuition an Verstand: »Hast du gehört? Wir sollen noch enger zusammenarbeiten. Sie haben endlich verstanden, dass sich das lohnt.«

Positionierung? Klar doch! Oder etwa nicht?

Soll das ein Witz sein? Unser Unternehmen will uns über die Bedeutung der Emotionen aufklären? Sorry, wir Marketingleute haben die Emotionen erfunden! Aber das Unternehmen hat einen eindeutigen Vorsprung – aus seiner Sicht sind die Emotionen transparent. Für uns sind sie es beileibe nicht. Das Unternehmen selbst scheint sehr wohl zu wissen, wer es ist und wie einzigartig es ist, was es so anders als die anderen macht, wie und wo es sich abhebt.

Wenn unser Unternehmen bezüglich seiner Positionierung tatsächlich einen Wissensvorsprung hat, dann stellt sich die Frage, wie wir dieses Wissen anzapfen können, um den Positionierungsprozess schneller, treffsicherer und erfolgreicher zu gestalten. Das würde in der Tat helfen, denn wir sind geplagt von Ähnlichkeiten, Kopierern und Nachahmern, sogenannten Me-too-Produkten, einem starken Wettbewerb und engen Branchenregeln, und deshalb sehen wir oft nicht klar genug. Wir erkennen den Wald vor lauter Bäumen nicht.

Der Prozess der Positionierung: Das Wechselspiel von Kopf und Bauch

Die Verheißungen des sprechenden Unternehmens sind sehr verlockend, nicht wahr? Ich zeige Ihnen auf den folgenden Seiten, wie der Positionierungsprozess mit intuitiven Tools begleitet wird. Und wie bei größeren Projekten das Wechselspiel zwischen Verstand und Intuition in den einzelnen Projektphasen erfolgt, wie sich beide Seiten gegenseitig stützen und ergänzen. Sie erfahren, worin der Mehrwert dieser Vorgehensweise liegt – sei es Zeitersparnis durch weniger Marktforschung, mehr Erfolg durch treffsichere Positionierungen oder ein besseres Verständnis der Zielgruppe.

Gerade bei länger andauernden Projekten ist die Frage interessant, wie die Ergebnisse der Kopf-Sitzungen – Brainstormings, Analysen, Auswertungen – für die Bauch-Sitzungen – also für Aufstellungen,

Trance, Visualisierungen – verwertet werden können und umgekehrt. Es ist spannend zu sehen, wie mit den Ergebnissen der einen auf der anderen Ebene weitergearbeitet wird, wo die Schnittstellen und Verbindungen liegen und welche Fragestellungen wann und in welcher Reihenfolge bearbeitet werden. Sie werden erfahren, welche Art von Ergebnissen Sie erwarten können.

Um dies möglichst anschaulich zu beantworten, erläutere ich die einzelnen Phasen der Positionierung im Prozessmodell vom Erstgespräch bis zur Umsetzung. Darauf aufbauend werden die zugehörigen Prozesse erklärt, die im Unterbewusstsein ablaufen. Im Übungsteil können Sie selbst erste eigene Erkenntnisse darüber gewinnen, wie es um Ihre Einzigartigkeit, Ihre Positionierung steht.

In diesem Kapitel erfahren Sie:

- was Positionierung und Zielgruppe aus Marketingsicht sind und wie der klassische Positionierungsprozess idealtypisch abläuft

- wie parallel dazu die Prozesse im Unterbewusstsein aussehen und welche Themen sich in den einzelnen Phasen jeweils zeigen

- wie der Wechsel zwischen Verstand und Intuition in einem größeren Projekt vonstattengeht und wie Aufstellungen in den einzelnen Phasen aussehen

- wie Sie die Tools für die Zielgruppe nutzen und unterschiedliche Branchen, Hierarchieebenen und Entscheider berücksichtigen

- wie Sie die Ergebnisse einer Aufstellung verwerten und welche Handlungsmöglichkeiten Sie haben

- wie Sie erste Erkenntnisse über Ihre eigene Einzigartigkeit aus dem Übungsteil gewinnen

Nun, haben Sie Lust bekommen, etwas tiefer in die Welt der Emotionen und der verborgenen Wünsche Ihres Unternehmens, Ihrer Kunden und Ihrer Zielgruppen einzutauchen?

Die Positionierung: von Erstgespräch über Stärkenanalyse bis Umsetzung

> »Ich mach sie alle nieder!«, schreit die Positionierung, springt auf den Tisch und trommelt sich dabei auf die Brust.

»Ich mach sie alle nieder«, rief bei einer meiner Aufstellungen die Positionierung und sprang auf den Tisch. Na ja, vielleicht springt Ihre Positionierung nicht ganz so dynamisch umher, aber wenigstens in Ansätzen sollte ihr Repräsentant schon so reagieren. Oder etwa nicht? Ist es nicht der Traum eines jeden Unternehmers, anders zu sein als alle anderen, aus der Masse hervorzustechen und auf dem Tisch zu tanzen? Nun, werden Sie sich sagen, bevor meine Positionierung anfängt, auf dem Tisch zu tanzen, will ich erst einmal wissen, was das überhaupt genau ist …

Ja, was ist denn nun Positionierung, und was genau ist eine Zielgruppe? Um dies leichter zu verstehen, stellen Sie sich am besten die Situation vor, die ich im Folgenden schildere.

Der Weg zur klaren Botschaft

Sie stehen in einem Raum, am Ende des Raumes ist Ihr Wunschtraum, Ihr ersehntes Ziel, Ihre wahre Einzigartigkeit. Sie wollen unbedingt dort hin! Denn damit verbunden zu sein, bedeutet, es in vieler Hinsicht leichter zu haben, im Flow zu sein. Aber alles ist stockdunkel. Sie sehen für sich kaum eine Chance, sich zurechtzufinden und sich den Weg durch den Raum zu bahnen, ohne sich dabei heillos zu verlaufen, ständig die Orientierung zu verlieren und irgendwo anzustoßen. Je größer der Raum und je länger die Strecke ist, desto waghalsiger wird das ganze Unterfangen für Sie. Doch plötzlich entdecken Sie ein Seil, das beide neuralgischen Punkte – Ihren jetzigen Standort und den Standort des Zieles – miteinander verbindet.

Was meinen Sie, wie wahrscheinlich es ist, sich fast blind und ohne Richtschnur Stück für Stück in diesem Raum voranzutasten, ohne unterwegs auf Schwierigkeiten zu stoßen oder in die falsche Richtung zu gehen? Mit dem Seil jedoch bekommen Sie bei jedem einzelnen Schritt ein einfaches und klares Feedback, ob Sie auf dem richtigen Weg sind.

DIE SPRECHENDE POSITIONIERUNG

Ja, genau, Sie ahnen es schon: Was das Seil für den dunklen Raum ist, ist die Positionierung für Ihr Unternehmen. Für jeden einzelnen Mitarbeiter, bei jeder einzelnen Entscheidung, Stunde für Stunde, Tag für Tag, Woche für Woche, Monat für Monat, Jahr für Jahr. Es ist Zeit, dieses Seil kennenzulernen, meinen Sie nicht auch?

Wie sieht nun dieses »Wunder-Tau« im realen Marketingleben aus? Dies ist letztlich die zentrale Frage des Prozesses, der Positionierung genannt wird.

Am Ende des Prozesses sind Sie glücklich und haben Ihr einzigartiges Verkaufsversprechen, Ihr Alleinstellungsmerkmal, das den Vorteil Ihrer Marktleistung gegenüber anderen Produkten herausstellt. Dies wird auch Unique Selling Proposition, kurz USP, genannt.

Marktsättigung, ausgereifte Produkte und geringe Qualitätsunterschiede haben es notwendig gemacht, den Begriff des USP zu erweitern. So entstand das differenzierende Merkmal, das den Fokus darauf legt, sich von den Mitbewerbern zu unterscheiden. Im Gegensatz zum USP bezieht es sich nicht allein auf das Produkt, sondern auf jeglichen von den Kunden wahrgenommenen Unterschied. Und nach all den Mühen und Plagen des Positionierungsprozesses haben Sie nun Ihr Endergebnis: Sie haben eine Differenzierung gegenüber dem Wettbewerb.[1] Dies ist das Ziel, das Sie erreichen wollen oder zumindest sollten. Möchten Sie erfahren, warum?

Mit anderen Worten: Warum ist die Positionierung wichtig? Ganz einfach deshalb, weil es immer mehr Botschaften gibt, die auf den potenziellen Kunden einströmen. So schlagen Sie der Informationsüberflutung, der Fülle an Innovationen und Produktdiversifizierungen ein Schnippchen und bahnen sich einen Weg in die Köpfe Ihrer potenziellen Kunden. In der heutigen Zeit ist dies fast die einzige Möglichkeit, überhaupt wahrgenommen zu werden.

Hierfür gibt es viele Wörter wie »Positionierung«, »Differenzierung«, »differenzierendes Merkmal«, »USP« oder »Alleinstellungsmerkmal«. Im Buch finden Sie auch oft den Begriff »klare Botschaft«.

> Die Positionierung grinst und denkt geschmeichelt: »Kein Wunder, dass der so durchrast! Hat mich ja auch als Richtschnur.«

> »Immer hübsch der Reihe nach. Erst bilde ich mir eine Meinung, dann kommen die Stärken, und am Schluss könnt ihr euren Senf dazu geben!«, ermahnt das Unternehmen.

Der Prozess der Positionierung – im Kopf

Am besten betrachten wir zunächst den Prozess, dann wird vieles klarer. Das Ganze startet mit einem Erstgespräch, in dem die eigentliche Aufgabenstellung identifiziert wird. Dann folgt eine intensive Stärkenanalyse, die das Unternehmen oder das Produkt, je nachdem, was positioniert werden soll, von allen Seiten beleuchtet. Im nächsten Schritt werden die Stärken aus der Sicht der Zielgruppe bewertet, um sie anschließend im Vergleich mit dem Wettbewerb zu prüfen. All dies ist notwendig, denn, kurz gesagt, muss die Positionierung für Ihre anvisierte Zielgruppe sehr attraktiv sein und Ihre Mitbewerber ausstechen.

Ist diese Etappe durchlaufen, reduzieren sich die relevanten Stärken, sodass das Feintuning, die Detailabstimmung der Kernstärken beginnen kann. Am Schluss steht die Formulierung der Positionierung, die dem gesamten Unternehmen und den Mitarbeitern kommuniziert wird. In etwa zur gleichen Zeit – unmittelbar davor oder danach, je nach Fall – geht es an die Umsetzung der Positionierung in Claim, Gestaltung und Text, bis hin zu ganzen Kampagnen. Selbstverständlich ist der in Schaubild 1 wiedergegebene Prozess der Positionierung ein idealtypischer, und je nach Anforderung können noch mehrere Schleifen eingelegt werden.

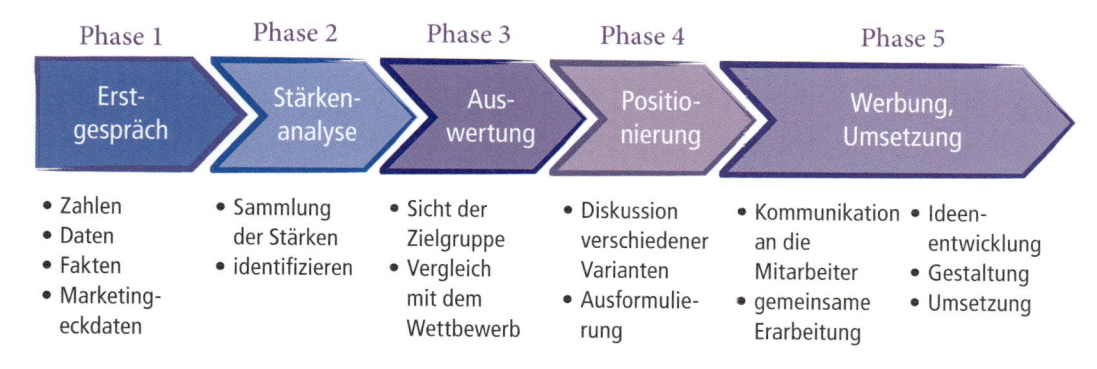

Phase 1	Phase 2	Phase 3	Phase 4	Phase 5	
Erst-gespräch	Stärken-analyse	Aus-wertung	Positio-nierung	Werbung, Umsetzung	
• Zahlen • Daten • Fakten • Marketingeckdaten	• Sammlung der Stärken • identifizieren	• Sicht der Zielgruppe • Vergleich mit dem Wettbewerb	• Diskussion verschiedener Varianten • Ausformulierung	• Kommunikation an die Mitarbeiter • gemeinsame Erarbeitung	• Ideenentwicklung • Gestaltung • Umsetzung

Schaubild 1: Modell des Positionierungsprozesses – im Kopf

Wer sich mit Positionierung und Differenzierung intensiver beschäftigen möchte, dem empfehle ich die Bücher *Positioning – Wie Marken und Unternehmen im Hyperwettbewerb überleben*[2] und *Rasierte Stachelbeeren*.[3]

Der Prozess der Positionierung – im Bauch

Jeder, der schon einmal einen Positionierungsprozess mitgemacht und die Diskussionen erlebt hat, wie dieser auszulegen sei, weiß, dass solche Prozesse nicht so einfach sind, wie es auf dem geduldigen Papier aussieht. Denn mehr oder weniger unterschwellig laufen dabei andere Dynamiken ab, die nur schwer in den Griff zu bekommen sind, weil sie auf einer unsichtbaren Ebene stattfinden. Doch schon mit dem Erkennen dieses Aspekts wird vieles leichter.

Das Ende der Scheingefechte

Doch trotz vieler Um- und Abwege lässt sich mithilfe des sprechenden Unternehmens die eigentliche Kernfrage im Auge behalten. Nicht relevante Themen werden leichter identifiziert. So können stundenlange Scheingefechte, die wohl jeder von Ihnen aus Meetings kennt, verhindert werden. Jetzt werden die wirklich wichtigen Dinge sichtbar, lassen sich besser bearbeiten und haben eine reelle Chance, im Zentrum des Geschehens zu bleiben. Das hört sich vielleicht banal an, kann Ihnen aber in Summe mehrere Monate bis Jahre an Entwicklungsschleifen ersparen.

Die zentralen Stärken werden blitzartig aus einem ganzen Berg von Talenten und Begabungen herausgefischt. Für selbstverständlich gehaltene Stärken werden ins rechte Licht gerückt, Überbewertungen relativiert und Überflüssiges leichter losgelassen, da eine neutralere Perspektive eingenommen wird. Nun besteht eine Möglichkeit, einfach in die Haut des Kunden zu schlüpfen. Die Blackbox der wahren Gedanken und Bedürfnisse Ihrer Zielgruppe öffnet sich. Sie bekommen Informationen darüber, wie sich Ihre Zielgruppe bezüglich bestimmter Stärken fühlt. Und genauso interessante Informationen erhalten Sie auch über den Wettbewerb.

Mehr Tempo in der Marktforschung und im Team

Beim Formulieren der Positionierung kann mithilfe des sprechenden Unternehmens mit einer ganz feinen Pinzette gearbeitet werden – so wie es bislang nur mit zusätzlichen Marktforschungsmaßnahmen möglich war. Schlagworte und Slogans, Kombinationen daraus und die ausgewählten Priorisierungen können ebenfalls überprüft und ausgetestet werden. Maßnahmen wie Telefonbefragungen von Kunden und Nichtkunden, Testmailings oder Markttests können reduziert bzw. gezielter eingesetzt werden. Ihr Vorteil: eine gigantische Zeit- und Geldersparnis.

Aufstellung: »Wow. Sie wollen wirklich miteinander reden. Und ich bin der Mittler. Mann, tut das gut.«

Zielgruppe an Meeting: »Ich weiß ja, dass ihr alle gern diskutiert. Aber vergesst nicht – Zeit ist Geld! Mit mir geht's ratzfatz, während ihr hier stundenlang nicht vom Fleck kommt.«

DIE SPRECHENDE POSITIONIERUNG

In der Kommunikation im Unternehmen werden etwaige Widerstände gegenüber neuen Schwerpunkten sowie der Neuordnung von Aufgabenfeldern an der Wurzel gepackt. Die Veränderungsbereitschaft im gesamten Team wird gefördert, da hinderliche Überzeugungen rasch erkannt und gegebenenfalls losgelassen oder gedreht werden, wie zum Beispiel »Dann verliere ich ja meinen Job«, »Das verringert mein Budget«, »Da verliere ich meinen Einfluss«, »Das wird so nicht funktionieren« oder »Den Job wollte ich doch machen«.

Es entsteht ein offeneres und ehrlicheres Klima. Nun kann wirklich an Lösungen gearbeitet werden, weil sich jeder auf die Aufgabe konzentriert und alle an einem Strang ziehen.

Bei der Umsetzung werden aus dem gemeinsamen Brainstorming leichter die genialen Ideen herausgefischt, da vorher getestet werden kann, wie der Markt reagieren wird. In der operativen Umsetzung werden Stolpersteine beiseitegeräumt, plötzlich greifen Dinge ineinander, »fließen« besser.

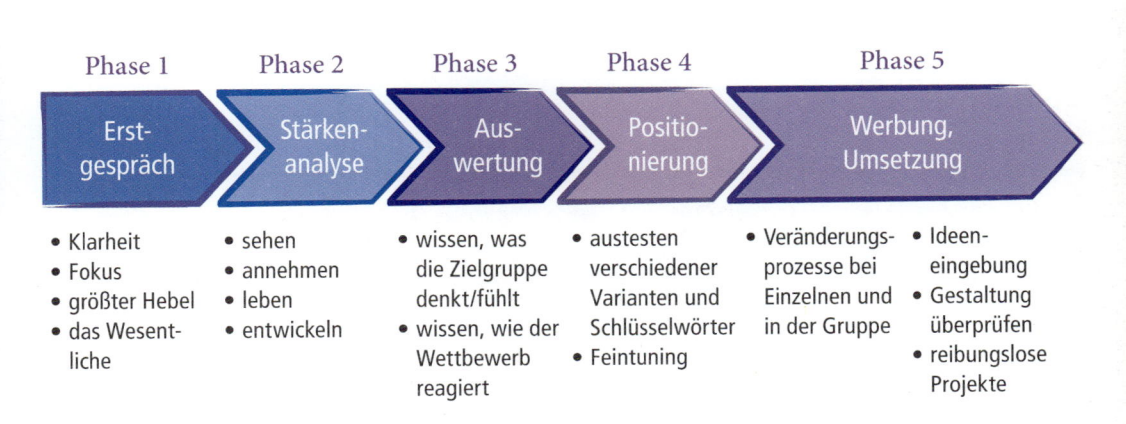

Phase 1	Phase 2	Phase 3	Phase 4	Phase 5	
Erstgespräch	Stärkenanalyse	Auswertung	Positionierung	Werbung, Umsetzung	
• Klarheit • Fokus • größter Hebel • das Wesentliche	• sehen • annehmen • leben • entwickeln	• wissen, was die Zielgruppe denkt/fühlt • wissen, wie der Wettbewerb reagiert	• austesten verschiedener Varianten und Schlüsselwörter • Feintuning	• Veränderungsprozesse bei Einzelnen und in der Gruppe	• Ideeneingebung • Gestaltung überprüfen • reibungslose Projekte

Schaubild 2: Modell des Positionierungsprozesses – im Bauch

Der Prozess der Positionierung – mit Kopf und Bauch

Die genaue Betrachtung der Abläufe macht deutlich, warum es so effektiv ist, sich auch die unbewusste Ebene des Positionierungsprozesses anzuschauen. Alle Phasen vom Erstgespräch bis zur Umsetzung bauen aufeinander auf, laufen hintereinander ab und tragen beide Ebenen: die bewusste kopfgesteuerte Ebene mit dem Denken und die stets parallel laufende, unterbewusste Ebene mit dem Fühlen und der Intuition.

Kopf

Phase 1: Erstgespräch	Phase 2: Stärkenanalyse	Phase 3: Auswertung	Phase 4: Positionierung	Phase 5: Werbung, Umsetzung
• Zahlen • Daten • Fakten • Marketingeckdaten	• Sammlung der Stärken • identifizieren	• Sicht der Zielgruppe • Vergleich mit dem Wettbewerb	• Diskussion verschiedener Varianten • Ausformulierung	• Kommunikation an die Mitarbeiter • gemeinsame Erarbeitung

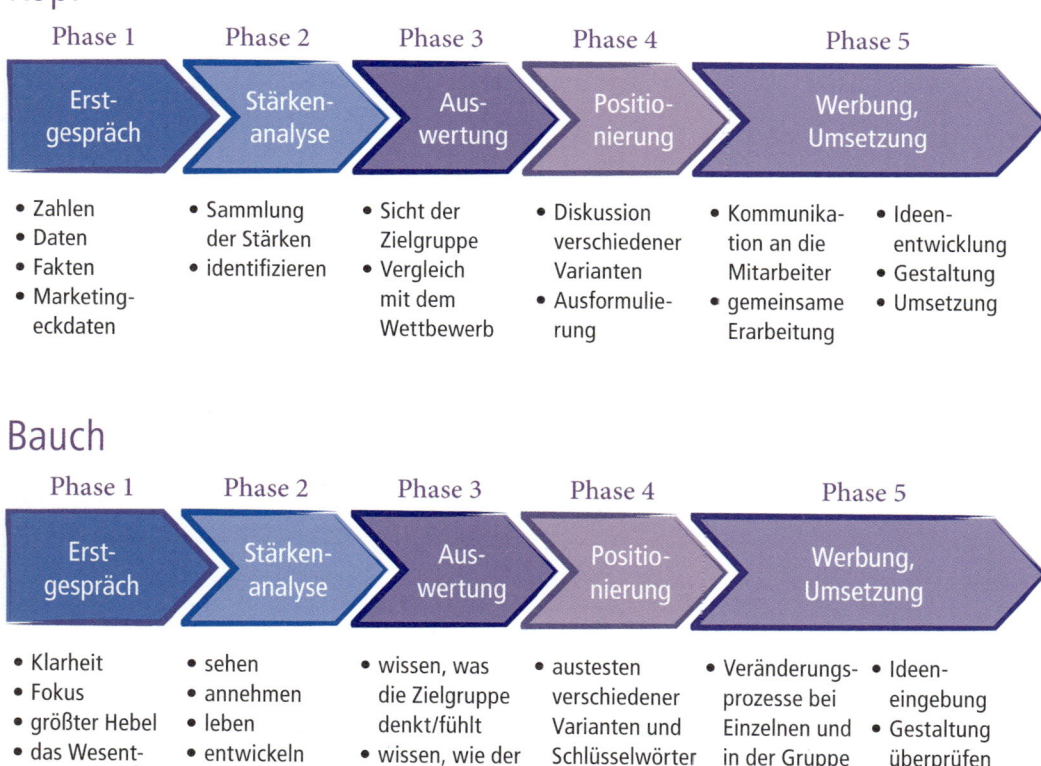

Zusätzlich Phase 5:
• Ideenentwicklung
• Gestaltung
• Umsetzung

Bauch

Phase 1: Erstgespräch	Phase 2: Stärkenanalyse	Phase 3: Auswertung	Phase 4: Positionierung	Phase 5: Werbung, Umsetzung
• Klarheit • Fokus • größter Hebel • das Wesentliche	• sehen • annehmen • leben • entwickeln	• wissen, was die Zielgruppe denkt/fühlt • wissen, wie der Wettbewerb reagiert	• austesten verschiedener Varianten und Schlüsselwörter • Feintuning	• Veränderungsprozesse bei Einzelnen und in der Gruppe

Zusätzlich Phase 5:
• Ideeneingebung
• Gestaltung überprüfen
• reibungslose Projekte

Schaubild 3: Positionierungsmodell – mit Kopf und Bauch

DIE SPRECHENDE POSITIONIERUNG

Das Positionierungsmodell verdeutlicht die verschiedenen Phasen in einem größeren Projekt. Die meisten Projekte sind nicht nach einem Tag fertig, sondern dauern mehrere Wochen bis mehrere Monate. Die Gesamtdauer wird beeinflusst von der Größe des Unternehmens, zum Beispiel von der Zahl der Geschäftsbereiche und der Produkte sowie von der Zahl der Mitarbeiter. Ersteres macht den Positionierungsprozess, Letzteres die interne Kommunikation komplexer.

Kopf an Bauch: »Okay, einverstanden! Aber damit das klar ist: Ich kümmere mich um die Fakten, du nur ums Gefühl.«

Der Bauch lacht: »Klar – um die restlichen 96 Prozent, wie immer.«

Des Weiteren zeigt das Modell, wie Verstand und Intuition in einem Positionierungsprojekt miteinander verzahnt sind und ineinandergreifen. Der stetige Wechsel zwischen fachlichen und emotionalen Themen macht den »Extra-Push« für die Projekte aus. Lösungen in einem der beiden Bereiche fördern auch den anderen und umgekehrt. Sie befeuern sich gegenseitig. Gemischt werden etwa 80 Prozent Verstandesleistung mit 20 Prozent Unterbewusstsein. Besondere Themen wie zum Beispiel Abbau von Druck, Existenzängste oder spezielle Kundenfälle werden aus dem Positionierungsprozess herausgenommen und im umgekehrten Verhältnis (20 zu 80 Prozent) separat bearbeitet.

> Bauch an Kopf: »Komm, wir machen einen Deal! Ich push dich, und du pushst mich. Einverstanden?«

Jede einzelne Phase kann – entsprechend angepasst – von einer Einzelperson, einer Gruppe, einem Team oder dem gesamten Unternehmen durchlaufen werden. Die Abfolge der einzelnen Schritte richtet sich bei den Verstandesthemen nach rein sachlichen Zwängen, wie etwa die Stärkenanalyse, die Stärkenbewertung aus der Sicht der Zielgruppe und im Vergleich mit dem Wettbewerb. Bei den Bauchthemen richtet sie sich danach, wann sich welches Thema in welcher Dringlichkeit zeigt. So zeigen sich die Bauchthemen zwar meist beim Bearbeiten der Kopfthemen, doch können ganze Themenblöcke übersprungen werden, wenn es im Projekt gerade »flutscht«. Andere Themen können sich zu Sonderprojekten mausern, wenn bestehende Glaubenssätze den Zielen entgegenstehen.

Phase 1: Erstgespräch

> Marketing an Meeting: »Jetzt musst du unbedingt einen guten Eindruck machen. Wir haben Großes vor!«

Beim ersten Kontakt mit dem Klienten oder Projekt gibt es ein sogenanntes Erstgespräch. Hierbei geht es darum, Informationen zu sammeln, um im Anschluss den gesamten Positionierungsprozess zu steuern. Schwerpunktthemen werden vorab identifiziert und besprochen.

Kopf: Welcher Anlass auch immer dazu führte, sich mit einer neuen Positionierung auseinanderzusetzen – ein neuer Markt, neue Produkte, eine andere Zielgruppe –, im Erstgespräch ist hierfür Platz. Die Anlässe sind recht vielschichtig. Hier eine kleine Auswahl:

- Wir werden vom Kunden nicht verstanden.
- Wenn wir jetzt nichts tun, enden wir als Bauchladen.
- Der Vertrieb hat Schwierigkeiten, unser neues Produkt zu verkaufen.
- Wir haben ein neues Produkt, das positioniert werden muss.
- Das Produkt ist gefloppt und muss verbessert werden.
- Wir haben eine Firma gekauft und müssen diese neu positionieren.
- Ich habe eine Geschäftsidee und muss sie auf den Punkt bringen.
- Unsere Schwerpunkte im Geschäft haben sich verändert.
- Bei uns steht der Sprung in die nächste Liga an.

Ob verlockende Chance oder drohendes Risiko, ein Erstgespräch ist eine gute Gelegenheit, die wichtigsten Eckdaten durchzugehen:

»Endlich schaut mich mal einer an. Ich bin inzwischen ja auch nicht mehr zu übersehen, oder?«, mault das Hindernis und runzelt die Stirn.

- Produkt: Womit verdienen Sie Ihr Geld?
- Positionierung: Was macht Sie einzigartig?
- Zielgruppe: Wer sind Ihre Kunden?
- Werbung: Wie und womit kommunizieren Sie momentan am Markt?

Weitere Eckdaten wie Ziel, Zeit- und Geldbudget runden das Bild noch ab.

In dieser Phase geht es darum, einen groben Überblick über das Projekt mit seinen wichtigsten Eckpfeilern zu bekommen. Die übliche Vorgehensweise vom Kopf her sind bislang Gespräche, Fragebögen sowie mündliche und schriftliche Briefings.

Bauch: Um sich von der kopflastigen Herangehensweise zumindest einiges zu ersparen und/oder um zentrale Themen gleich zu Beginn zu identifizieren, lohnt es sich, diese mit dem Unterbewusstsein anzuschauen. So entsteht schon ein Bild, bevor die eigentliche Projektarbeit angefangen hat. Die Erkenntnisse hieraus ziehen sich oft wie ein roter Faden durch den gesamten Prozess und spielen bei den einzelnen Themen meist eine tragende Rolle. Ohne große Umfragen sieht man gleich, wo der Klient steht, erkennt die wahren Gefühle des Vertriebs bezüglich des neuen Produkts, die Dynamiken in den diversen Beziehungen und identifiziert schwankende oder nicht zugehörige Systemelemente.

Eine einfache Aufstellung, die sich besonders zu Anfang lohnt, stellt die Frage nach dem größten Nutzen für den Unternehmer in den Mittelpunkt – dem Nutzen, den er beispielsweise aus der Unternehmenspositionierung oder der Produktpositionierung ziehen könnte. Der größte Nutzen wird nämlich oft gar nicht gesehen. In solchen Fällen sind die Augen des Unternehmers geschlossen, oder der Unternehmer nähert sich dem Nutzen nur zögerlich.

Oft gibt es in Firmen keine einheitliche und klare Vorstellung von einem Projekt. Stattdessen stehen verschiedene Ideen, Glaubenssätze und Arbeitshypothesen nebeneinander. In einer Aufstellung können diese schon vorab auf ihre Brisanz hin überprüft werden. Die Arbeitshypothesen lassen sich je nach ihrer Zahl und Komplexität in aufeinanderfolgenden Einzelaufstellungen oder in einer großen Aufstellung analysieren. Betrachten wir hierzu ein Fallbeispiel.

> Die Werbeabteilung, reibt sich die Augen: »Ja, was ist denn hier los? Kein Wunder, dass der Aktionsplan noch nicht fertig ist! Könnt ihr euch bitte, bitte mal einig werden!?«

In einem Unternehmen wurde in der Aufstellung ersichtlich, dass die einzelnen Gruppen im Unternehmen, je nach Bereich und Aufgabe, ganz unterschiedlich über den größten Nutzen dachten. Produktmanager meinte »Was soll denn das? Was sollen wir damit?« Demgegenüber befürchtete Außendienst, zum Prügelknaben zu werden. Und Innendienst meinte: »Oh, mein Gott, ich will das nicht. Nein, auf gar keinen Fall.« Dafür rief Callcenter begeistert: »Ja, das will ich, ja, ja, ja!«, während es sich aber gleichzeitig davon zurückzog. Werbeabteilung blickte ständig verwundert zwischen den Systemelementen hin und her, so, als ob dieses Element gar nicht glauben könnte, was hier stattfand. All dies waren vorab schon wertvolle Informationen, die deutlich machten, dass ein gemeinsames und abgestimmtes Vorgehen das A und O für den Vertriebserfolg ist und dieser nicht allein in der Verantwortung einer einzelnen Abteilung des Unternehmens liegt.

Besonders bemerkenswert an diesem Fallbeispiel ist, dass bei der Aufstellung die Befunde innerhalb kürzester Zeit und ohne große Vorkenntnisse ermittelt wurden.

Ist der grobe Überblick über die wichtigsten Eckdaten und Zusammenhänge mit Zielen und Teilzielen klar, dann kann es mit der eigentlichen Arbeit losgehen: der Stärkenanalyse.

Phase 2: Stärkenanalyse

Kopf: Hier hilft nur eines: fragen, fragen, fragen! Das ganze Unternehmen wird im Hinblick auf Firmenhistorie, besondere Erfolge und Visionen durchleuchtet.

- Worin sind wir besonders gut?
- Gibt es besondere Auszeichnungen und Preise?
- Was fällt uns besonders leicht?
- Was macht uns besonders Spaß?

Die Kunst ist es, sich nicht abzufinden mit den klassischen Antworten wie »Wir begeistern unsere Kunden«, »Wir haben eine gute Qualität« oder »Wir gehen auf den Kunden individuell ein«. Denn je konkreter und von je mehr Seiten die Stärken beleuchtet werden, desto offensichtlicher ist später die Positionierung.

Zusatzinformationen zum persönlichen Gespräch ergeben sich aus der Sichtung der Werbeunterlagen, der detaillierten Angebote und der internen Unternehmensunterlagen sowie aus der Analyse der Erfolgsbeispiele spezieller Kundenprojekte sowie durch Hinzuziehen der unternehmensinternen Spezialisten. Je größer das Unternehmen, desto eher verliert man allerdings den Überblick. Hier hilft dann wieder der Bauch.

> »Und ich danke meinen Stärken, ich danke meiner Einzigartigkeit«, schnieft das Unternehmen bei der Preisverleihung gerührt. »Sie haben mich dahin gebracht, wo ich heute stehe!«

Bauch: Besondere Stärken zu haben, ist die eine Sache. Sich ihrer bewusst zu sein, eine andere. So werden Stärken oft nicht gesehen, weil man sie ja »schon immer hatte« und sie deshalb als ganz normal empfindet – oder sie schlichtweg verleugnet. Oder sie werden über Jahre hinweg kleingeredet. Aussagen wie die folgenden sind typisch: »So macht man es eben und nicht anders«, »Es gehört sich halt so«, »Im Markt ist das so üblich«, »Wir wollen nicht aus der Reihe tanzen«. Es ist ein generelles Phänomen, dass besonders Begabte eigene Schwächen und Lücken erkennen, lange bevor andere diese sehen oder auch nur erahnen. Was andere kaum bemerken oder allenfalls gelassen registrieren, versetzt die Betroffenen allerdings regelrecht in Panik.

All dies erklärt, warum in Aufstellungen die Stärken manchmal verschmäht werden und mit hängenden Schultern in der Ecke stehen, die Augen geschlossen haben oder sich beschweren, dass sie nicht gewollt sind. Manche stehen beziehungs- und orientierungslos im Raum, während andere ihre »Besitzer« gleich erkennen und denken: »Ich will da hin, aber ich darf nicht.« Interessanterweise scheint oft die Beziehung zwischen dem Unternehmer und den Stärken bzw. Talenten dafür verantwortlich zu sein, wie erfolgreich ein Unternehmen ist. Der »Erfolgreiche« steht meist stolz, aufrecht und selbstbewusst da, seine Stärken und Talente sind liebevoll mit ihm verbunden und nahezu mit seinem Bodenanker verschmolzen. Je weiter weg die Stärken vom Unternehmer stehen, je weniger Verbindung also, desto weniger werden die Stärken gelebt und umso weniger können sie sich in Erfolgen ausdrücken. Die eigenen Stärken anzunehmen, ist nicht so einfach – Gefühle von Ablehnung, Distanz, Angst, Wut und Stolz müssen auf dem Weg bis zur vollständigen Integration ausgeräumt werden.

Einmal artete während einer Beratung allein schon die Informationsgewinnung zu einem zähen Ringkampf aus. Der Unternehmer konnte einfach seine Stärken nicht aussprechen, obwohl er sie zu kennen schien. Die gesamte Positionierung drohte zu platzen! Ein Wechsel ins Unterbewusstsein ergab, dass der Unternehmer Vorbehalte hatte, gewisse berufliche Standesregeln zu brechen. Als dieser Konflikt offengelegt und gelöst worden war, ging es in der Stärkenanalyse zügig voran, was später so manches seiner Verkaufsgespräch erleichterte.

Bevor Sie die Stärken in Bezug auf die Zielgruppe und die Kunden aufstellen, ist es notwendig, dass Sie prüfen, wie Sie selbst zu den Stärken stehen. Dies war auch im folgenden Fall so.

In einem produzierenden Unternehmen stellten wir neben spezielle Stärke des Unternehmens diverse Produktbereiche auf. Dabei wurde sichtbar, dass der Klient von einem Bereich dominiert wurde. Auf Nachfragen stellte sich heraus, dass die Produkte in diesem Segment beim Gebrauch eine Art von »Used-Look« bekamen. Der Klient fürchtete, deswegen irgendwann zahlreiche Reklamationen zu erhalten. Wir nahmen Reklamationsgefahr als weiteres Systemelement mit in die Aufstellung und rückten es testweise immer näher an den Produktbereich heran. Der Bereich atmete immer schwerer und reagierte leicht panisch. Gelöst wurde diese Blockade auf zwei Ebenen: Zum einen wurde die Einstellung zum »Used-Look« der Produkte geändert, denn ähnlich wie bei abgenutzten und zerrissenen Jeans konnte man dieses Phänomen auch als äußerst charmant und »designed« betrachten. Viele Produkte werden ja besonders geliebt und geschätzt, nachdem sie durch die Benutzer und die Zeit »geprägt« wurden. Zum anderen wurde in der Firma verstärkt an der Weiterentwicklung des verwendeten Materials gearbeitet, um es besser in den Griff zu bekommen und seine Optik langfristig selbst steuern zu können. Es ist also wichtig, unterschwellige Befürchtungen aufzuspüren, weil diese sonst den Erfolg eines Produktes negativ beeinflussen und beispielsweise die »Reklamationskunden« anziehen oder bei Verkaufsgesprächen mitschwingen.

Auch das nächste Beispiel zeigt, wie wichtig es ist, dass man seine Stärken selbst annimmt und zu ihnen steht.

Eine Physiotherapeutin hatte überdurchschnittlich große Heilungserfolge. Sie verband klassisches medizinisches Knowhow mit alternativgesundheitlichen Angeboten. Sie wollte nun ihre Praxis auf größere Beine stellen und ein Vielfaches an Patienten gewinnen und behandeln.

In der Aufstellung, in der es zentral um den Nutzen ihrer Dienstleistung ging, wurde ersichtlich, dass ihre Angehörigen und im Speziellen Bruder den Nutzen nicht sahen, nicht anerkannten und sogar als Betrug wahrnahmen. Wie man mit so etwas nur Geld verdienen könne und ob die Dienste das überhaupt wert seien, fragte er sich. Auch Mutter hatte in der Aufstellung Schwierigkeiten mit diesem immateriellen Gut. Die Klientin hatte sich über Jahre hinweg kontinuierlich fortgebildet. All dieses Wissen fehlte ihren Angehörigen. So waren sie voller Kritik und Zweifel – jedenfalls im Unterbewusstsein der Klientin. Erst als im Glaubenssystem der Klientin auch der Bruder ihre Erfahrungen samt der neuesten Entwicklungen und Erkenntnisse auf ihrem Fachgebiet sah und anerkannte, konnte er sich in der Aufstellung entspannen. Es ist wichtig, hier zu sehen, dass es sich um die Überzeugungen des Bruders im Unterbewusstsein der Klientin handelte – also darum, was die Klientin meinte, dass der Bruder denkt – ohne dass der Bruder anwesend war.

Auch in noch vielen weiteren Fällen in diesem Buch zeigt sich, wie die eigenen Überzeugungen Auswirkungen auf andere im System haben. Die Arbeit an sich selbst ist hierfür ein entscheidender Faktor, denn wir alle sind miteinander verbunden. Bei der Veränderungsarbeit ist nicht das Besondere, dass wir auf das System einwirken – dies ist ohnehin immer gegeben –, sondern dass wir nun positiv einwirken.

Ein weiterer Fall zeigt, dass Aufstellungen auch funktionieren, wenn man Unbekanntes aufstellt.

> Eine andere Freiberuflerin hatte das nachhaltige Gefühl, ihre zentralen Talente und Begabungen nicht vollständig auszuleben. Ihre Aussagen gipfelten sogar in der Vermutung, sie habe ihre Stärken komplett verloren. Aus Zeitmangel verzichteten wir auf eine umfangreiche Analyse und stellten neben Berufung und höchstes Potenzial ihre größten Stärken einfach als A, B, C, D und E auf. Es wusste also keiner von uns beiden, welche Stärken sich hinter den Buchstaben verbargen. Während sich die Klientin innerhalb der Aufstellung ihren Stärken Stück für Stück näherte, schob sich eine Stärke nach der anderen in ihr Bewusstsein: Sie verfügte über großes onkologisches Wissen, konnte gut zuhören und gut beraten. Auch ihre künstlerische Ader hatte die Klientin vollkommen verdrängt. Früher hatte sie sich in Form von Collagen kreativ ausgedrückt. Außerdem hatte die Klientin völlig vergessen, dass sie sich von Kindesbeinen an für das Schreiben begeistert hatte: »Ich wollte mein Leben lang Germanistik studieren.« – Was lag näher, als all diese Erfahrungen, all dieses Know-how, ihre Ausbildungen und ihren akademischen Abschluss zu kombinieren, um rund um das Thema »Krebs« zu arbeiten? Sie konnte über die Krebs-Thematik schreiben oder im Bereich der Krebsberatung tätig sein und dabei immer auch künstlerische Methoden einsetzen! Im Laufe des Coaching-Prozesses wurden Glaubenssätze wie »Ich habe keine Berufung« gedreht, ebenso Gedanken wie »Panik! – Ich schaffe das alles nicht« und »Gefühl der Unsicherheit! – Soll ich das machen?«. Dies mündete in einen zentralen Satz: »Ich weiß, was ich will, und ziehe es durch.« Bemerkenswert ist, dass etwas, was über Gespräche mehrere Stunden gedauert hätte, mithilfe der Aufstellung innerhalb kürzester Zeit geschehen konnte. So konnte die Klientin sehr schnell einen groben Plan für ihr weiteres berufliches Vorgehen entwickeln.

> Das Unternehmen ist begeistert: »Unglaublich! Wow, bist du toll! Wo hast du nur die ganze Zeit gesteckt?«

Zusammenfassend kann gesagt werden: Stärken lassen sich entweder einzeln betrachten oder alle zugleich. Sie können entweder konkret benannt werden oder auch unbenannt bleiben, weil man sie noch nicht kennt oder nicht genau beschreiben kann. Auf der anderen Seite können dann der Unternehmer, die verschiedenen Abteilungen, die jeweiligen Mitarbeiter stehen.

Und damit wären wir auch schon bei der nächsten Phase. Sie hilft uns, aus der Fülle der Stärken das »Extrakt« zu gewinnen. Dieses bildet sich heraus, indem die Stärken aus der Sicht der Zielgruppe und im Vergleich mit dem Wettbewerb betrachtet und bewertet werden.

Phase 3: Bewertung aus der Sicht der Zielgruppe und im Vergleich mit dem Wettbewerb

Kopf: Im Zusammenhang mit der Positionierung ist die alles entscheidende Frage: Welche Zielgruppe können Sie am besten erreichen? Und welches Bedürfnis hat sie, wo drückt sie der Schuh?

Hat man das verstanden, dann fällt es auch leicht, die zuvor ermittelten Stärken zu bewerten. Welche dieser Stärken bewegt die Zielgruppe am meisten? Welche hat die größte Zugkraft? Doch ganz so einfach, wie es sich jetzt anhören mag, ist es nicht. Dies liegt einfach daran, dass man nicht so leicht aus der eigenen Haut hinaus und in die des anderen hineinschlüpfen kann.

Im nächsten Schritt müssen die Stärken gegenüber dem Wettbewerb bestehen, ihn möglichst übertrumpfen oder von der Zielgruppe zumindest als besser wahrgenommen werden.

Betrachten wir das übliche Vorgehen zu Zielgruppe und Wettbewerb. Sie haben Ihre Stärken gesammelt und eine erste Kürzung vorgenommen. Viele lassen sich schnell aussortieren, da sie entweder nicht stark genug ausgeprägt sind oder zumindest bei einer der Bewertungsseiten – Zielgruppe oder Wettbewerb – zu schwach abschneiden.

> Stolz gockelnd baut sich die Stärke vorm Wettbewerb auf: »Dann zieht euch mal warm an! Arriba – ich komme!«

Recherchieren Sie über Ihre Mitbewerber, tragen Sie alle möglichen Informationen zusammen, die Sie finden können. So erhalten Sie einen Überblick darüber, wie sich Ihre Konkurrenz auf dem Markt darstellt und welche Positionierungsthemen besetzt sind. Um dies überhaupt tun zu können, muss natürlich klar sein, wer Ihre Mitbewerber sind. Wer bietet ähnliche Produkte an, wer hat ähnliche Kunden? Nur dann können Sie bewerten, wie einzigartig Sie im Vergleich zu Ihren Konkurrenten sind.

Die Basis für Ihre Bewertung sind in aller Regel Erfahrungen mit Interessenten und Kunden und deren Feedback sowie Befragungen in jeglicher Form, ob nun mündlich, schriftlich oder telefonisch, sporadisch oder regelmäßig. Dies kann bis hin zu professionell aufgebauter Marktforschung mit Markttests, Mailingtests und vielen anderen Instrumenten reichen, die jedoch ziemlich zeitaufwendig und teuer sind. So weit zum klassischen Weg – auf einer übergeordneten, gesellschaftlichen Ebene können Sie sich auch die Frage stellen: Welchen Beitrag leiste ich, und ist es zum Wohle aller?

Bauch: Der Riesenvorteil der Herangehensweise mit dem Unterbewusstsein ist, dass sich der Unternehmer wirklich von der eigenen Sichtweise frei machen und in die Schuhe der Zielgruppe schlüpfen kann, denn dies ist nicht so trivial, wie es sich anhört. Die eigene Sichtweise ist meist von einer starken Über- oder Unterbewertung der eigenen Stärken geprägt. In der Aufstellung schaffen Sie es, Ihre eigenen Interessen auszublenden, und nehmen eine offenere, ehrlichere Sichtweise ein. Dies gelingt noch leichter, wenn die Aufstellung verdeckt erfolgt. Auch Repräsentanten, die mit dem aufgestellten System nichts zu tun haben, ermöglichen dies eher.

Auf diese Art und Weise umschiffen Sie das Phänomen, das bei mündlichen und schriftlichen Befragungen auftritt, dass die Interviewten oft selbst nicht den wahren Grund für ihr Verhalten nennen können. Oder sie kennen ihn, verraten ihn aber nicht, weil sie die Antwort vielleicht als kompromittierend für sich oder die andere Seite empfinden. Durch eine verdeckte Aufstellung können Sie die ursprüngliche Motivation, die wahre Einstellung aufspüren – ganz ohne Knigge, Höflichkeitsformeln und Selbsttäuschung. Und dies geschieht frei von Scheingefechten, die ohnehin nur Ihre Zeit und Ihr Geld verschlingen. Die Aufstellung ist eine echte Chance für kleine und mittelständische Unternehmen, denen große, aufwendige Marktforschung bislang aus Zeit- und Kostengründen vorenthalten war. Innerhalb von wenigen Stunden können Sie zumindest mit reduzierter klassischer Marktforschung erfahren, wie das zukünftige Produkt ankommen wird und auf welche Stärken bevorzugt gesetzt werden sollte.

Es ist wirklich spannend zu hören, was der Wettbewerb über die neue Produktentwicklung zu sagen hat und wie er auf die Positionierung reagiert. Geht er zurück und gibt sich geschlagen, oder bleibt er davon unberührt? Der Vergleich mit dem Wettbewerb wird viel realistischer, und man erspart sich ein unbefriedigendes »Alle sind besser« oder »Alle sind schlechter«.

Wenden wir uns nun der Frage zu, wie Sie vorgehen sollten. Beginnen Sie, indem Sie die Zielgruppe zusammen mit den Stärken aufstellen. Für beide Seiten gilt: Sie können nur ein Element auswählen oder auch sehr viele.

Bei der Zielgruppe können Sie zum Beispiel nach Branche, Produkt oder Herstellungsart aufstellen. Stellen Sie sich vor, die Zielgruppe einer Firma ist die Lebensmittelbranche. Sie könnten dann Zielgruppe aufstellen, aber auch Lebensmittelbranche. Natürlich könnten Sie diese nach Produkten untergliedern, beispielsweise in Gemüse/Obst, Tee/Kaffee/Getränke oder Tiefkühlkost. Eine weitere Möglichkeit sind Untergliederungen wie Industrie, Handel und Dienstleistungen. Ebenso können Sie nach Art, Größe oder speziellen Entscheidern des Unternehmens differenzieren. Sie können alle diese Ebenen aufstellen und damit ein umfassendes Bild gewinnen.

»Tz, tz, tz …«, murmelt das Marketing und pirscht sich eng an die Zielgruppe heran. »Hochinteressant, das sollten wir uns unbedingt noch näher anschauen!«

Und nicht nur das: Sie können die Aufstellung für ganz spezielle Fragen nutzen und ermitteln, wie die Spielregeln lauten, was erlaubt ist und was nicht, worin die gemeinsamen Überzeugungen zu Produkten, Verkäuflichkeit oder Kunden bestehen bzw. wo die Vorlieben liegen. Manche tief verwurzelten Überzeugungen haben sich in Form von Branchen- und Unternehmensglaubenssätzen niedergeschlagen. So tickt ein Siemensianer einfach anders als ein Mitarbeiter bei Google oder Versace. Und auch die Meinungen zu ein und derselben Frage dürften grundlegend verschieden sein. Was der eine als schrill empfindet, ist für den anderen innovativ und für den Nächsten trendy. Aber genau dieses Wissen ist bei der Positionierung und bei vielen anderen Entscheidungen mit Bezug zum Kunden höchst wertvoll, wenn nicht unbezahlbar.

> Bei einem Dienstleister in der Gastronomiebranche hatten wir eine Zielgruppenaufstellung durchgeführt und folgende drei Zielgruppen innerhalb der Branche aufgestellt: Pächter, Franchisenehmer, Einzelunternehmer. Wir wollten wissen, wie das ideale Konzept bei der bereits erarbeiteten Positionierung aussieht. Binnen Minuten waren die grundlegenden Bedürfnisse der drei Bereiche klar, die zwar generell ähnlich, aber im Detail doch verschieden waren. Während bei Einzelunternehmer im Vordergrund stand, »Freude und Spaß zu vermitteln«,

war Pächter wenig zu begeistern, was sich in seiner Äußerung »Ich will nichts, lasst mir meine Ruhe« manifestierte. Franchisenehmer ging es eher um Schnelligkeit. »Ja, lasst uns durchstarten!«, so seine Aussage. Ein umfangreicheres Gespräch in der Beratung bzw. mit den einzelnen Zielgruppen hatte sich damit erübrigt. Sofort konnten wir gezielt am Konzept feilen und vertieft auf die Einzelunternehmer eingehen, indem wir beispielsweise Argumentationsketten anders aufbauten.

Manchmal muss auch gar nicht eine andere Zielgruppe anvisiert werden, sondern die Einstellung zur bestehenden Zielgruppe muss verändert werden. Der folgende Fall veranschaulicht dies sehr schön.

> Die Zielgruppe stand schon seit Langem fest, sie hatte sich bewährt und stand auch nicht zur Debatte. Doch in vielen Projekten zeigte sich immer wieder, dass die Zielgruppe sich nicht so verhielt, wie der Klient es wollte. Oft wollte er seine ideelle Sicht der Dinge auf die Konsumenten übertragen. Und somit waren die Ergebnisse auch in vielerlei Hinsicht nicht so, wie er es sich wünschte. Im weiteren Gespräch stellte sich heraus, dass ein gewisses Unverständnis gegenüber den Kunden vorhanden war, eine Art Anspruchs- und Erwartungshaltung. Hinzu kam, dass der Klient in einem kommunistischen Gesellschaftssystem aufgewachsen war – doch seine jetzige Vermarktungssituation war weit weg von der damaligen Planwirtschaft, in der die Kunden zu handeln gehabt hatten. Indem wir an der Annahme der eigenen Verantwortung für Aufklärung, Information, Kommunikation arbeiteten, konnte der Klient anerkennen, dass es seinerseits um das Sehen, Wahrnehmen, Erkennen und Erfüllen der Bedürfnisse der Kunden ging. Er nahm erstmals wirklich bewusst wahr, dass diese die Macht haben, frei zu entscheiden und zu wählen, was zu ihren Bedürfnissen am besten passt. Wollte er andere Ergebnisse, musste er sich selbst und sein Handeln ändern. Wir arbeiteten an der Bereitschaft, die notwendigen Schritte hierzu zu machen und die Verantwortung für die eigene Arbeit zu übernehmen. Es ging dabei darum, Gedanken wie die folgenden in seinem

- Glaubenssystem zu verankern: Ich sehe die Bedürfnisse der Kunden, ich nehme die Bedürfnisse der Kunden wahr, ich kommuniziere so, dass die Kunden mich und meine Produkte verstehen, ich kläre meine Kunden auf, ich gebe meinen Kunden alle wichtigen Informationen zur Einkaufsentscheidung, ich weiß, dass es meine Aufgabe ist, über meine Produkte klar, einfach und verständlich zu informieren.

Was sich eher speziell anhört, ist oft ganz normal. Vieles, was wir schon längst vom Kopf her verstanden haben, ist noch lange nicht im Bauch angekommen. Aufstellungen können in diesem Fall den »inneren« Lernprozess beschleunigen. Manchmal offenbart eine Aufstellung scheinbar ganz nebenbei wichtige Erkenntnisse, mit denen sich bisher ungenutzte Potenziale erschließen lassen.

> Bei einem Unternehmen, das sich auf die tischlerische Verarbeitung von Beton spezialisiert hatte, stellten wir die bestehenden und mögliche neue Produktbereiche auf: Kaminöfen, Küchenarbeitsplatten, Tische/Bänke/Hocker sowie Präsentationstische und Tresen. Um noch mehr über Küchenarbeitsplatten, einen neuen Produktbereich, zu erfahren, fügten wir das Systemelement Küchenbesitzer mit Betonplatte ein. Der Klient platzierte es direkt neben Küchenarbeitsplatten und interessanterweise so, dass es unentwegt auf Kaminöfen schaute. Offensichtlich zeigte sich hier ein starkes Interesse. Diese unvermutete Erkenntnis konnte im realen Geschäft aufgegriffen und weiter durchdacht werden. Hier lag ein großes, noch ungenutztes Umsatzpotenzial, denn das Unternehmen hatte bisher noch gar nicht an Cross-Selling gedacht. Doch tatsächlich bestellten Kunden, die sich bereits für einen Kamin oder eine Arbeitsplatte aus Beton entschieden hatten, gerne noch weitere Betonprodukte, weil die Wiederholung eines Materials zu einem harmonischen Gesamteindruck der Räumlichkeiten, einem durchgängigen Stil beiträgt. Dies wurde in der Folge bei den Werbemaßnahmen berücksichtigt, zum Beispiel, indem die Fotos und Texte immer wieder auch auf die anderen Produktbereich verwiesen.

Beim Wettbewerb funktioniert die Untergliederung ähnlich wie bei der Zielgruppe. Um mögliche Reaktionen auszutesten, wird er in größeren Aufstellungen einfach mit dazugestellt.

Aufstellungen lassen sich sehr gut zur schnellen Analyse einsetzen. Sie sind ein mächtiges Zeitspar-Tool. Dies zeigt sich beispielsweise in Fällen wie dem folgenden.

> Bei der Positionierung einer neuen Software wurden die einzelnen Funktionen der Software aufgestellt – zahlreiche unterschiedliche Elemente. Im Gespräch mittels einer Analyse hätten wir hier kaum den Überblick behalten. In der Aufstellung war jedoch innerhalb von Minuten klar, welche ein bis zwei Funktionen der Software dem Kunden, aber auch dem Unternehmer selbst ins Auge sprangen. Nun konnten wir die Zeit nutzen, bei diesen Funktionen in die Tiefe zu gehen, die zentralen Stärken anzuschauen und die zugkräftigsten Argumentationen zu finden.

Wenn die zentralen Stärken geklärt sind, folgt die konkrete Formulierung der Positionierung. Damit sind wir schon in der nächsten Phase.

Phase 4: Formulierung der Positionierung

Im Erstgespräch haben wir erfahren, welches Ziel durch die Positionierung erreicht werden soll. In der Stärkenanalyse haben wir anschließend viele Stärken des Unternehmens bzw. Produkts gesammelt, die im nächsten Schritt auf eine überschaubare Zahl reduziert wurden, um sodann aus der Sicht der Zielgruppe und im Vergleich mit dem Wettbewerb bewertet zu werden. Am Schluss blieben nur ein paar wenige Stärken übrig, mit denen wir nun »spielen und jonglieren« können. Damit befinden wir uns mitten in der Phase der Formulierung der Positionierung. Dabei soll für die Kommunikation nach außen beschrieben werden, was die Einzigartigkeit des Unternehmens oder Produktes ausmacht – je reduzierter und prägnanter, desto besser.

Kopf: Nun stehen Fragen im Raum wie: Was soll zentral nach vorne? Was gehört nach hinten? Welches Merkmal unterstützt und untermauert welche Argumentation am besten? Was kann weggelassen werden? Worauf sollte man sich beschränken?

Bei allen Fragen kommt es immer auf ein schlüssiges Zusammenspiel der drei zentralen Bestandteile einer klaren Botschaft an: Produkt, Zielgruppe, Positionierung.

Drehen Sie nur minimal an einem Positionierungsrädchen, so hat dies Auswirkungen auf alle übrigen Bestandteile. Aufgrund der Anzahl von entsprechenden Bestandteilen und Positionierungsvarianten kann die Lösungsfindung jetzt sehr komplex werden. In der vierten Phase benötigen Sie einen guten Moderator, der weder Ängste aufkommen lässt noch Pseudolösungen durchwinkt, sondern gelassen und glasklar durch den Prozess führt. In einer Gruppe mit mehreren Entscheidern besteht sonst leicht die Gefahr, dass der Lauteste und Durchsetzungsfähigste gewinnt. Auch wenn dieses Vorgehen allgemein üblich ist und offiziell unter »Ausdiskutieren« läuft, ist es wenig effizient, wenn eine hochanalytische Aufgabe emotional entschieden wird. Genau hier liegt der Schwachpunkt des rein kopfgesteuerten Verfahrens, und die Stärke der Aufstellung kommt zum Tragen.

Bauch: Die Aufstellung macht optisch und emotional sichtbar, welche Auswirkungen es hat, wenn das Positionierungsrädchen in die eine oder andere Richtung gedreht wird. Sie zeigt, wie die anderen Systemelemente auf die veränderte Positionierung reagieren – und dies ohne vieles Reden und unter Umständen ausufernde Diskussionen. Selbst marginale Unterschiede, zum Beispiel bei ähnlichen Schlüsselwörtern, Umschreibungen, Satzstellungen, können so viel feiner beschrieben und gedeutet werden – in einer Genauigkeit, die sich jeglicher Verstandesanalyse entzieht.

Im Vergleich mit der Kopfanalyse kommt die Analyse mittels Aufstellung sogar bei mehreren Positionierungsbestandteilen und diversen Positionierungsvarianten schneller voran. Zudem gibt sie

> Positionierung an Bauch: »Superklasse, mit dir geht alles so einfach!«

»Mich juckt's in den Fingern«, wirft das Ergebnis ein.

dem Entscheider mehr Sicherheit und nimmt ihm die Angst vor dem Loslassen, weil die Szenarien mit allen Sinnen wahrgenommen und damit viel realer empfunden werden können.

Größere Aufstellungen für Positionierungen umfassen üblicherweise die folgenden Systemelemente: Unternehmer, Positionierung, Zielgruppe, Wettbewerb und Produkt bzw. Dienstleistung. Weitere Beteiligte, wie zum Beispiel Mitarbeiter, Unternehmen können ergänzt werden.

Wie ein ganzes Gesellschaftssystem die Positionierungsentscheidung beeinflussen kann, zeigt der folgende Fall:

> Einer meiner Klienten hatte ein spezielles Herstellungsverfahren. De facto war das Unternehmen der einzige Anbieter, der in dieser Art und Weise die Produkte anfertigen konnte. Die Frage war nun, wie man das kommunizieren würde. So stellten wir in der Aufstellung verschiedene Positionierungsvarianten – unter anderem Marktführer, einziger Hersteller, größter Hersteller – auf und nahmen die Hauptzielgruppe mit hinzu. Doch egal, um welche Positionierungsvariante es sich auch handelte: Jedes Element atmete schwer oder ging gar in die Knie. Selbst Zielgruppe fühlte sich nicht wohl. Im weiteren Verlauf der Beratung zeigte sich Folgendes: Der Klient war in der ehemaligen DDR aufgewachsen. Er hatte Schwierigkeiten damit, sich aus der Masse abzuheben und anders zu sein, denn er hatte in seiner Kindheit und Jugend erfahren, dass dies gesellschaftlich verpönt war. Der Fokus hatte auf der Gemeinschaft und der Gleichheit aller gelegen, es war unerwünscht gewesen, durch Einzigartigkeit und Individualität herauszuragen. Zu sehr aufzufallen hatte damals gefährlich werden und einschneidende Sanktionen nach sich ziehen können. Diese unterbewusste Geisteshaltung wirkte sich nun auch auf die Positionierungsentscheidung aus. Hier ging es darum, im Unterbewusstsein die Ressource Sicherheit zu integrieren und das innere Bild von der DDR und ihren Einwohnern zu wandeln. Erst mit der Befreiung von Angst,

Beklemmung und Vorsicht konnte eine für den Klienten passende Entscheidung getroffen werden.

Manchmal wurde auf der Kopfebene schon alles richtig gemacht, und es geht nur noch darum, die Entscheidungen richtig umzusetzen.

Nach rund 14 Firmenjahren fand ein Dienstleister für Gastronomiebetriebe, es sei an der Zeit, sich neu zu positionieren. Das bisher hochgradig individualisierte Vorgehen bei der Beratung seiner Kunden machte die Arbeit sehr mühsam. Es sollte daher einem standardisierten Prozess und Produkt weichen, ohne dass dies die Qualität der Dienstleistung gefährden durfte. Viele neue Geschäftsideen warteten schon darauf, strukturiert zu werden. Ein Netzwerk mit den besten Dienstleistern der Branche sollte aufgebaut und in eine klar ersichtliche Struktur gebracht werden. Und all dies musste in die neue Positionierung integriert werden – ein gewaltiges Vorhaben!

Hier nur kurz das Ergebnis, ohne auf den detaillierten Prozess einzugehen: Im Bereich Einrichtung, Bau und Umbau wurde die Betonung auf eine größtmögliche Entlastung der Gastronomen gelegt. Schließlich sollten diese als Zielgruppe auch von der neuen Ausrichtung profitieren. Bei den Einrichtungsprodukten ging man vom direkten Verkauf mehr zur Vermittlung über. Und das neue Netzwerk zog sich komplett durch die Beratungsschiene: von der Einrichtung über die Küche und Theke bis hin zu den einzelnen Handwerkern. Diese Neupositionierung war eine echte Herausforderung. In der Aufstellung war gleich erkennbar, dass die Positionierung sich nur mit Schwierigkeiten umsetzen lassen würde. Daher widmeten wir diesem Thema eine gesonderte Aufstellung. Diese Vertiefung förderte ein früheres Schockerlebnis zutage, das dazu geführt hatte, dass der Klient in angespannten Situationen alle Gefühle abstellte und wie unter einer Glasglocke agierte. Dadurch waren natürlich seine Wahrnehmungen und alle richtungsweisenden Informationen in gewisser Weise gefiltert. Dafür machten sich Überzeugungen breit wie »Das schaffst du nie«, »Das ist viel zu groß«, »Das kriegst du nicht in den Griff«. Nachdem wir diverse Gefühlsschichten gelöst hatten, begab sich endlich auch die erarbeitete Positionierung an ihren Platz. Und für die Firma wurde es das erfolgreichste Jahr seit ihrem Bestehen!

Und manchmal liegt´s einfach an zu viel Aufmerksamkeit an der falschen Stelle ...

Manchmal macht die Positionierungsaufstellung auch auf ganz andere Bereiche aufmerksam. So war es in dem folgenden Fall.

»Hilfe, ich kann mich einfach nicht entspannen, wenn mir dauernd jemand zwischen die Elektronen guckt!«, zickt die Software und lässt das Error-Lämpchen blinken.

Ein Software-Hersteller wollte seine noch in Entwicklung befindliche Software positionieren. Im Rahmen der Aufstellung fing die Software plötzlich an, zu »zicken«. Auf Nachfrage erklärte der Unternehmer, dass die Programmierung recht schwierig sei und durch etliche Pannen behindert werde. Doch als der Repräsentant des Unternehmers sich in der Aufstellung USP und Zielgruppe zuwandte, beruhigte sich Produkt sofort. Sobald es wieder im Zentrum der Aufmerksamkeit von Unternehmer stand, wurde es erneut unruhig. Die Aufgabe bestand nun schlicht und ergreifend darin, sich weniger der Software selbst, sondern mehr ihrer Vermarktung zu widmen.

Manchmal spielen auch Emotionen gerade und vor allem bei Managementinstrumenten direkt in der Positionierung eine tragende Rolle, wie das folgende Beispiel zeigt.

»Klare, tragfähige Worte und Zeichen für die Positionierung meines Unternehmens brauche ich.« So äußerte der Klient seinen Missmut über das Stocken, das er in seinem Software-Unternehmen beim Positionierungsprozess und dem geplanten neuen Unternehmensauftritt beobachtete. »Das Topmanagement meiner Kunden soll das Gefühl haben, durch ein individuell angepasstes Managementinstrument unterstützt zu werden – und dabei so viel Spaß haben wie jemand, der mit einem 911er-Porsche an der Côte d'Azur entlangfährt.« Ein wesentlicher Aspekt der Positionierungsarbeit war, klar Stellung zu beziehen und den eigenen Standpunkt offenzulegen, dabei das Stilmittel der Provokation pointiert einzusetzen. Hierzu wurden Schlagworte entwickelt und getestet, insbesondere, um die erste Managementebene wirksam anzusprechen. Aber die diversen Entscheider beim Kunden waren insgesamt recht heterogen. Sie reichten vom CEO über die Personalabteilung bis hin zum mittleren Management. Es wurde daran gearbeitet, dass der Nutzen für die jeweiligen Instanzen deutlicher wahrnehmbar war und dennoch das Gemeinsame transparent wurde: dass es allen nützen, sie stärken, aufbauen und fördern würde. Damit wurden alle direkt und indirekt Beteiligten stärker ins Blickfeld gerückt, und es entstand eine neue und gute Nutzenargumentation, anwendbar bei vielen Unternehmen, die Kunden bzw. Interessenten des Klienten waren.

Der gesamte Prozess gewann durch das Nutzen der Bauchinformationen enorm an Geschwindigkeit. Die Ergebnisse und Erkenntnisse, die sich bezüglich der Positionierung ergaben, flossen in die Produktentwicklung und -gestaltung ein. Die bei der Umsetzung gewonnene Klarheit half, entschieden und konsequent zu unterscheiden, was passte und was nicht, sodass die beauftragte Werbeagentur, Grafiker und Texter souveräner gebrieft werden konnten. »Der Auftritt wurde definitiv emotionaler. Wir messen das zum einen an längeren Verweildauern auf unserer Website. Im persönlichen Gespräch ist spürbar, dass die nun emotional besser wahrnehmbare und verständlichere Produktbeschreibung den Anteil an ›linkshirnigen‹ Diskussionen eindeutig gesenkt hat. Zusätzlich wurden bislang schlummernde Zielgruppensegmente aktiviert. Wir haben damit eines der wesentlichen Projektziele klar und eigentlich überraschend angenehm erreicht. Wir schaffen nun eines viel besser, worauf wir auch stolz sind: Menschen durch die Nutzung der Software zusammenzubringen, damit sie gemeinsam erfolgreicher sind, den bestehenden Vorsprung zu halten und zukünftig auszubauen.«

Während der Prozess bis zum Ende der vierten Phase stets innerhalb eines engen Kreises von Entscheidern abläuft, beginnt nun eine Phase, die das gesamte Unternehmen und jeden Mitarbeiter Stück für Stück mit einbezieht.

Phase 5: Werbung und Umsetzung

Kopf: Eine Positionierung zu erarbeiten ist eine Sache, sie zu leben eine andere. Denn die gewonnene Klarheit will gelebt werden. Dies erfordert viel Konsequenz in den zahlreichen Alltagsentscheidungen und Mut bei der Kommunikation Ihrer klaren Botschaft. Zur Erleichterung der Umsetzung ist es sinnvoll, zuerst nach innen zu kommunizieren und dann, im zweiten Schritt, nach außen.

Umsetzung an Firmenleitung: »Bitte eiligst um Mitteilung an alle Kollegen!«

Solange die Positionierung nicht intern kommuniziert ist, bleibt es beim theoretischen Konstrukt. Einem Papiertiger. Mit der Weitergabe an alle Beschäftigten des Unternehmens beginnt sie real zu werden: Die Mitarbeiter werden ins Boot geholt. Je nach Situation im Unternehmen und der Rolle der Kreativen – sei es Werbeagentur, externer Grafiker oder interne Werbe-/Marketingabteilung – wird entweder zuerst kommuniziert und dann die Umsetzung kreativ gemeinsam entwickelt, oder die bereits werblich umgesetzte Positionierung wird intern präsentiert. Dabei wird die neue Positionierung vorgestellt, und es wird erklärt, was sie ausmacht, wie es zu ihr kam, und, und, und …

Wie Sie sehen, ist die Kommunikation stark mit der Umsetzung verbunden. Denn je mehr die Positionierung von den Mitarbeitern gelebt wird, desto näher sind wir auch am operativen Geschäft. Auf der Basis der Neupositionierung kommt es zu Verschiebungen von Prioritäten und zu neuen Gewichtungen. Manches kommt nach vorn, anderes wiederum rückt nach hinten. Es ist weniger ein »Neuerfinden« des Geschäfts. Die fünfte Phase steht für eine unbestimmte Zahl von Meetings und Projekten, die Sie im gesamten Positionierungsprozess und auch darüber hinaus noch begleitet. Sie hat auch Auswirkungen auf Sortiment, Kommunikation oder Werbung und kann beispielsweise bedeuten:

- Auf der Homepage werden Seiten nach vorn, andere nach hinten gestellt oder gestrichen.

- Bestimmte Produkte werden stärker oder anders beworben, andere fallen komplett heraus.
- Bestimmte Zielgruppen werden verstärkt angesprochen und weiter ausgebaut, neue kommen hinzu, andere werden gestrichen.
- Neue Schlüsselwörter werden entwickelt, am Claim wird gefeilt oder er wird ganz neu formuliert.
- Das Firmenprofil und die Werbetexte werden gemäß den zentralen Aussagen und ihren Priorisierungen überarbeitet.
- Das Corporate Design, das Erscheinungsbild eines Unternehmens, wird mit Gestaltungselementen wie Fotos, Farben, Formen, Schriften entwickelt oder angepasst.

Kurz: Die komplette Werbung online wie offline ist davon betroffen! Denn durch alle »Poren« des Unternehmens muss die Positionierung dringen und so spürbar und erlebbar sein. Daneben hat die Positionierung natürlich auch Auswirkungen auf den Vertrieb, zum Beispiel durch Verschiebungen oder Umgruppierung bei den Kundensegmenten und Zielgruppen.

Das übliche Kopf-Vorgehen umfasst Kreativ-Workshops zur Ideenentwicklung, Besprechungen, das Arbeiten mit Terminplänen, Meilensteinen und To-do-Listen. All dies hilft bei der Strukturierung, bei der Disziplin des Teams und bei der Vergabe von Aufträgen an Externe (siehe Seite 156).

Bauch: Bei der Kommunikation der Positionierung laufen etliche Prozesse im Hintergrund. Manch einer fühlt sich durch die Analysen auf den Schlips getreten, weil Optimierungsmöglichkeiten zuerst als Angriff und weniger als Chance wahrgenommen werden. Zudem hat jede Abteilung ihre ganz eigene Sicht auf die Dinge. Befragen Sie nur einmal den Vertrieb, das Marketing und den Bereich Forschung und Entwicklung zu ein und derselben Stärke eines Produkts, dann wissen Sie, was ich meine. Gleichzeitig schwirren jede Menge Vorbehalte umher wie »Dann habe ich ja noch mehr Arbeit«, »Das kann so nie funktionieren«, »Die haben doch überhaupt keine Ahnung« oder »Fällt dann vielleicht meine Stelle weg?«.

»Oh, bist du leidenschaftlich«, haucht die Firma. »Na, logo«, grinst der Vertrieb, »so bin ich immer, wenn ich für eine Sache brenne!«

Erst wenn die Positionierung wirklich angenommen wurde, kann sie im Alltag – am Telefon, im Kundengespräch und im Schriftverkehr – umgesetzt werden. Hauptziel ist also die methodische, mentale und emotionale Ausrichtung aller Kräfte im Unternehmen. Denn egal, ob Marke oder Firma – alles ist das Produkt einer klaren Fokussierung aller Beteiligten.[4]

> Die Grundregel lautet:
>
> Je eher die Mannschaft Feuer und Flamme für die Sache ist, desto stärker sind die gesamten Projekte im Flow.

Am besten funktioniert dies, wenn möglichst viele positive Bilder gemalt und alle erkennbaren Bedenken beseitigt werden. Denn ob die Bedenken nun geäußert werden oder nicht: Streikende Drucker, zickende Produkte und nicht enden wollende Projekte machen es notwendig. Widerstand ist teuer!

Kommen wir zum Vorgehen: Auch hier kann die Aufstellung wertvolle Dienste leisten, zum einen als erleb- und fühlbare Vermittlung von Inhalten, sozusagen als Schulung mit allen Sinnen. Sie eignet sich hervorragend bei der Umsetzung, um die Projekte schneller und leichter abzuwickeln und Stolpersteine zu beseitigen, bevor sie erst entstehen. Und natürlich hilft sie auch jedem einzelnen Mitarbeiter, sich besser auf die Positionierung einzulassen, was gerade für Schlüsselpositionen sehr wichtig ist.

Übungen: Wahrhaftig einzigartig – so werden Sie's!

Auf den folgenden Seiten finden Sie Übungen, die Sie darin unterstützen, mehr über Ihre Beziehung zum größten Nutzen, zu Ihren Stärken, der Positionierung, der Zielgruppe und der Umsetzung zu erfahren. Die Übungen bestehen aus einer Sammlung verschiedenster Aufstellungen zum Thema Positionierung und sind zum Teil direkt miteinander verknüpft.

1. Aufstellung vor dem inneren Auge

Denken Sie auch hier daran, dass Sie alle Übungen auch vor Ihrem inneren Auge abspielen lassen können. Im Grunde funktioniert das genauso, wie es in den folgenden Übungen beschrieben wird, nur dass es eben keine Bodenanker sind, sondern Ihre visualisierten »größter Nutzen«, »Stärken«, »Einzigartigkeit«, »Zielgruppe«.

2. Aufstellung größter Nutzen

Bevor Sie mit einem neuen Projekt anfangen, ist es empfehlenswert, den größten Nutzen, den Sie daraus ziehen können, aufzustellen. Dies zeigt, wie offen Sie für den maximalen Nutzen sind.

Vorgehensweise

- Treffen Sie alle räumlichen und persönlichen Vorbereitungen, und legen Sie die Bodenanker bereit.
- Bezeichnen Sie einen Bodenanker als Sie selbst und einen anderen als den größten Nutzen aus Ihrem Projekt.
- Legen Sie die beiden Anker auf den Boden, und stellen Sie sich nun nacheinander darauf. Vergessen Sie nicht, die Rolle beim Wechsel und Abschluss jeweils wieder abzulegen.

Wie stehen die beiden zueinander? Wie nah, wie fern sind sie sich? Zur Beantwortung der Fragen gehen Sie am besten die Fragen auf Seite 79 durch.

»Hurra, ich darf wieder mitspielen!«, freut sich der Bodenanker und rutscht aufgeregt auf dem Teppich hin und her.

ÜBUNG

Variante: Sich annähern

Um noch genauere Informationen zu bekommen und die Gefühle in beiden Rollen noch besser wahrzunehmen, können Sie überprüfen, wie es den beiden geht, wenn sie weiter aufeinander zugehen.

Hierzu nehmen Sie die Rolle des größten Nutzens ein und gehen ein Stückchen vor. Spüren Sie nach, wie Sie sich nun fühlen. Dann verlassen Sie die Rolle und spüren in den anderen Bodenanker hinein. Beantworten Sie auch hier wieder die Fragen auf Seite 79. Überlegen Sie sich, was Sie brauchen, um eventuelle Hindernisse und Widerstände zu beseitigen, damit aus einem »Nichtsehen« ein »Sehen« wird, aus einem »Zurückgehen« ein »Aufeinander-Zugehen« oder wie sich »Desinteresse« in »Interesse« wandelt.

3. Aufstellung Stärken

Voraussetzung für eine gute Positionierung ist die Klarheit über die eigenen Stärken. Sie wollen wissen, wie Sie sprichwörtlich zu Ihren Stärken stehen? Dann …

Vorgehensweise

Unternehmen an Stärken: »Wie, ich soll mich jetzt zwischen euch entscheiden?« Aufstellung an Unternehmen: »Nur ruhig Blut! Ich bringe hier bloß ein bisschen Ordnung rein.«

- Schreiben Sie die zehn wichtigsten Stärken Ihrer selbst, des zu positionierenden Produkts oder des Unternehmens auf. Und nummerieren Sie alle Elemente durch.

- Wählen Sie nun eine der Stärken aus, und stellen Sie sich selbst und die notierte Stärke auf.

- Gehen Sie nun auf den einen Bodenanker, und spüren Sie nach, was Sie wahrnehmen. Entrollen Sie sich. Und gehen Sie dann auf den anderen Bodenanker.

- Um weitere Informationen zu bekommen, können Sie auch hier dem Bewegungsimpuls nachgeben. Oder ganz gezielt als einer der Bodenanker auf den anderen zugehen. In diesem Fall bekommen Sie Informationen, die in einer größeren Entfernung noch verdeckter waren, nun aber besser zu erspüren sind.

- Notieren Sie das jeweils Wahrgenommene. Und nehmen Sie den Fragekasten auf Seite 80 zu Hilfe.

Variante: Alle Stärken auf einmal

Sie können auch alle Stärken auf einmal aufstellen. Aufgrund der Vielzahl von Stärken sind kleine Spielfiguren sehr gut geeignet. Bei den Figuren spüren Sie hinein, indem Sie sie mit dem Finger berühren.

Die Geübteren unter Ihnen können auch Bodenanker verwenden. Mit den Bodenankern gehen Sie wie gewohnt vor.

Eigenreflexion

Die folgenden Fragen helfen Ihnen, das Wahrgenommene besser einzuordnen:

- Allgemein: Wie sind die Stärken angeordnet? Welche Stärken stehen wo, welche stehen zusammen? Welche sind ganz weit weg von Ihnen, welche ganz nah? Wo schauen die jeweiligen Stärken hin? Oder haben sie die Augen geschlossen?

- Von der Rolle Ihrer Person aus gesehen: Welche Stärke sehen Sie, welche nehmen Sie wahr? Welche nehmen Sie überhaupt nicht wahr?

- Von der Rolle der Stärken aus: Wie fühlen sich die einzelnen Stärken? Wie fühlen sie sich Ihnen gegenüber? Gibt es eine Stärke, die zentral in der Mitte steht? Gibt es Stärken, die eine besondere Affinität zueinander haben oder sich besonders zu Ihnen hingezogen oder von Ihnen abgestoßen fühlen? Wenn ja, was sagt Ihnen das?

- Was müssten Sie tun, damit die weiter entfernten Stärken näher zu Ihnen heranrücken? Was ist noch erforderlich, damit sie sich besser wahrgenommen fühlen, damit gegebenenfalls aus Angst Mut, aus Zweifel Sicherheit, aus Nichtsehen Sehen, aus Ablehnung Annahme wird?

Notieren Sie die Erkenntnisse.

Um die Sichtweise der Zielgruppe einzunehmen, nehmen Sie anstelle Ihrer eigenen Person das Systemelement Zielgruppe hinzu. Wenn Sie detailliertere Informationen benötigen, dann stellen Sie die Zielgruppe differenzierter auf, zum Beispiel eine bestimmte Branche, Unternehmensgröße oder Firma.

Variante: Lernen am Modell – Wunschtraum-Stärken

Sie haben Vorbilder, Menschen, die Sie bewundern? Und Sie würden gern das ein oder andere genauso machen? Dann ist diese Übung das Richtige für Sie. Wenn Sie an jemanden denken, den Sie sehr bewundern, wer wäre das? Was zeichnet diese Figur oder Person aus? Beschreiben Sie sie. Welche Eigenschaften hat sie? Was tut sie?

Schreiben Sie die Stärken auf, nummerieren Sie sie durch, und stellen Sie anschließend die Elemente und sich selbst auf. Was sehen, fühlen, hören, schmecken Sie? Wo stehen Sie, wo die jeweiligen Stärken? Ziel sollte es sein, den Stärken möglichst nahe zu kommen. Auf diese Art und Weise ist es Ihnen möglich, Stärken, die Sie bewundern, zu integrieren und damit selbst zu entwickeln. Dies bedeutet einen enormen Entwicklungsschub für Ihre Persönlichkeit.

4. Aufstellung Zielgruppe

Letztlich dreht sich im Marketing alles um den Kunden bzw. den Interessenten oder die Zielgruppe. Um mehr über diese Bereiche im Rahmen der Positionierung zu erfahren, zeige ich Ihnen ein paar Übungen.

Vorgehensweise

Bevor Sie in die Übung gehen, machen Sie sich Gedanken über die Branchen Ihrer Zielgruppe. Schreiben Sie diese und sich selbst auf, und nummerieren Sie die Positionen durch.

- Stellen Sie die Bodenanker auf. Gehen Sie dann in die jeweiligen Rollen hinein.

- Welche Branche steht Ihnen besonders nah? Welche sehen Sie besonders gut? Und welche Branche nimmt Sie besonders gut wahr? Bei welcher Branche gibt es Bewegungsimpulse aufeinander zu?

- Um noch mehr Informationen zu bekommen, gehen Sie in Ihrer Rolle vorsichtig auf die Zielgruppe zu. Was passiert? Wie verändern sich die Gefühle und Wahrnehmungen bei Ihnen und bei Ihrer Zielgruppe? Manchmal ist es nur bis zu einem bestimmten Punkt möglich, sich zu nähern, da zum Beispiel ein Systemelement sich ansonsten unwohl fühlt, nicht mehr weitergehen will etc. Mit Unterstützung der Fragen auf Seite 79 können Sie erfahren, welche Ursachen hinter dieser Äußerung stecken.

Unternehmerin verwirrt: »Irgendwie blick ich's nicht. Hab ich mir jetzt die Zielgruppe ausgesucht oder meine Zielgruppe mich?«

Variante: Zielgruppenprofil

Je genauer wir das Profil unserer Zielgruppe beschreiben können, desto besser. Aus diesem Grund stelle ich ein paar Varianten vor, damit Sie Ihre Zielgruppe besser kennenlernen. Stellen Sie statt der verschiedenen Branchen unterschiedliche Unternehmensgrößen auf. Unterscheiden Sie dazu beispielsweise zwischen kleinen, mittleren und großen Unternehmen. Sie können auch gern konkreter werden und Mitarbeiterzahlen heranziehen: Ein-Mann-Unternehmen, Unternehmen mit bis zu 20 Mitarbeitern, bis zu 50, bis zu 100, bis zu 1000, Konzern etc. Natürlich können Sie auch konkrete Firmen aufstellen. Sie werden sehen: Es ist äußerst interessant, wie unterschiedlich die Unternehmen jeweils reagieren.

Variante: Entscheiderebene

Je tiefer Sie gehen, desto eher landen Sie beim konkreten Menschen, der kauft. Um mehr darüber zu erfahren, können Sie die verschiedenen Entscheider bzw. Funktionen aufstellen. Jetzt zeigt sich: Welchen Draht haben Sie zu wem? Wie gestalten sich die Beziehungen? Was behindert die Beziehung noch? Und was können Sie tun, um dies zu ändern?

Stellen Sie wieder sich selbst auf und auf der anderen Seite zum Beispiel die Position des Geschäftsführers, des Marketingleiters, des Vertriebsleiters, des Innen- oder des Außendienstes.

Natürlich gibt es auch Modelle im Endverbrauchergeschäft, die mehrere »Kunden« umfassen. Denken Sie zum Beispiel an Nachhilfe. Hier gibt es das Kind, die Mutter und den Vater. Alle drei sind beteiligt, wenn auch unterschiedlich stark. In diesem Fall müssten Sie alle drei und sich selbst aufstellen, um zu sehen, wie die Beziehung sich gestaltet. Weitere Beispiele für Familien- oder Paarentscheidungen sind Autos, Immobilien, Versicherungen und Finanzanlagen, Verträge aller Art.

> Bodenanker zum Aufsteller: »Hui, sachte, sachte, immer schön die Rolle zurückgeben ... Was war ich jetzt grad wieder – Kunde oder Chef?«

Variante: Zielgruppe und Stärken

Um zu erfahren, wie die Zielgruppe zu den jeweiligen Stärken steht, können Sie die oben beschriebene Aufstellung variieren, indem Sie Ihre Stärken den beschriebenen Zielgruppen gegenüberstellen. Statt sich selbst stellen Sie Stärken, aktuelle Positionierung oder Positionierungsideen auf. Dann sehen Sie: Wer springt am besten worauf an? Wer mag was am wenigsten? Und was können Sie tun, um dies zu ändern?

5. Aufstellung Positionierung

Sie haben eine Positionierung für Ihr Unternehmen bzw. Produkt. Ob Sie diese nun bewusst gestaltet haben oder nicht, ist dabei völlig unerheblich. Mit der folgenden Aufstellung bekommen Sie nützliche Informationen über die derzeitig bestehende Situation.

Vorgehensweise

Sie nehmen einen Bodenanker für sich selbst und einen für die jetzige Positionierung Ihres Unternehmens bzw. Produkts.

- Gehen Sie jeweils in die Rolle hinein, spüren und nehmen Sie wahr, was sich alles zeigt. Dann geben Sie die Rolle zurück und gehen in die andere Rolle. Konzentrieren Sie sich darauf, was Sie in den jeweiligen Rollen denken, fühlen und empfinden.

- Für die Reflexion nehmen Sie wieder die Fragen auf Seite 80 zu Hilfe.

Um die Sichtweise der Zielgruppe einnehmen zu können, machen Sie die gleiche Aufstellung, stellen aber an Ihrer Stelle die Zielgruppe auf.

> Das Unternehmen versonnen: »Das ist ja wie beim Kleiderkaufen. Anprobieren und das Schönste nehmen!«

Variante: Überprüfen verschiedener Positionierungsvarianten

Sie möchten Ihr Unternehmen positionieren. Sie haben auch schon einige Vorstellungen, aber Sie wissen nicht, welche davon die geeignetste für Sie ist. Dann hilft Ihnen die folgende Aufstellung, einen genaueren Einblick zu bekommen.

Sie schreiben alle Positionierungsvarianten (A, B, C und so weiter) auf und nehmen sich selbst als weiteres Systemelement dazu. Dann stellen Sie alle Elemente auf. Nun gehen Sie in die jeweiligen Systemelemente hinein. Welche Positionierung steht Ihnen am nächsten? Welche ist am weitesten entfernt? Welche Positionierungsvarianten schauen Sie – aus Ihrer Rolle heraus – an? Wie fühlen sich die jeweiligen Positionierungsvarianten dabei? Welche der Positionierungsvarianten hat einen guten Platz? Steht stabil? Welche ist wackelig?

Sie wiederholen die Aufstellung, tauschen aber sich selbst gegen die Zielgruppe aus. Was nehmen die Positionierungsvarianten jetzt wahr? Was die Zielgruppe? Gehen Sie auch die Fragen auf Seite 79 hierzu durch.

Variante: Wahre, erarbeitete und kommunizierte Einzigartigkeit

In der Realität klaffen die im Kopf erarbeitete und die kommunizierte Positionierung nicht selten auseinander. Daran ändern auch teure Agenturen nichts. Zwischen beidem ist immer noch eine Lücke, da die Schnittstellen zwischen Strategie und Kreation selten reibungslos funktionieren. Und dann gibt es auch noch Ihre Einzigartigkeit, die Ihren wahren Kern ausmacht. Auch hier klafft meist eine Lücke zwischen der wahren und der erarbeiteten Identität. Dies liegt ganz einfach daran, dass wir mit unserem Kopf nicht ganz erfassen können, wer wir wirklich sind – so paradox das klingen mag. Auch hier bleibt in der Regel eine kleine Lücke bestehen. Gelingt es, sie zu schließen, so wird alles viel leichter und müheloser. Dann sind wir im sogenannten Flow.

Um dieses Zusammenspiel genauer betrachten zu können, ist es äußerst interessant, herauszufinden, wie die verschiedenen Versionen der Einzigartigkeit zueinander stehen, wie nah sie einander stehen oder wie weit sie voneinander entfernt sind. Je mehr Sie sprichwörtlich »eins« sind, desto besser. Stellen Sie hierzu Ihre wahre Einzigartigkeit, Ihre erarbeitete Einzigartigkeit und Ihre kommunizierte Einzigartigkeit auf. So erfahren Sie rasch, ob Sie schon auf dem richtigen Weg sind oder wo noch Ansatzpunkte für Optimierungen liegen.

Welche Einzigartigkeit steht weiter weg von den anderen? Wie nah stehen sie beieinander bzw. wie groß sind die Entfernungen zwischen ihnen? Stehen sie alle drei ausgewogen zueinander, oder gibt es eine Art Lagerbildung? Fällt Ihnen ein, inwiefern in der Realität eine mit den anderen beiden nicht übereinstimmt? Und mit welchen Stellschrauben Sie dies verändern können?

6. Unternehmensseele und Positionierung

Jede Herangehensweise verschafft Ihnen für ein und dieselbe Thematik unterschiedliche Informationen und Zugänge. Während die herausragende Stärke der Aufstellung in der räumlichen Darstellung liegt, bekommen Sie bei der Unternehmensseele verstärkt Bilder. Deswegen lohnt es sich, die Stärken auch mithilfe der Unternehmensseele zu betrachten. Erinnern Sie sich an die Übung zur Ergründung der Unternehmensseele in Kapitel 1 (Seite 40).

- Treffen Sie alle räumlichen Vorbereitungen wie in Kapitel 1 beschrieben. Setzen Sie sich möglichst bequem hin, und schauen Sie ins Nirgendwo. Atmen Sie für ein paar Minuten tief ein und aus, und richten Sie dann die Aufmerksamkeit auf Ihr Herz.

- Sie stehen am Anfang des Weges zu Ihrer Unternehmensseele. Sie sehen den Weg vor sich und begeben sich auf die Reise. Ihren Weg nehmen Sie bewusst wahr. Schauen Sie sich genau um. Nach einer Strecke begegnen Sie dem Mut, Sie begrüßen ihn, schauen ihm in die kraftvollen, klaren Augen und nehmen ihn bei der Hand. Spüren Sie seine Kraft und Stärke, atmen Sie

> Die Unternehmensseele: »Fühlt sich so an, als bekäme ich gleich Besuch. Schön, dass ich nicht vergessen werde. Okay, ich bin bereit.«

ÜBUNG

dabei tief ein und aus. Gehen Sie dann weiter, bis Sie direkt vor der Tür der Unternehmensseele stehen.

- Nun öffnen Sie die Tür, gehen hinein und begrüßen Ihre Unternehmensseele. Sehen Sie sie genau an, und verbinden Sie sich mit ihr. Sagen Sie ihr nun, dass es um Ihre Positionierung geht und Sie hierzu Informationen haben möchten. Nun lassen Sie Ihre Positionierung in den Raum eintreten und sich neben Sie stellen. Wie sieht sie aus? Welche Gestalt hat sie, welche Farben, Formen kennzeichnen sie, wie groß ist sie? Schauen Sie sie genau an. Was sagt Ihre Unternehmensseele?

- Wenn Sie das Gefühl haben, die Unternehmensseele ist mit ihren Ausführungen fertig. Bedanken Sie sich bei Ihrer Positionierung, und lassen Sie sie aus dem Raum gehen. Dann bedanken Sie sich bei Ihrer Unternehmensseele, verlassen den Raum und gehen wieder zu Ihrem Ausgangspunkt zurück.

- Öffnen Sie die Augen, reiben Sie die Hände gegeneinander, und stellen Sie beide Beine fest auf den Boden.

Notieren Sie alle Informationen, die Sie bekommen haben, um sie später mit Ihrem Businesskontext zu verbinden. Was sagen sie Ihnen? Was fällt Ihnen dazu ein?

> Aufstellung an alle: »Mensch, Kinder, ihr werdet immer besser! Im nächsten Kapitel geht's weiter. Und bis dahin – fleißig üben und notieren! Tschüss!«

Variante: Stärken und Positionierungsideen

Sie können genauso gut Ihre Stärken, Talente, Begabungen, Positionierungsvarianten oder wahre Einzigartigkeit in den Raum eintreten lassen und Ihre Unternehmensseele zu ihnen befragen.

Variante: Zielgruppe

Und natürlich können Sie auch Ihre Zielgruppe befragen. Nehmen Sie die in der Übung »Aufstellung Zielgruppe« erarbeiteten Erkenntnisse und Fragestellungen, und nutzen Sie dies für Ihre Meditation mit der Unternehmensseele. Hierzu holen Sie Ihre diversen Zielgruppen und Zielgruppensegmente, nachdem Sie den Raum der Unternehmensseele betreten haben, mit hinzu. Betrachten Sie auch hier genau, wie die jeweiligen Zielgruppen aussehen. Dies gibt wertvolle Hinweise. Des Weiteren können Sie jeweils die Unternehmensseele dazu befragen. Sie werden erstaunt sein, welche zusätzliche Informationen Sie auf diese Weise bekommen.

Sie haben nun Ihre Positionierung bzw. Ihre klare Botschaft von allen Seiten beleuchtet. Im nächsten Schritt gilt es, sie unter die Leute zu bringen. Das Konzept beginnt, Realität anzunehmen. Die Werbung beginnt zu sprechen …

Die sprechende Werbung

ist echt, authentisch, glaubwürdig und direkt an der Quelle.

Ihr seid so bunt, schillernd und farbenprächtig! Wenn ihr zeigt, wie ihr wirklich seid, dann ist eure Werbung sprühend und funkelnd! Wie sollte die Werbung anders sein? Wie sollte die Werbung nicht genial sein, wenn ihr doch genial seid? Nur der Zweifel an euch selbst lässt die Werbung erblassen, grau, fad und langweilig werden. Befreit euch von dem Wenn und Aber, und vertraut auf euch selbst, dann ist es nur natürlich, dass ihr Werbung für euch macht. Weil ihr euch nicht traut, über euch zu sprechen, über euch und eure Stärken, verdammt ihr die Werbung.

Doch wenn ihr euch traut, dann ist die Werbung ein ganz natürlicher Prozess von Kommunikation, Miteinander-Reden, Mitteilen und Berichten. Denn Werbung ist nichts anderes als sich zeigen, Menschen überzeugen, Menschen begeistern. Auf aufrichtige, ehrliche Weise. Werbung verdeutlicht, was in einem Produkt oder Unternehmen steckt. Ist die Werbung mit mir verbunden, dann braucht ihr die Werbung in eurem Sinne nicht mehr. Hört auf mit dem Verstecken, und zeigt eure Genialität! Je mehr ihr bei euch seid, desto mehr seid ihr Werbung für euch selbst.

Werbung ist nur die Manifestierung eurer Ideen und Botschaften. Hier werden sie real, bekommen Gestalt, Körper. Hier bekommen sie erstmals Farbe, Form und Material. Die Werbung ist der Wechsel in die Materie, das Konkrete, das Fassbare. Und hierfür seid ihr immer auf der Suche nach genialen Ideen. Doch alle genialen Ideen tragt ihr in euch! Und welche Idee die beste ist, werdet ihr ganz eindeutig spüren. Jede Zelle von euch wird schreien. Ihr müsst nur hinhören und auf eure Gefühle achten. Ihr seid nur auf der Suche, weil ihr nicht mehr genau wisst, wer ihr seid. Öffnet euch, und ihr empfangt geniale Ideen, macht eure Augen auf, und ihr seht geniale Ideen. Und es ist egal, welchen Kanal Ihr dabei wählt. Welcher der beste für euch ist, das hängt ganz von euch ab. Nicht vom Kanal, das ist ein Irrtum. Es geht um eure Einstellung zu dem Kanal – darum, wie sehr ihr von ihm überzeugt seid und wie gut ihr mit ihm umgehen könnt.

Seid wahrhaftig, und eure Werbung kommt immer gut an. Sie ist immer passend, sie ist immer willkommen. Ihr findet einfach ganz natürlich zueinander.

Die drei Musketiere der Werbung: Idee, Gestaltung, Umsetzung

»Das soll ich alles tun? Und was machen die anderen?«, fragt die Werbung und schaut sich in der Runde um.

Super, hört sich mal wieder alles wahnsinnig leicht an. »Ist alles in uns drin«, »ganz natürlich zueinander finden.« Da stellt sich schon die Frage, warum wir all die kreativen Anstrengungen samt Mediaüberlegungen auf uns nehmen. Aber gottlob haben wir unser sprechendes Unternehmen. Und wie es wieder schwatzt, redet und plaudert, samt all seinen beteiligten Systemelementen. Aber lassen Sie uns einen Blick auf die Theorie werfen.

Wir wollen viel von der Werbung: Sie soll die zentrale Botschaft klar und treffend transportieren, das Budget einhalten, die richtige Zielgruppe ansprechen, Aufmerksamkeit erhalten, Geld verdienen und, und, und …

So ist denn auch etliches zu berücksichtigen: das richtige Werbemittel und den richtigen Kanal auswählen, Ideen entwickeln, die beste Idee identifizieren, für eine optimale Gestaltung sorgen und das Vorhaben reibungslos umsetzen. Hört sich einfach an, ist es aber nicht. Zumal die Zahl der Werbemöglichkeiten stetig zunimmt und die Werbeerfolgsquoten sich damit ständig verschieben. Zudem ist es nicht so einfach, die genialen Ideen aus einem Berg von mittelmäßigen herauszufischen. Und bei der Gestaltung gibt es viele Details und Regeln zu beachten, bis wirklich ein harmonisches Ganzes entsteht. Da bleibt die Umsetzung im Alltag oft stecken. Deswegen gehen wir in diesem Kapitel genau diesen neuralgischen Punkten nach.

Die Idee rekelt sich, das Projektmanagement bleibt cool: »Hör zu, Schätzchen. Erst planen wir von vorn bis hinten durch. Und dann geht's zack, zack – nichts mehr mit faul Rumliegen!«

Haben Sie sich für den Kanal entschieden, so geht es im nächsten Schritt darum, eine möglichst geniale Idee für die Botschaft, die Sie transportieren möchten, zu entwickeln. In diesem Kapitel erfahren Sie, wie Sie Ideen finden und die vielversprechendsten identifizieren, wie Sie genau und zielsicher in die richtige Richtung brainstormen. Sind die Ideen da, können Sie mit den Tools des sprechenden Unternehmens die sprichwörtliche Nadel im Heuhaufen leichter finden. Ihr Nutzen lautet, kurz gesagt: vor genialen Ideen sprühen und sicherer entscheiden.

Wenn Sie die besten Ideen identifiziert haben, geht es an die Gestaltung. Wir führen die wichtigsten Begriffe und Regeln zu diesem Themenbereich ein. Wenn Sie ein Gespür für Entwürfe entwickeln, können Sie besser entscheiden, welcher Auftritt und welche Werbung für Sie passend und erfolgversprechend sind. So werden Sie zielgerichteter bei der Optimierung Ihrer Werbung. Sie erkennen schneller, was und wie Sie es verbessern müssen. Diverse Beispiele – von der Broschüre über die Website bis zur Verpackung – illustrieren die Fragen, die bei der Gestaltung auftauchen.

Doch letztlich setzt jedes erfolgreiche Projekt eine konsequente Umsetzung voraus, ohne Wenn und Aber. Dies ist der zentrale Schlüssel. Wie Sie sich selbst und andere im Lauf eines Projekts unterstützen können, um Klippen zu umschiffen, erfahren Sie im Abschnitt »Reibungslos Umsetzen«. Dort finden Sie typische Ansatzpunkte bei Projekten in der Werbung, Fallbeispiele und mögliche Lösungen.

In diesem Kapitel erfahren Sie:

- welches theoretische Handwerkszeug Sie brauchen – bei der Auswahl des Werbemittels und des Kanals, der Ideenfindung, Gestaltung und Umsetzung

- wie Sie Werbeideen überprüfen und wie diese anhand der Erkenntnisse optimiert werden können

- wie typische Werbemittel wie Broschüren und Websites mittels einer Aufstellung analysiert werden

- wo und wie Sie ansetzen, um Projekte so reibungslos wie möglich zu verwirklichen

- Mit den Übungen bekommen Sie sofort erste Einblicke in Ihre eigene »Werbe-Situation«.

Und deswegen begegnet Ihnen auf den nächsten Seiten eine äußerst gesprächige Werbung …

Die Nadel im Heuhaufen: der Magnet für geniale Ideen

Jeder kennt die folgende Situation: schnell noch eine Idee für den Flyer, die Fotos, das Mailing, die Messe ... und die Zeit läuft davon. Je mehr Druck aufgebaut wird, desto schwieriger wird es, Ideen zu finden. Das berühmt-berüchtigte Brett vorm Kopf ist für jeden, der schnell eine Idee braucht, eine vertraute Horrorvision. Verkrampft und voller Druck will das zarte Pflänzlein namens Idee oft nicht wachsen.

Kopf: Meiner Erfahrung nach lassen sich Ideen schnell mit bewährten Kreativitätstechniken entwickeln. Passende Tools, um die sich einschleichenden Ideenkiller in den Griff zu bekommen, erledigen den Rest und machen den Weg frei für den kollektiven Kreativitätsrausch. Doch meist ist die Ideenentwicklung nicht der eigentliche Engpass. Schwieriger wird es, wenn eine konkrete Idee auf dem Tisch liegt – oder, noch viel schlimmer, Tausende von Ideen. Die Auswahl fällt schwer oder scheint aufgrund der Unzahl von Optionen unmöglich zu sein.

Die Ideenkiller bekommt man in der Regel über Aufklärung und Bewusstmachung gut in den Griff. Den Rest erledigt ein temporeiches, schnelles Brainstormen mit dem Schwerpunkt auf Quantität – dabei wird der Kritiker in uns zum Verstummen gebracht. Unterstützt wird das Ganze durch Entspannung, kurz: Sport, Spaß und Spiel. Ideal sind beispielsweise Gruppenspiele mit viel Bewegung und Musik. Falls zu viele Ja-Abers aufkommen, kann man eine Klingel benutzen, die das gesamte Team aufruft, die positiven Ideen wieder sprudeln zu lassen. Sind die Spielregeln klar, kann die Arbeit mit den Kreativitätstechniken beginnen. Und davon gibt es eine Menge: Brainstorming, Brainwriting Pool, Mindmap, Fremde Branchen, Kopfstand-Technik, Forced Relationship, Morphologischer Kasten, Osborn-Checkliste, Denkstrategien wie die Übertreibung, 180-Grad-Drehungen, Super-Hero-Spiele und Zeitmaschinen – um nur einige zu nennen.[1]

Haben Sie nun jede Menge Ideen gesammelt, so lautet die nächste Frage, welche davon der heimliche Star, die noch unpolierte Perle ist. Die Auswahl steht an. Für den Anfang und die große Fülle an Ideen bietet sich das Ausschlussverfahren an. Roh-Ideen, die sich nicht weiterentwickeln lassen, werden sofort ausgesondert. Beim weiteren Bewerten im Team ist die Punktevergabe einfach und demokratisch. Sodann hat der Chef noch ein Wörtchen mitzureden, und schlussendlich muss die Idee dem prüfenden Blick des Briefings standhalten. Denn mit dem Brainstorming wurde ein bestimmtes Ziel verfolgt – was war das noch mal? Welche Idee erfüllt die Aufgabenstellung am besten?[2]

Hört sich alles ganz einfach an, oder? Ist es auch. Aber der Bauch kann Ihnen noch weitere Erkenntnisse und Ansatzpunkte geben.

Bauch: Eine Aufstellung kann frühzeitig aufdecken, in welche Richtung gedacht und worauf der Schwerpunkt im Brainstroming gelegt werden sollte. Denn problematisch wird es beispielsweise, wenn die Vorabanalysen schon in die falsche Richtung laufen und damit die gesamten Grundannahmen für das Brainstorming – dann hat man zwar eine geniale Idee, aber zur falschen Fragestellung.

Stellen Sie sich vor, Sie würden nach Ideen suchen, die Sie auf Facebook platzieren könnten. So kann sich in der Aufstellung zeigen, dass die ursprüngliche Frage »Welche Botschaften können wir über Facebook lancieren?« nicht präzise genug gestellt ist und ersetzt werden sollte durch die Frage »Welche Botschaften können wir unseren echten Freunden über Facebook zukommen lassen?«. Nun wird die Zielgruppe »echte Freunde« in der Fragestellung explizit erwähnt. Damit ist die Einstiegsfrage nur leicht verändert, das Ergebnis des Brainstormings ist jedoch völlig anders: treffender, passender zur Zielgruppe in inhaltlicher und sprachlicher Hinsicht!

Je früher die Aufstellung eingesetzt wird, desto besser. Zudem bekommen Sie detailliertere Kriterien als nur »Das gefällt mir« oder »Das gefällt mir nicht«.

> Claim und Zielgruppe brennen lichterloh, rasen aufeinander zu und fallen einander in die Arme: »Ich liebe dich!«

Zur Auswahl eines Slogans stellten wir verschiedene Varianten auf, und siehe da: Einer davon war ein echter Volltreffer. Zielgruppe und Slogan rasten wie von Sinnen aufeinander zu. Doch plötzlich rannte Unternehmerin in ihrer Rolle davon. »Uff, das geht mir aber zu schnell. Bin ich damit nicht zu direkt, zu aggressiv, wirkt das nicht arrogant?« Zweifel kamen hoch, die in einem vertiefenden Coaching geklärt werden konnten.

Es können verschiedene Ideen gleichzeitig nebeneinander aufgestellt werden. Möglich ist aber auch, sie einzeln mit anderen Systemelementen des Unternehmens wie zum Beispiel Zielgruppe, Produkt, Werbung aufzustellen, um zu sehen, welche Auswirkungen sie jeweils auf diese haben.

Geht es um Gestaltungsideen, zum Beispiel für eine Broschüre, ist die Unternehmensseele sicherlich unschlagbar. Denn ihre Stärke besteht darin, dass sie sich vornehmlich über Bilder mitteilt – aber natürlich auch über andere Wahrnehmungskanäle.

> Bei einem meiner Klienten entstand auf diese Weise ein komplettes Konzept für die Gestaltung einer Broschüre, minutiös bis ins letzte Detail beschrieben. Als Erstes nahmen wir Kontakt mit der Unternehmensseele auf. Später stellten wir die zu entwickelnde Broschüre vor unserem inneren Auge mit dazu. Es stellten sich Bilder ein von: »weiß lichtdurchflutet«, »Gold mit Wasserblau«, »Luft, grau-silber«, »Sonne, orange bis feuerrot«. Jede Farbe hatte für sich ganz eigene Dynamiken wie Windbewegungen, Wasserströme bis hin zu pflanzlichen Strukturen. Selbst die Platzierung des Logos sowie die Art, wie die Broschüre gedruckt werden sollte, waren genau ersichtlich. Der Aufbau der Mappe mit ihren drei Broschüren samt Gestaltung lag klar vor dem inneren Auge, ebenso die Anordnung der Fotos. Die Formgebung der Farbelemente war genau zu erkennen, bis hin zu den Emotionen, die sie transportierten. Die Kundin wollte gar nicht mehr aufhören, so glasklar sah sie ihre Broschüre vor sich, so begeistert war sie darüber, wie

leicht, spielerisch und blitzartig ein komplettes Konzept entstehen kann. Die Broschüre wurde so umgesetzt und war ein voller Erfolg. Später wurden auch die Struktur und die Gestaltung der Website dementsprechend angepasst.

Diese Technik ist kein Imaginieren. Je tiefer Sie in der Meditation sind, desto eher ist es eine Verbindung zur »perfekten Lösung«, die Bilder stellen sich ein und werden nicht von Ihnen gesteuert.

Egal, welche der Methoden Sie nehmen, so oder so erhalten Sie noch viele interessante Informationen, die Ihnen bei der Gestaltung helfen.

»Wahnsinn, super Bilder! Bei dir ist es ja wie im Kino!«, schwärmt die Broschüre. Unternehmensseele: »Oder wie im Fernsehen. Du musst nur das richtige Programm einschalten.«

Werbung gestalten – Das Gewusst-wie

Bei der Gestaltung wird die Idee in eine konkrete Form gebracht. Gestaltung ist das Kleid, in dem die Idee erst richtig zur Geltung kommt. Mit der Gestaltung können Sie vermitteln, was Ihr Unternehmen ausmacht, was es einzigartig macht. In dieser Phase geht es um die Umsetzung der Idee, um das Zusammenspiel von Botschaft, Farben und Formen in Verbindung mit dem Werbemittel – aber auch um ganz konkretes Know-how, um Handwerk und Spielregeln.

> Budget an Werbung: »Jetzt halt dich mal etwas zurück, wir können nicht auf allen Hochzeiten tanzen.«
> Botschaft, frech dazwischenquengelnd: »Ich schon, ich schon!«

Konkretes Know-how und Spielregeln bei der Gestaltung

Kopf: In diesem Zusammenhang häufig gebrauchte Begriffe sind Corporate Identity und Corporate Design. Corporate Identity (kurz CI) ist die Selbstdarstellung und Verhaltensweise eines Unternehmens nach innen und nach außen. Ziel ist es, einen schlüssigen, vertrauenswürdigen, unverwechselbaren und einprägsamen Auftritt zu erreichen. Dieser wiederum setzt sich aus drei Komponenten zusammen: Corporate Behaviour (Verhalten), Corporate Communication (Kommunikation) und Corporate Design (Erscheinungsbild). Beim Corporate Design steht die Gestaltung im Vordergrund: Marke, Produkte, Grafik und Design sollten so aufeinander abgestimmt sein, dass ein klares, einheitliches Bild entsteht.[3]

Wollen Sie einen optisch einzigartigen Unternehmensauftritt schaffen, so gilt es, geschickt mit Werbemitteln (z. B. Anzeige, Plakat), Gestaltungselementen und Bausteinen (z. B. Formen, Farben) und Gestaltungsregeln zu spielen. Wenn Sie dies beherrschen, können Sie Entwürfe sicherer bewerten und wissen, was zu Ihnen passt und was nicht. Sie erkennen, wo und wie Sie etwas verbessern müssen. Kurz: Die Optimierung Ihrer Werbemaßnahmen wird zielgerichteter. Bei neuen Ideen, Vorschlägen und Entwürfen von Grafikern oder Werbeagenturen entscheiden Sie sicherer. Sie haben einfach Kriterien an der Hand, mit denen Sie klarer sehen, was für Ihr Unternehmen gut ist und was nicht. Letztlich wird Ihre Werbung dadurch wirksamer.

Was verbirgt sich dahinter? Gestaltungselemente sind beispielsweise Typografie, Farben, Formate, Fotos, Bilder, Illustrationen und

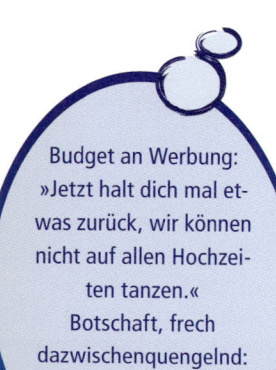

Grafiken. Die Gestaltungsregeln helfen Ihnen dabei, die einzelnen Bestandteile zu bewerten. Diese sind zum Beispiel die Beständigkeit, Durchgängigkeit, Wiedererkennbarkeit, Unterscheidbarkeit, Aussage und Wirkung.

Schließlich geht es noch um die Auswahl des richtigen Werbemittels respektive Werbeträgers. Grundsätzlich kann man beispielsweise zwischen gedruckten Werbemitteln wie der Broschüre, dem Flyer oder dem Plakat und digitalen Werbemitteln wie dem Film, dem Radiospot oder dem Internet-Banner unterscheiden.[4] Für die Verbreitung ist der Werbeträger zuständig. Darunter fallen beispielsweise Zeitungen, Zeitschriften, Plakatanschlagstellen und E-Mails.[5]

Werbemittel und Werbeträger

Bei der Auswahl des Werbeträgers sieht das übliche Vorgehen folgendermaßen aus: Die Mediadaten wie Reichweite, Streuung, Zielgruppe werden analysiert. So werden zum Beispiel das Profil der Leserschaft einer Zeitung und die Anzahl der Leser mit den eigenen Werbezielen und der eigenen Zielgruppe abgeglichen. Bei den Werbemitteln gehört ein Teil zur Grundausstattung, hier liegt die Entscheidung oft auf der Hand. Darunter fallen Briefpapier, Logo, Visitenkarte. Der restliche Teil wird frei gewählt. Ausgewertete eigene Erfahrungen mit dem Medium und Ergebnisstatistiken von anderen runden den Entscheidungsprozess ab.

Diese Vorgehensweise wird auch in Zukunft so bleiben. Je innovativer das Medium ist und je weniger Vorerfahrungen und/oder Statistiken vorliegen, desto unsicherer ist jedoch die Entscheidung. – Desto größer ist aber eventuell die Chance, aufgrund einer »außergewöhnlichen« Kommunikationsform auf sich aufmerksam zu machen. So gibt es inzwischen Podcasts und soziale Netzwerke wie Twitter oder Facebook, auf die die skizzierte Entscheidungssituation zutrifft. Ein ganzer Zweig hat sich aufgetan, der sich mit dem »Social Media ROI« – dem »Return on Investment«, der Rendite des Einsatzes von Investitionen, im Social-Media-Bereich – beschäftigt.

»Was ist denn Profil?«, fragen die Mediadaten. »Na, das ist das, was du und noch andere über die Leute sagen. Verstehste?«, erklärt die Werbung geschäftig.

Gestaltung

Im Bereich Gestaltung steht Ihnen eine Art Baukasten zur Verfügung. Einige Dinge werden Sie gewöhnlich verwenden wie zum Beispiel das Logo, bei anderen haben Sie wiederum die Wahl, ob und wie Sie sie einsetzen wollen. So wird eine Musikschule wahrscheinlich verstärkt auf Ton setzen, ein Architekturbüro eher auf Bilder, um seine geplanten Objekte zu zeigen. Zudem sind mit der Gestaltung auch Entscheidungen grundsätzlicher Natur verbunden – etwa »unsere CI-Farbe ist Rot«. Diese Entscheidungen sollten konsequent eingehalten und am besten schriftlich festgehalten werden.[6]

Ein Logo ist ein grafisches Symbol, das mit einem Unternehmen oder einem Produkt fest verknüpft ist – wie zum Beispiel der petrolfarbene Schriftzug von Siemens. Oft wird es ergänzt durch ein Bild, ein sogenanntes Key Visual. Es ist das visualisierte Schlüsselbild, das mit dem Unternehmen und seiner Botschaft verbunden wird. Beispiele sind der Erdal-Frosch oder der Apfel von Apple.[7] Kombiniert wird es oft mit dem Claim, auch Slogan genannt. Dieses Werbeschlagwort soll kurz und einprägsam sein. Oft beschreibt es den Nutzen, die Positionierung,[8] wie zum Beispiel »dennree – Bio für jeden Tag« oder »lavera – Naturkosmetik wirkt natürlich schön«.

Werbung drückt sich in allem sinnlich Erfahrbaren aus. So haben Sie die Möglichkeit, mit Farbe, Form, Bildern, Ton, Typografie und Materialien zu spielen. Bei der Farbe können Sie eine hauseigene Firmenfarbe auswählen – oder eine Farbkombination. Farben haben einen bestimmten Ton, eine bestimmte Sättigung und eine bestimmte Helligkeit.[9] Alles hat eine Farbe: das Logo, Schriften, Rahmen, Texthintergründe und so weiter. Bei der Form, der Bestimmung der sogenannten Formensprache, geht es um Größe und Proportionen, zum Beispiel von Verpackungen, Flyern oder Fotos. Die Formen können zum Beispiel symmetrisch oder asymmetrisch, eckig oder rund sein. Beim Bild sind die Übergänge zwischen Grafik, Foto und Illustration fließend.[10] Motiv und Art der Bilder bestimmen den firmeneigenen Stil zum Beispiel durch Perspektive, Hintergrund, Licht, Nahaufnahmen oder Stimmungsbild. Die Typografie, die Schrift, kann beispielsweise schnörkelig verspielt oder klar und nüchtern sein. Sie hat eine Form und eine Farbe und erscheint überall – z. B. auf Broschüren, Visitenkarten, Briefpapier, Werbemitteln. Töne wie Geräusche, Musik oder Informationen können als Hintergrund oder zur Kommunikation eingesetzt werden – als Jingle, auf dem Anrufbeantworter, auf der Website. Zudem können Sie auch mit dem Material spielen. Es bestimmt durch die Haptik die Wertigkeit. Wie sollen Ihre Werbematerialien sein? Rauh oder glatt? Schwer oder leicht? Dick oder dünn?

Jede Entscheidung bei diesen Punkten hat ihre ganz eigene Wirkung. So drückt beispielsweise die Farbe Rot eher Aktivität oder Aggressivität aus, Blau eher Leistung, Sympathie oder Vertrauen.[11] Diese unterschiedlichen Wirkungen sollten bei der Auswahl und der konkreten Ausgestaltung immer berücksichtigt werden. Der hier aufgeführte Überblick zeigt Ihnen, was Sie verwenden können. Selbstverständlich gibt es bei jedem Werbemittel darüber hinaus ganz spezielle Aspekte, vor allem in Bezug auf Aufbau und Struktur, zu beachten. So gibt es eigene Regeln bei einem Flyer, bei einem Plakat oder auch bei einer Website.

Gestaltungskriterien

Um beurteilen zu können, ob ein Ihnen vorliegender Entwurf zu Ihrem Unternehmen passt, helfen Ihnen die folgenden Gestaltungskriterien. CI-Entscheidungen, die zum Beispiel bezüglich Logo oder Form getroffen worden sind, sollten innerhalb eines Werbemittels, aber auch über alle Werbemittel hinweg durchgängig beibehalten werden, und dies beständig über einen längeren Zeitraum. Weitere Kriterien im Überblick:

Beständigkeit	Grundlegende Gestaltungsentscheidungen sollten über längere Zeit beibehalten werden.
Durchgängigkeit	Sie sollten innerhalb eines Werbemittels, aber auch über alle Werbemittel hinweg beibehalten werden.
Wiedererkennbarkeit	Die Werbung sollte innerhalb von Sekunden wiedererkannt werden können.
Unterscheidbarkeit	Der Auftritt sollte sich von den Wettbewerbern unterscheiden. Seien Sie anders als die anderen!
Aussage	Das Alleinstellungsmerkmal und die Botschaft sollte über den CI-Auftritt transportiert werden. Was drückt die Gestaltung nonverbal aus?
Wirkung	Wie stark die Wirkung ist, welchen Eindruck die Werbung hinterlässt, können Sie beispielsweise an den Reaktionen und Aussagen Ihrer Kunden ablesen.

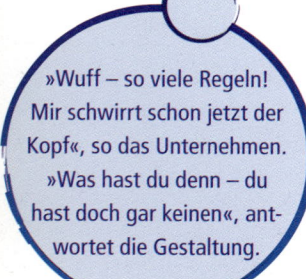

Dies sind natürlich nur ein paar Kriterien. Sie können sie um weitere Punkte ergänzen wie Wirtschaftlichkeit,[12] Umweltfreundlichkeit,[13] Ästhetik.[14]

»Wuff – so viele Regeln! Mir schwirrt schon jetzt der Kopf«, so das Unternehmen. »Was hast du denn – du hast doch gar keinen«, antwortet die Gestaltung.

Werbemittel mit dem Bauch überprüfen

Bauch: Sie haben gesehen, dass die Gestaltungsregeln aus vielen Details bestehen. Sie müssen beachtet werden, damit die einzelnen Bestandteile zusammenpassen und ein sinnvolles Ganzes ergeben. Es gilt auch, zu beachten, dass sie untereinander in Wechselwirkungen stehen. Und hier kommt die Aufstellung ins Spiel, sie kann dies nämlich wunderbar erfassen.

Die Aufstellung gibt Ihnen auch Aufschluss darüber, welche Werbemittel eher Außenseiter sind, welche integriert werden müssen, welche in einer Wechselbeziehung miteinander stehen, welcher Art diese Wechselbeziehungen sind – harmonisch oder disharmonisch –, welche Werbemittel nah beieinanderstehen und sich ergänzen, welche Werbemittel (zu) weit auseinanderstehen und keine Beziehung zueinander haben, welches Werbemittel eine besondere Bedeutung hat oder gar eine zu große Bedeutung. Im Folgenden finden Sie einige Fallbeispiele zu Broschüren, Websites und Verpackungen, die das sehr gut veranschaulichen.

Broschüre

Grundsätzlich gibt es diverse Möglichkeiten, eine Broschüre mittels einer Aufstellung zu analysieren. Hat ein Unternehmen mehrere Broschüren, so kann es diese aufstellen und die Beziehungen der Broschüren untereinander herausfinden. Stehen die Broschüren alle in Reih und Glied? Ist eine Broschüre größer und dominanter? Ist eine der Broschüren noch wacklig auf den Beinen? Bilden die Broschüren eine Einheit miteinander? Wie sind die Abstände zueinander?

Genauso gut können aber auch die einzelnen Bestandteile einer Broschüre aufgestellt werden. Dies könnten bei einer Broschüre klassischerweise sein: Fotos, Farbe, Format, Material. Es können aber auch gezielt besonders interessierende Aspekte der Broschüre angeschaut werden. So sind Sie sich vielleicht bezüglich der Fotoauswahl noch unsicher, oder Sie erstellen oder überarbeiten gerade einen Text und möchten diesen noch genauer betrachten. Zum Beispiel können auch alle Fotos oder Textbestandteile der Broschüre aufgestellt werden. Bei allen Herangehensweisen ist es möglich, die Systemelemente allein aufzustellen oder den Unternehmer und auch die Zielgruppen bzw. Zielgruppensegmente mit dazuzunehmen. Im ersten Fall liegt der Fokus eher auf der Rolle der einzelnen Bestandteile, im zweiten Fall wirkt das Glaubenssystem des Unternehmers verstärkt mit hinein, und im dritten Fall können Sie erkennen, wie die Zielgruppe die Gestaltung annehmen wird. So haben wir es in einem Fall auch gemacht, genau in dieser Reihenfolge.

> Wachstum an Broschüre: »Alle in den Streik treten und tot stellen!«
> Broschüre an Wachstum: »Geht nicht, habe nun alle festgenagelt.«

In einem Unternehmen waren drei Broschüren für drei verschiedene Produktsegmente geplant. Diese sollten einzeln, aber gegebenenfalls auch zu dritt in einer Mappe übergeben werden. In der folgenden Aufstellung war auffallend, dass fast alle Systemelemente inklusive Klient schwankten und die Augen geschlossen hatten. Wie sich herausstellte, war der Auslöser hierfür, dass im Unterbewusstsein des Klienten seine Mutter folgende Bedenken hatte: »Er macht es wie sein Vater (der damals über sein schnelles Wachstum Pleite ging), und dann kommen mehr Wachstum, mehr Aufträge und mehr Arbeit. Ich will das nicht.« Als diese Bedenken im Unterbewusstsein des Klienten gelöst und gedreht wurden zu »Meine Mutter will Wachstum, sie freut sich über Aufträge«, machten alle Systemelemente die Augen auf, und es gab in der gesamten Aufstellung enorme Bewegungsimpulse. Vorher waren alle Systemelemente wie festgenagelt gewesen. Unter anderem deswegen hatte es bislang immer wieder Verzögerungen im Projekt gegeben. Das Lösen dieser zentralen Grunddynamik mit der Mutter brachte in vielen Bereichen des Unternehmens Lösungen. Als wir im weiteren Verlauf der Aufstellung die drei Zielgruppen für die drei Broschüren hinzunahmen, hatten sie einen direkten Bezug zu »ihrer« Broschüre; sie richteten sich auf sie aus, auch die Blickrichtung war ihnen zugewandt – außer bei einer Broschüre. Auf Nachfragen äußerte der Klient seine Überzeugung: »Diese spezielle Zielgruppe will das nicht.« Erst als seine Glaubenssätze gedreht wurden in: »Die nehmen das an, sind innovationsfreudig«, »Das bringt ihnen mehr Umsatz und mehr Kunden«, »Sie können sich von ihren Wettbewerbern damit abheben und haben einen echten Wettbewerbsvorteil«, richtete sich diese Zielgruppe auf »ihre« Broschüre aus.

Dieses Beispiel zeigt sehr schön, dass sich hinter Fragen der Werbung ganz andere Themen verbergen können. Das Ziel hinter dem Ziel ist oft der neuralgische Punkt, denn die Werbemaßnahme ist nur ein Vehikel, um etwas anderes – Wachstum, Bekanntheit, Kundengewinnung – zu erreichen. Aber wenn sie nicht funktioniert,

DIE SPRECHENDE WERBUNG

sucht man die Ursachen fälschlicherweise meist in der Werbung – dem Entwurf, dem Foto, der Kampagnenidee.

In der folgenden Aufstellung haben wir eine der drei Broschüren ganz gezielt unter einem Aspekt beleuchtet, nämlich im Hinblick auf die Textbestandteile, die gerade im Entstehen waren.

> Es war eine umfangreiche Broschüre, und so gab es viele Textbestandteile von 1 bis 18. Als die Zielgruppe Business-Kunden mit hinzugestellt wurde, war die erste Reaktion des Elements auf die vielen Textbestandteile: »Oh, das ist viel, das ist sehr viel.« Es schaute alle Elemente an: »Aber nein, zu viele sind es nicht.« Die Zielgruppe Endverbraucher hatte die Augen geschlossen und wollte das alles nicht. Es lag die Vermutung nahe, dass die Broschüre den Endverbrauchern zu groß war – zu umfangreich, mit zu vielen Texten. Eine Testaufstellung mit einem Flyer und nur drei Produkten und entsprechenden Textbausteinen bestätigte dies aber nicht. Der Klient erklärte mir, dass er die Endverbraucher nicht selbst bediente, sondern die Montage und der Aufbau meistens über Partner vor Ort abgewickelt wurde. Daraufhin stellten wir die Systemelemente Montage vor Ort und Betreuung mit hinein. Nun machte Endverbraucher die Augen auf und strahlte über das ganze Gesicht, Entspannung machte sich breit. Das Element war äußerst zufrieden. Alle anderen Systemelemente waren für Endverbraucher nicht so wichtig. Im nächsten Schritt stellten wir Texter mit hinein. Hier war zu sehen, dass dieses Element stark auf Endverbraucher fixiert war. Auf Basis der Erkenntnisse entstand die Idee, noch einmal ein loses Blatt für die Endverbraucher mit den Partnern vor Ort, allen Adressen und Ansprechpartnern zu entwickeln und gezielt auf Montage, Betreuung und Einbau einzugehen. Zusätzlich wurde der Texter noch einmal gebrieft und darauf aufmerksam gemacht, dass die Kernzielgruppe die Business-Kunden und nicht die Endverbraucher seien.

»Also Leute, jetzt ist es aber gut. 24 Bodenanker!«, so die Aufstellung. Bodenanker: »Na, wenn der so viel schreibt – was kann ich denn dafür?«

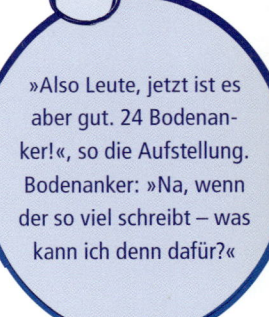

Das Beispiel zeigt sehr schön, wie die speziellen Bedürfnisse der Zielgruppe noch mal ausgelotet werden können. Wie sich noch nicht befriedigte Bedürfnisse bemerkbar machen und schon vor der eigentlichen Arbeit eines Projektes falsche Schwerpunkte identifiziert und Gegenmaßnahmen eingeleitet werden können. Während der erste Teil dieser Aufstellungssession eher zu der Kategorie »Veränderungen bei einem selbst« gehörte, war der zweite Teil eher der Kategorie »Veränderung im realen Geschäft« zuzuordnen.

Website

Ähnlich wie die Broschüre können Sie Ihre Website angehen. Sie können sogar mehrere Websites aufstellen, wenn Sie denn mehrere haben. Oder einzelne Bausteine wie die *Navigation*, *Fotos* und *Textblöcke* sowie besonders interessierende Fragestellungen betrachten. Zusätzlich spielt bei der Website der technische Aspekt eine Rolle. Ihr Selbstbild bezüglich technischer Fähigkeiten und Fertigkeiten beeinflussen das Projekt. Dieses Selbstbild beruht nicht nur auf der Tatsache, ob Sie etwas können oder nicht, sondern auf Ihren Überzeugungen.

Der Inhaber eines mittelständischen Dienstleistungsunternehmens kam mit dem Anliegen zu mir, seine Website optimieren zu wollen. Er hatte zwar schon seit Längerem einen Entwurf von der Agentur vorliegen, aber er hatte ihn noch nicht angepackt. Die gesamte Akquise der Firma basierte auf den Erkenntnissen der Biostruktur-Analyse.[15] Diese geht von drei Grundkomponenten aus, deren jeweilige Ausprägung die Persönlichkeit eines Menschen bestimmt – je nachdem, welche Gehirnbereiche der jeweilige Mensch bevorzugt aktiviert. Die Komponenten werden mit den Farben Grün, Rot und Blau bezeichnet. Bei einem Menschen mit dominierender Grün-Komponente stehen die Handlungsmotive Hilfsbereitschaft, Beziehung und harmonisches Miteinander im Vordergrund. Gefühle und Sympathie spielen bei ihm eine große Rolle. Menschen mit einem großen Blau-Anteil geht es um Planung, Logik und Argumente. Sie durchdenken und analysieren genau, prüfen alle Alternativen und möchten keine Risiken eingehen. Rot-Dominierte hingegen sind aktionsorientiert, entscheidungsfreudig und spontan. Sie wollen gleich zur Tat schreiten und schnell ans Ziel gelangen. Sie lieben

Herausforderungen und sind gern die Anführer. Auch Status ist für sie ein Thema. Mein Klient berücksichtigte dieses Persönlichkeitsmodell bei seinen Kundenterminen. Auch der gesamte Leitfaden für das telefonische Erstgespräch mit seinen Kunden war darauf aufgebaut. Mein Klient war damit so erfolgreich, dass er es auch auf seine Website übertragen wollte.

In der Aufstellung zur Website konzentrierten wir uns als Erstes auf die Struktur der Startseite. Wir stellten die einzelnen Bestandteile auf: Logo mit Claim, Navigation, die drei verschiedenen Textbereiche für die roten, grünen und blauen Website-Besucher, Social-Media-Icons samt dreier Embleme, Willkommenstext, Referenzen und Fachbereiche, die abgedeckt werden konnten. Und natürlich den Klienten selbst.

Die Anordnung der Aufstellung war fast idealtypisch in Kreisform: Alle schauten einander an, die Abstände zwischen den benachbarten Systemelementen waren nahezu gleich. Umso überraschender war es, dass fast alle Systemelemente schwankten, in die Knie gingen oder zum Kollabieren tendierten. Als möglichen Grund nannte der Klient, dass ein paar Informationen auf der Website strenggenommen nicht ganz richtig seien, dass sie zum Teil übertrieben waren oder in ein anderes Licht gerückt wurden.

Wir nahmen die Systemelemente Wahrheit der Unternehmenssituation und Besucher der Website in die Aufstellung, um Antworten auf die Fragen »Wie fühlen sich alle anderen Systemelemente, wenn die Wahrheit dasteht?« und »Wie reagieren die Besucher der Website darauf?« zu bekommen. Alle Systemelemente waren danach stabiler und standen gerader da. Sie schwankten nicht mehr und gingen nicht mehr in die Knie. Auch Besucher der Website ging es gut.

Nun stellte sich folgende Frage: Warum glaubt der Klient, übertreiben zu müssen, wenn es doch allen mit der Wahrheit besser geht und das Unternehmen faktisch sehr erfolgreich ist? – Es gab fortlaufend Umsatzsteigerungen, 70–80 Prozent der Interessenten wurden Kunden und vergaben einen Auftrag. Woher kam das Gefühl, mit der Wahrheit nicht bestehen zu können, nicht gut genug zu sein? Hier zeigte sich, dass die Wurzeln dieses Gefühls bis in die Kindheit des Klienten zurückreichten. Schon als Kind hatte er oft den Eindruck gehabt, nicht zu genügen. Es war wichtig, dieses Thema zu lösen und sich der eigenen Leistungen bewusst zu werden.

Das Fazit der Aufstellung war: Die Wahrheit ist wichtig, sonst kollabiert alles im System. Die Website und in der nächsten Stufe natürlich das gesamte Unternehmen ist dadurch glaubwürdig und authentisch. Gleichzeitig würde die Website durch eine wahrhaftige Darstellung nicht weniger attraktiv werden. Im Gegenteil, der Klient erkannte: »Ich bin gut, und das ist die Wahrheit.«

»Ich bin gut genug! Ich bin gut genug!«, jubelt das Unternehmen.

»Bist du nicht!«, sagt das Unterbewusstsein.

»Bin ich doch!« – »Bist du nicht!«
»Bin ich doch!« – »Bist Du nicht!«
»Schluss jetzt, sonst transformiere ich euch gleich alle beide«, so der Unternehmer.

DIE SPRECHENDE WERBUNG

Die Volkskrankheiten »Ich bin nicht gut genug« und »Ich schaffe das nicht« sind bei jedem auf andere Ursprungsereignisse zurückzuführen und nehmen bei jedem andere Formen an. In der Wurzel geht es aber um das Gleiche: Die auslösenden Ereignisse für diese Überzeugungen, dieses negative Selbstbild, gilt es zu finden und zu lösen. Denn sie wirken sich leider meist in ganz vielen Lebensbereichen aus.

Im nächsten Schritt schauten wir uns vertieft die Textkästen gemäß der Biostruktur-Analyse an. Hierzu stellten wir den grünen, den blauen und den roten Textkasten auf, die jeweils dazugehörigen grünen, blauen und roten Besucher der Website, Unternehmen und Klient.

Schnell war erkennbar, dass Klient – gemäß seinem eigenen Biostruktur-Profil – auf roter Text fixiert war, ihn umkreiste. Roter Text stand zentral in der Mitte, kerzengerade, in fast unnatürlicher Weise – er war das alles dominierende Systemelement in der Aufstellung. Die Frage, die sich stellte, war: Wie konnten die Systemelemente in ein ausgewogenes Verhältnis gebracht werden?

Beim Überprüfen der Textbestandteile stellten wir fest, dass die Textinhalte nicht optimal auf das jeweilige Biostruktur-Profil der Besucher zugeschnitten waren. Daher konzentrierten wir uns in den folgenden Aufstellungssequenzen darauf, neue Textbestandteile zu formulieren und in der Aufstellung auszutesten. Der neue rote Text passte sich nun gut in die gesamte Aufstellung ein. Er fügte sich in die Kreisform ein, statt wie vorher im Zentrum zu stehen. Auffallend war jedoch, dass roter Besucher gegen die Wand schaute und so tat, als ob er roten Text gar nicht wahrnahm. Wir vermuteten, dass das Foto des Klienten, das auf der Website direkt neben diesem Kasten stand, zu viel Aufmerksamkeit auf sich zog und alles überstrahlte. Eine mögliche Lösung war, es beim nächsten Entwurf in die Navigationsleiste zu verschieben. Eine weitere Überlegung war, die Texte nicht in Kästen, sondern in Kreissegmenten mit jeweils 120 Grad zu setzen.

»Dieses ganze Gehabe um die neue Gestaltung geht mir echt auf den Zeiger«, grummelt die Homepage. »Sollen die doch erst mal gucken, dass meine Texte besser werden. Da stehen nur leere Werbeversprechen …«

Diese Idee beleuchteten wir in einer Parallelaufstellung, in der Textkästen durch Kreissegmente ersetzt wurden. Doch als wir Besucher der Website aufstellten, hatte blauer Besucher kein Interesse für »sein« Kreissegment. Bei den anderen »Paaren« war das anders: Grüner Besucher schaute grünes Kreissegment an, roter Besucher rotes Kreissegment. Nur blauer Besucher schaute nicht zu blaues Kreissegment. Trotz eines ausgefeilten neuen Textes sprang blauer Besucher nicht auf den Text an. Im Gegenteil: Er schaute in eine komplett andere Richtung. Trotz und so etwas wie Wut waren zu spüren.

Als ich mit dem Klienten darüber sprach, sagte er mir, dass ein Großteil der blauen Kunden Lehrer sind und er primär an diese denkt, wenn es um die »Blauen« geht. Er selbst stammte aus einer »Lehrerdynastie«. So hatten sich bei ihm über die Jahre viele hinderliche Überzeugungen aufgebaut. Erst als diese gelöst worden waren, drehte sich blauer Besucher blitzartig und ging direkt auf das Angebot zu.

Wie hier geschehen, können Texte bis ins kleinste Detail in Aufstellungen seziert werden. Doch manchmal ist es gar nicht der Text, der geändert werden muss, sondern wie in diesem Fall die Meinung, die der Klient von der Zielgruppe hat. Schnell wird etwas in die Zielgruppen hineinprojiziert oder die Zielgruppe mit etwas verwechselt. Wenn unerwünschte Ergebnisse auftreten, fragen Sie sich zuerst einmal: Könnte das etwas mit mir zu tun haben? Kenne ich das Verhalten der Zielgruppe? Woher kenne ich es? Diese Herangehensweise hilft Ihnen auch bei anderen Themen, zum Beispiel bei der Verpackung, die wir uns im Folgenden genauer ansehen.

Verpackung

Auch zur Überprüfung von Verpackungen, die gerade im Entstehen sind, oder für erste Entwürfe von Grafikern ist die Aufstellung hervorragend geeignet. Für den nächsten Fall ist es wichtig zu wissen, dass es sich nicht allein um eine Neugestaltung der Verpackung handelte, sondern dass dem eine Neupositionierung des gesamten

Unternehmens mit seinen Produkten vorausging. So wurde aus dem äußerlichen »Billigprodukt« ein hochwertiges Markenprodukt – was es im Grund schon immer gewesen war, aber eben nicht klar als solches erkennbar für den Endverbraucher.

> In dieser speziellen Aufstellung wollten wir wissen, wie der Markt auf die Verpackung reagieren wird. So stellten wir neue Verpackung und Verpackungen der drei größten Wettbewerber, die Zielgruppen – Einkäufer und Endverbraucher – und Klient auf. In der Ist-Aufstellung zeigte sich, dass alle im Kreis standen, inklusive neue Verpackung, was eine echte Weiterentwicklung war, da bislang der Markt von den Wettbewerbern bestimmt worden war und das Produkt des Klienten außen vor gestanden hatte. Endverbraucher war restlos begeistert und dachte einfach: »Die will ich haben.« Einkäufer ging ganz fasziniert auf neue Verpackung zu und piekste – ähnlich wie bei einem Luftballon – mit dem Finger in dessen Bauch und sagte: »Das ist ein Bluff.« Auf Nachfragen stellte sich heraus, dass der Klient folgende Bedenken hatte: »Ich fühle mich damit nicht wohl, ich kaufe doch nur ein. Und halte ich die Premiumaussagen auch wirklich durch – auch in Richtung Abwicklung und Lieferung?« Erst als der Klient anerkannte, dass Produktentwicklung, Markenaufbau, Import, Einkauf und Vermarktung eine wertschöpfende Tätigkeit ist, konnte Einkäufer auch neue Verpackung annehmen. Auf diese Weise war die Verpackung nicht nur herausragend gut, sondern hatte auch den Nährboden, um ihre entsprechende Wirkung zu entfalten.

»Finger weg«, keift die Verpackung die Zielgruppe an. »Der Bauch ist echt.«

Dieser Fall ist eine schöne Erklärung dafür, warum manchmal trotz sensationeller Werbung der erwartete Erfolg ausbleibt. Der Grund liegt eben oft ganz woanders, als man denkt: beim Menschen und nicht bei der Werbung. Je mehr Emotionen auf etwas liegen, desto stärker wirkt es, desto schneller realisiert es sich – im Negativen wie im Positiven.

Sich mit Werbung zeigen

Bei dem folgenden Fallbeispiel zeigt sich, wie – unabhängig vom konkreten Werbemittel – eine grundlegende Thematik den Erfolg oder, besser gesagt, die Werbung blockieren kann.

Eine Klientin, die in der Beratung arbeitete, hatte viel in ihre Werbung investiert – es gab eine Website, Mailings, Flyer, Newsletter, Präsenzen auf diversen Internetplattformen. Doch die Klientin verteilte ihren Flyer nicht in ausreichendem Maße, der Newsletter wurde nicht regelmäßig verschickt, und Neuigkeiten wurden nicht über die Website und die Internetplattformen kommuniziert. Schnell erkannten wir, dass die Klientin Schwierigkeiten damit hatte, sich zu zeigen, für sich »zu klappern«. Zu groß war die Angst, verfolgt, angegriffen oder angeklagt zu werden. Hierbei ging es aber nicht nur darum, die Angst zu lösen, sondern darum, in das Ursprungsereignis zurückzugehen, das diese Ängste in ihrem Unterbewusstsein verankert hatte, und dieses sozusagen umzuschreiben. Was wäre damals angebracht gewesen? Was hätte sie sagen oder tun sollen? Wie hätte die Beziehung zu den Anklägern sein sollen? Durch ihre Fähigkeiten, Fertigkeiten und Talente grenzten die Ergebnisse in ihrer Arbeit nahezu an Wunder – zu schnell, zu leicht wurde vieles erreicht. Damit ging zweierlei einher: In der Aufstellung hatte sich ihr Ego in der Zwischenzeit zu einer übermenschlichen Größe aufgebläht – alles schien aus ihrer Sicht möglich und machbar. Zum anderen konnte sie selbst nicht glauben, was tatsächlich passierte, zu unglaublich waren die Ereignisse bei ihren Kunden! Beides schürte die Bedenken der Zweifler und Ungläubigen und zog Kritiker und Neider magisch an. Nachdem die Klientin diesen Veränderungsprozess durchlaufen hatte, konnte sie gelassen über ihre Arbeit berichten, ihre Erfolge und Projekte kommunizieren. Auf einmal fiel es ihr auch leicht, ihre Werbemaßnahmen umzusetzen und ihre Flyer zu verteilen.

»Ich bin super wichtig, ohne mich läuft hier nix«, so das Ego. »Denkste, dir werd ich's schon zeigen«, so das Unterbewusstsein.

Sich zeigen, seine Dienstleistung und Produkte präsentieren ist für viele nicht so einfach. Aus der Masse herauszutreten birgt für sie Risiken. Wie oft haben Sie schon den Satz gehört »Ich brauche keine Werbung – ich lebe von Empfehlungen«? Nicht selten verbirgt sich dahinter Angst, die Werbetrommel zu rühren.

Doch nicht nur im Bereich Gestaltung gibt es viel zu tun, sondern auch oder vor allem bei der Umsetzung Ihrer Werbeaktionen. Diese schauen wir uns im Folgenden an.

Reibungslos umsetzen – so kommen Projekte voran

Interessanterweise erhält die Umsetzung zumeist nicht so viel Aufmerksamkeit, wie es nötig und wünschenswert wäre. Doch sie ist nach meiner Erfahrung der fast alles entscheidende Punkt. Wie setze ich meine geplanten Projekte möglichst reibungslos um? Wie schaffe ich es, dass sie konsequent durchgezogen werden?

> »Wir verkrümeln uns lieber!«, rufen der Mut, die Konsequenz und die Willensstärke wie mit einer Stimme. »Hier sind uns zu viele Skeptiker.«

Eine Idee ist schnell entwickelt, doch oftmals zieht sich die Verwirklichung hin. Es tun sich viele Bedenken auf, die Es-geht-ja-nicht-Weils melden sich. Oft mangelt es in der Umsetzung an Mut, Konsequenz, Willensstärke und Freude. Schnell kommen Sätze wie: »Das ist zu teuer«, »Das will der Kunde nicht«, »Es gibt Wichtigeres zu tun«, »Das haben wir schon probiert«, »Das Tagesgeschäft hat Vorrang.« Im Brainstorming lassen sich die Bedenken noch erfolgreich wegdrücken, aber spätestens im Alltag kriechen sie wieder aus ihren Löchern hervor. Die Lösung ist eine sinnvolle Umsetzungsbegleitung, denn ansonsten bringen alle zuvor in das Projekt gesteckten Zeit- und Geldinvestitionen kein oder wenig Ergebnis.

So sind Sie hochmotiviert aus einem Projektmeeting mit bestimmten Entscheidungen und Umsetzungsmaßnahmen hinausgegangen. Aber im Alltag sieht es dann doch etwas anders aus: Sie stoßen auf Schwierigkeiten, Sie finden nicht genügend Zeit für die Umsetzung einer bestimmten Maßnahme, erreichen eine Zielgruppe nicht, haben Schwierigkeiten bei der Realisierung einer Idee. Sie kommen nicht so schnell voran, wie Sie wollen, oder es tut sich ein Problem auf, das Sie vorher nicht gesehen oder erwartet hatten.

Kopf: Die üblichen Lösungsansätze sind in der Motivation, im Projekt- und Zeitmanagement, im Zukauf von externen Dienstleistungen und in der Mitarbeiterführung zu finden.

So geht es im Team erst einmal darum, das bisher Erreichte sichtbar zu machen und sich der Zwischenerfolge bewusst zu werden. Das Team kann sich selbst motivieren und sprichwörtlich am eigenen

Schopfe packen, ganz nach dem Motto »Jetzt packen wir es noch einmal an!«. Die Konzentration auf schnell erreichbare Ziele, sogenannte Quick Wins, geben dem Prozess noch einen zusätzlichen Kick. Lösungen für die »harten Nüsse« werden am besten gemeinsam erarbeitet – in Meetings, Telefon- oder Videokonferenzen und Einzeltelefonaten. Je mehr Menschen an dem Projekt beteiligt sind, desto wichtiger wird effektive Kommunikation.

Beim Zeitmanagement geht es darum, Zielvorstellungen immer wieder zu überprüfen. Oft ändert sich im Verlauf des Projektes etwas, und das Ziel muss abgeglichen werden. Priorisierung ist angesagt: Was ist wichtig, was ist dringend? Arbeiten wir noch an den richtigen Themen? Ist wirklich noch alles notwendig, oder könnten wir etwas delegieren, reduzieren oder gar streichen? Realistische Zeiteinschätzungen mit entsprechendem Puffer vermeiden zusätzlich unnötigen Stress und Schwierigkeiten. Der Übergang zu Projektmanagement-Methoden ist fließend, denn die Zeitabschätzungen fließen in die Terminpläne, Meilensteine und To-do-Listen ein. Listen mit »Wer macht was bis wann« geben allen Beteiligten einen guten Überblick. Auch Checklisten zu wiederkehrenden Aufgabenstellungen erleichtern das Arbeiten. Ein fortlaufendes Projektcontrolling macht rechtzeitig klar, wo Handlungsbedarf besteht.

Tauchen immer wieder größere Schwierigkeiten in einem Aufgabenbereich auf, so kann der Grund darin liegen, dass er nicht zur Kernkompetenz des Unternehmens gehört oder keine Zeit- respektive Personal-Ressourcen dafür vorhanden sind. Outsourcen ist gerade im Werbebereich üblich. Mögliche externe Partner sind beispielsweise Werbeagenturen, Freelancer, Webdesigner, Grafiker und Programmierer. Haben Sie größere Projektteams, können die Überlegungen eher in Richtung Motivation und Mitarbeiterführung gehen – wie zum Beispiel Prämien ausschreiben, Incentives[16] aussetzen, fachliche Lücken durch Fortbildungen schließen. Oder ein Auge darauf haben, dass die richtigen Leute am richtigen Platz sitzen und deren Stärken gestärkt werden.

> Umsetzung an Marketing: »Leute, hört auf zu trödeln! Wenn's Probleme gibt, tauscht euch aus. Aber: Machen, machen, machen!«

Die Vielzahl an Handlungsmöglichkeiten soll nicht darüber hinwegtäuschen, dass der Erfolg üblicherweise überschaubar ist – einfach begrenzt. Das System lässt nicht mehr zu. Doch warum?

Bauch: Die Antworten dazu gibt Ihnen das sprechende Unternehmen: Wenn Sie die Situation vom Unterbewusstsein her beleuchten, hinderliche Überzeugungen loslassen, Lösungsbilder visualisieren, kommen Sie wieder in den Flow.

Dies soll nicht heißen, dass Sie die kopflastige Herangehensweise weglassen. Nein, sie ist hilfreich, um ein klares Bild zu bekommen. Sie stellt sicher, dass Sie wissen, worauf Sie sich programmieren sollen, was im Unterbewusstsein verankert werden soll. Beabsichtigen Sie, ein inneres Bild zu visualisieren, müssen Sie zuerst wissen, welches Sie haben wollen. Dies vermeidet auch einen allzu großen Zickzack-Kurs in der Umsetzung, das Ziel kann direkter anvisiert werden.

Die Zahl der Einsätze für das sprechende Unternehmen, die notwendig sind, um ein Projekt zu begleiten, richtet sich nach der Dauer und Länge des Projekts und nach der Zahl der Stolpersteine, die auftauchen. Welche möglichen Maßnahmen in der Umsetzungsbegleitung gibt es konkret? Im Folgenden skizziere ich dies kurz am Beispiel einer neuen Internetplattform sowie Messen und Veranstaltungen.

Beispiel: Begleitende Maßnahmen bei der Einführung einer neuen Internetplattform

Bezüglich der grundsätzlichen Einstellung zu der Internetplattform:

- Bedenken und Vorurteile auflösen
- Leichtigkeit im Umgang mit der Technik gewinnen
- den Glauben an den Erfolg durch den Einsatz des Tools entwickeln
- gesetzte Ziele im Unterbewusstsein verankern

Bezüglich Strategie und Inhalt:

- strategisches Vorgehen aufstellen und austesten
- Testaufstellungen zu der Frage, welche Inhalte transportiert werden sollen, durchführen
- Testaufstellungen zu der Frage, welche Themen am besten ankommen, durchführen

Bezüglich der operativen Arbeit:

- Bedenken bezüglich des Ziels auflösen
- attraktiv werden, sodass Anfragen kommen
- konsequent am Ball bleiben, auch bei Zeitnot
- als Vorgesetzter die Überzeugung entwickeln, dass die Mitarbeiter sich leicht einarbeiten
- als Mitarbeiter Interesse und Freude an der Plattform entwickeln und »daran glauben«

Beispiel: Begleitende Maßnahmen bei Messen und Veranstaltungen

Bezüglich der Vorbereitung:

- Testaufstellungen, auf welche Themen die Besucher anspringen
- Messestand mit den einzelnen Bestandteilen aufstellen
- Aussage und Wirkung des Unternehmensauftritts auf die Besucher überprüfen

Bezüglich der Aktivitäten auf der Messe:

- Aufstellen der Beziehungen zu den Besuchern
- Aufstellung zur Analyse eines Verkaufsgespräches
- Aufstellen besonders wichtiger Kundentermine und derer Verhandlungsverläufe

Bezüglich der Nachbereitung:

- Interessenten/Kontakte aufstellen und Prioritäten herausfinden
- Gründe für etwaige Misserfolge untersuchen

Verstehen Sie diese Auflistung als Inspiration dafür, bei welchen Themen Sie die Tools des sprechenden Unternehmens einsetzen können. So entwickeln Sie ein Gefühl dafür, wo und wie Sie ansetzen können. Bei jedem Menschen und bei jedem Projekt ist es jedoch etwas anders gelagert.

»Ob ich auch attraktiv genug bin?«, fragt sich der Messestand unsicher und zupft nervös an seiner Bluse.

Was steckt wirklich hinter stockenden Projekten?

Im Folgenden möchte ich Ihnen noch einige detailliertere Beispiele für typische Umsetzungsphasen aufzeigen.

Meistens steht das Konzept in der Umsetzungsphase schon – zumindest meint man das: Positionierung, Zielgruppe, Produkt: Alles passt. Aber im Alltag hakt es an der einen oder anderen Stelle, oder es geht einfach nicht so schnell wie erwünscht – so auch in dem folgenden Fall.

> Software an Geschäft: »Keine Angst, ich sorge schon dafür, dass das mit den Investoren nicht klappt.«

Der Klient betrieb eine Internetplattform, ein kompaktes Online-Marketing-Tool für Freischaffende. Doch es gab immer wieder Verzögerungen bei der Weiterentwicklung der Software und bei der Investorensuche. Inzwischen zweifelte der Klient an seinem Geschäftssystem, obwohl bereits 6000 Menschen ihre Profile angelegt hatten. Er überlegte, ob es nicht besser wäre, in andere Geschäftsfelder zu gehen. Parallel dazu stand bei seiner Plattform eigentlich die Umstellung von »kostenlos« auf »kostenpflichtig« an. Wenn diese glückte, wäre das ein »Proof of concept«, das dem Klienten das Finden von Investoren erleichtern würde. In der Aufstellung zeigte sich dann folgendes Bild: Klient stand mit dem Rücken zu Investoren. Sein Business-Ziel »Premium-Launch der Internetplattform und finanzieller Erfolg« war komplett außen vor und hatte den Gedanken »Ich will hier raus!«. Sein privates Ziel »Mit 50 finanziell unabhängig sein« stand hingegen direkt neben ihm. Beide hatten eine enge Beziehung zueinander, Klient nahm privates Ziel wahr und hatte es genau im Auge. Der erste Schritt war, Business-Ziel näher heranzubekommen. Ein großer Schritt war hier, die Verwechslung der beiden Ziele aufzulösen. Im nächsten Schritt wurde daran gearbeitet, das Ziel »Mit 50 finanziell unabhängig sein« loszulassen und das Business-Ziel wieder ins Auge zu fassen. Denn dass es dem Klienten vorwiegend um seine finanzielle Unabhängigkeit ging, nahmen auch die Investoren wahr und sagten: »Nein, das wollen wir nicht.« Die Fixierung auf das private Ziel, ein zu starkes Wollen, die Anhaftung wurden gelöst. Das private Ziel wurde nicht aufgegeben, doch die Beziehung zu ihm wurde leichter und lockerer. So konnte das Business-Ziel wieder in den Vordergrund rücken. Nun ging es darum, den Investoren mit dem Business-Ziel gegenüberzutreten. Das Geschäftsleben birgt immer wieder Herausforderungen – zumeist kann man gut mit ihnen umgehen, nur manchmal kommt einfach zu viel auf einmal zusammen, wie das Abspringen von Investoren, Verzögerungen bei der Software-Entwicklung und Ohnmacht gegenüber der Zielgruppe, den Kunden, den Kooperationspartnern, der Positionierung und der Werbung. Genau dies wurde gelöst. Der Klient war mit einem Schlag wieder aus seinem »Loch«, tatkräftig verfolgte er seine Ziele und vertrat seine Plattform mit seiner altgewohnten präsenten, machtvollen Siegerhaltung, die alle anderen in seinem Umfeld mitriss.

Um ein entsprechend hohes Energieniveau zu halten, ist es notwendig, mehrmals pro Woche zu meditieren. So können die alltäglichen Belastungen und auch Extremsituationen jeden Abend gelöst werden, indem Sie die Tagesereignisse Revue passieren lassen. Die Situationen, die Sie emotional besonders mitgenommen haben, sollten Sie sich mit einem der beschriebenen Tools vornehmen. Gleichzeitig können Sie sich für den nächsten Tag vorbereiten, indem Sie zum Beispiel eine Lichtvisualisierung bezüglich der einzelnen Arbeitsblöcke machen.

Doch hilft all das Planen, Positionieren und Konzipieren nichts, wenn am Schluss nichts vorangeht. Ziel ist es für uns alle, in den Flow zu kommen, in Ruhe und Gelassenheit ein Ding nach dem anderen abzuarbeiten. Aber manchmal stockt es einfach – auch in qualitativer Hinsicht. So auch im nächsten Fall.

> Alles war klar, die Pläne, die Joblisten lagen vor, doch es haperte an der Qualität in der Umsetzung in verschiedensten Bereichen. Schnell zeigte sich, dass der Klient – der nach Deutschland Gezogene – Vorurteile gegenüber seinen Lands-

leuten hatte. Sie seien nicht präzise, nicht genau, nicht so zuverlässig, nicht so arbeitsfreudig. Doch mit der Aburteilung seines Geburtslandes und seiner Landsleute wertete er auch einen Teil von sich selbst ab. Und dieser Teil in ihm verhielt sich dann auch entsprechend. In einem nächsten Schritt wurden alle Überzeugungen, egal ob von ihm, den Medien, der Bevölkerung selbst, gesammelt und gedreht. War es doch von essenzieller Bedeutung, dass er diesen Teil in sich – und damit auch seine Landsleute – liebte, schätzte und würdigte. Es ging darum, sie so anzunehmen, wie sie sind, in ihrer gesamten Einstellung zum Leben und zur Arbeit, und sich nicht nur die herausragenden Stärken herauszupicken. Dies war eine entscheidende Grundlage für alle weiteren Maßnahmen zur Qualitätssteigerung.

»Mein Teil, dein Teil – ist doch unser aller Teil, oder?«, so das Unterbewusstsein ganz verwirrt.

Der Fall mag sich speziell anhören, was dahinter steht, ist aber der Gedanke: Wenn Sie etwas abwerten, von dem Sie selbst ein Teil sind, dann werten Sie sich auch selbst ab. Fragen Sie sich: Wie denke ich über die Branche, zu der ich gehöre? Über meine Berufsgruppe? Über meine Eltern? Hier geht es darum, Be- und Abwertungen loszulassen, um im Idealfall in die Neutralität zu kommen.

Beziehungen spielen auch in Verhandlungen, in denen man sich durchsetzen möchte, eine große Rolle. Manchmal scheint es gar nicht so einfach, seine Interessen zu vertreten. Gelingt es nicht, könnte man leicht zwischen den Fronten zerrieben werden. So war es auch bei einem Klienten, der immer wieder von Existenzängsten bedroht wurde, wodurch er Schwierigkeiten hatte, in den entsprechenden Situationen »auf den Tisch zu hauen«.

In dem folgenden Coaching war auffallend, dass die Existenzängste vor allem in Beziehung zu seiner Exfrau standen. Daraufhin erklärte er mir, dass er während des Scheidungsprozesses gebangt hatte, »Haus und Hof« samt Kindern zu verlieren. Mit einem Mal hätte er vor dem Nichts stehen können. Diese Ängste saßen tief, sehr tief. Dadurch hatte er auch ein überproportionales Bedürfnis, alles und jeden festzuhalten – der Verlust könnte ja die Existenz bedrohen! So wurde daran gearbeitet, die Verwechslungen zwischen der Exfrau und allen »existenziellen Systemelementen« aufzuheben. Die Exfrau war das eine, Geschäftspartner und das Haus etwas anderes etc. Erst daraufhin konnte er auch die Exfrau wirklich innerlich loslassen, frei sein. Die Basis für echte Partnerschaft war gelegt worden – und zwar auf allen Ebenen. Denn die neu gewonnene Sicherheit wirkte sich auf alle geschäftlichen und privaten Bez ehungen aus. Die ständige Verlustangst in Bezug auf Materielles wich einer Selbstverständlichkeit, Dinge zu haben. Und dies strahlte er auch in den Meetings aus.

Solche Themen wirken sich in allen Lebensbereichen aus. Das Unterbewusstsein kennt keine Logik und trennt nicht zwischen Beruflichem und Privatem. Fragen Sie sich daher: Welche Dynamiken laufen in meinen Business-Beziehungen, und woher kenne ich diese Muster noch, auch im Privaten?

Wie Sie Ergebnisse der Aufstellung zum Turbo Ihrer Werbung machen

> Unterbewusstsein an alle: »Also, Kinder, ich weiß ja, wie gern ihr zu mir kommt. Aber jetzt, husch, husch, macht auch was draus!«

Oft fragt man sich: Was mache ich nun mit diesen ganzen Erkenntnissen, Wahrnehmungen, Gefühlen? Wie schaffe ich es, all dies für mich so zu verarbeiten, dass es mir den größtmöglichen Nutzen bringt?

Im zweiten Kapitel habe ich Ihnen die verschiedenen Möglichkeiten, mit den Erkenntnissen umzugehen, schon einmal vorgestellt. Es sind, kurz zusammengefasst, die folgenden:

- Wahl der stärksten positiven Beziehung
- Veränderungen bei einem selbst
- Veränderungen im realen Geschäft
- Kombination aus allen drei Möglichkeiten

Am besten greifen wir wieder zu einem Beispiel. Sie erinnern sich an die Claim-Aufstellung von Seite 138, in der der Unternehmerin alles zu schnell ging. Auf den nächsten Seiten werden wir hierauf exemplarisch eingehen.

Wahl der stärksten positiven Beziehung

Im Beispiel entschieden wir uns für den Claim, der die stärkste positive Beziehung zur Zielgruppe hatte.

»Wow. Ich kann jede Menge damit machen! Und die Wahl habe ich auch noch. Ist ja echt scharf ...«

Dies ist ein Handeln gemäß der Programmierung des Fallgebers. Es ist die bequemste und einfachste Art. Sie zapfen Ihr Unterbewusstsein an und entscheiden sich danach. Sie haben die Wahl, und Sie wählen. Dies funktioniert immer dann gut, wenn es in der Aufstellung um eine Entscheidung zwischen Möglichkeiten geht. Welches Produkt ist das geeignetste? Welche Werbeaktion kommt bei der Zielgruppe wie an? Welche Idee finde ich am anziehendsten? Denken Sie an unsere Stärken-Aufstellungen gegenüber uns selbst oder der Zielgruppe (Seite 122 und 127).

Veränderungen bei einem selbst

Bei den meisten Aufstellungen ist es jedoch nicht so einfach. Es gibt immer noch Verbesserungsmöglichkeiten. Denn der Großteil der Aufstellungen bezieht sich auf komplexere Themen, bei denen sich im realen Geschäftsleben schon Fragezeichen aufgetan haben. Es sind eben selten nur Auswahlentscheidungen, sondern Wünsche nach Veränderungen eines Ist-Zustandes, Finden einer Lösung für eine scheinbar unlösbare Situation etc. Oder es kommt eine Information wie in dem Fall hinzu, bei der die Zielgruppe zwar begeistert ist, die Unternehmerin aber nicht. Zweifel kamen hoch: »Uff, das geht mir nun aber zu schnell.«

In solchen Fällen ist es unumgänglich, die Ärmel hochzukrempeln und an sich selbst zu arbeiten. Eine wahrhaftige positive Einstellung zu dem erfolgreichen Claim ist notwendig und nicht nur Lippenbekenntnisse. Was steckt eigentlich hinter der Furcht vor Schnelligkeit? Wofür reicht die Zeit aus der Sicht der Unternehmerin nicht? Woher rührt ihr Gefühl, unter Druck zu geraten? Hat sie Angst vor Erfolg, vor Misserfolg, davor, eine Branchenregel zu brechen? Vor Neid, Kritik oder Häme? Oder davor, gesellschaftlich anzuecken?

Denken Sie an weitere Beispiele aus diesem Buch, wie die durch die Kinder »verhinderte« Telefonakquise, die Geldaufstellung der Künstlerin oder die Umsatzaufstellung bei dem Unternehmer, dessen Verwandter Selbstmord begangen hatte. Die Lösung des Problems folgte in allen Fällen auf das Loslassen erfolgsverhindernder Überzeugungen, negativer Gefühle, alter Misserfolgserlebnisse, die das bestehende Geschäft ungünstig beeinflussten. Es geht bei dieser Transformationsarbeit um eine Veränderungen im Unterbewusstsein.

Neuorganisation an Team: »Alle mal ein Riesen-OM und schön tief in die Brust einatmen.«

Bei Gruppen ist die Vorgehensweise 1, »Wahl der stärksten positiven Beziehung«, sicherlich der gangbarste Weg, aber es gibt im Wesentlichen zwei Gründe, warum die Vorgehensweise 2, »Veränderungen bei einem selbst«, notwendig und äußerst interessant ist – auch und vor allem für Gruppen. Zum einen zwingen gesellschaftliche und wirtschaftliche Veränderungen Organisationen zu massiven Umstellungen – und dies bedeutet enorme Umstellungen in Teams und bei jedem Einzelnen, in den Aufgabenbereichen, in den Abläufen, im Miteinander. Die Fülle an Veränderungen übersteigt oft das, was der Mensch ohne besondere Unterstützung leisten kann. Denken Sie beispielsweise an die Umwälzungen in der Medienlandschaft von Print zu Online, den Niedergang der klassischen Druckereien, die Dezimierung der niedergelassenen Ärzte und einfacher Gaststätten, die stetige Zunahme des Onlineshoppings zulasten des stationären Handels, die allgemeine Technisierung des Lebens im Privaten wie im Beruflichen, das zunehmende Arbeitstempo über alle Branchen hinweg. Umwälzungen wie diese erfordern eine massive Veränderungsbereitschaft, und hierbei kann manches durch die Transformationsarbeit wie von Zauberhand erleichtert werden.

Zum anderen manifestiert sich das Unterbewusstsein ganzer Gruppen einfach schneller! Ursache dafür ist, dass die Überzeugungen von mehr Menschen eine größere Wucht entfalten. Eigentlich logisch: mehr Leute, mehr Power! Das gilt im positiven ebenso wie im negativen Sinne. Und wir können es uns zunutze machen!

Veränderungen im realen Geschäft

Das heißt in unserem Claim-Fall: Der »beste« Claim ist eindeutig, und das Geschäftskonzept hat neue Impulse bekommen, die nun in Handlungen münden. Wo hilft das Festlegen von Teilzielen der Klientin dabei, die Lösung als »nicht zu schnell« zu empfinden und sich mit ihr wohler zu fühlen? Wo müssen andere Aufgaben, die bei der Umprogrammierung im Unterbewusstsein bereits losgelassen wurden, nun noch real gestrichen werden? Wie wirkt sich der Claim auf das gesamte Corporate Design aus, etwa auf Fotos, Farben und Formen? Wie kann es gelingen, den Claim und den Rest

> Claim an Bedenken: »Wie, das geht dir jetzt zu fix? Nichts da, Umsatz kommt von Umsetzung. Und wenn es noch ein Problem gibt, dann sprich mit mir!«

des Gesamtkonzepts in ein harmonisches Verhältnis zueinander zu bringen? Zudem gibt Ihnen der Realitätscheck weitere Hinweise. Das heißt konkret: Raus ins echte Leben, beim Vorstellen des Geschäftes den Claim verwenden und genau auf die Reaktionen und Feedbacks achten.

In zwei anderen der Beispiele heißt das: Bei der Telefonakquise werden Spielregeln für alle Familienmitglieder aufgestellt und kommuniziert, bei der Künstlerin die Routineaufgaben überprüft hinsichtlich Streichen, Reduzieren, Delegieren.

Kombination aus allen drei Möglichkeiten

Wie so oft im Leben, sind die Lösungen nicht einfach, sondern vielschichtig. So muss am spontan entwickelten Claim noch gefeilt werden, bis er wirklich perfekt ist. Und weil wir selbst ein Teil des gesamten Systems sind – und auch nicht ganz perfekt – müssen wir die eine oder andere Überzeugung revidieren. Es ergibt sich eine Mischung aus Wahl der stärksten positiven Beziehung, Veränderungen bei einem selbst und Veränderungen im realen Geschäft.

So entscheidet man sich meistens für die energetisch »beste«, das heißt die stärkste positive Beziehung. Zweitens wird an der eigenen Einstellung gearbeitet. Drittens gibt es im realen Geschäft immer noch etwas zu optimieren. Dies ist der klassische Wechsel zwischen Kopf und Bauch, zwischen Verstand und Intuition.

Übungen: So bekommen Sie Ihren einzigartigen Auftritt

Auf den folgenden Seiten finden Sie Übungen zur Werbung allgemein, zur Ideenfindung, Ideenauswahl und zur reibungslosen Umsetzung, die Ihnen helfen können, Ihre Werbung mithilfe Ihres Unterbewusstseins zu verbessern.

> »Stopp, aufhören! Nicht blind losstürmen! Fragt doch erst mal MICH, wo ICH mich am wohlsten fühle!«, empört sich die Werbung.

1. Aufstellung Werbemittel

Sie wollen Informationen darüber gewinnen, wie Sie zu einem Ihrer Werbemittel und/oder Werbekanäle stehen? Im Grunde können Sie jeden Kanal, den Sie in Ihrem Geschäft nutzen oder in Zukunft einsetzen wollen, mithilfe von Aufstellungen analysieren – egal, ob es sich dabei um soziale Netzwerke wie Facebook, Google+, Xing, LinkedIn, Twitter oder Youtube handelt oder um klassische Kanäle wie Zeitungen und Magazine. Solche Aufstellungen sind auch bei Ihren Flyern und Mailings hilfreich.

Vorgehensweise

- Treffen Sie Ihre Vorbereitungen wie in Kapitel 1 (Seite 34) beschrieben. Schreiben Sie Ihren Namen und den Kanal, den Sie untersuchen wollen, zum Beispiel Xing, auf ein Blatt Papier. Vergeben Sie für beide Elemente eine Nummer.

- Nun stellen Sie sich nacheinander auf die beiden Bodenanker und spüren nach. Nehmen Sie den Fragenkatalog auf Seite 79 zu Hilfe.

- Notieren Sie alles, was Sie wahrgenommen haben.

> Bodenanker wischt sich den Schweiß ab: »Uff, Gott sei Dank! Hatte schon Angst, ihr hättet mich vergessen ...«

Variante: Zielgruppen-Sicht

Den Bodenanker, den Sie für sich selbst vorgesehen haben, können Sie stattdessen auch bestehenden Kunden oder potenziellen Interessenten zuweisen – zum Beispiel den Besuchern Ihrer Xing-Seite, aber auch ganz konkreten Zielgruppensegmenten, die Sie schon definiert haben und die Sie über Xing ansprechen wollen, oder auch bestimmten Gruppierungen auf Xing.

ÜBUNG

Variante: Analyse von Flops

Sie haben sich bereits für ein neues Medium entschieden, aber es will nicht so richtig »fliegen«? Eigentlich ist alles gut – guter Inhalt, toll getextet –, aber irgendetwas passt nicht? Dann gehen Sie genauso vor wie bei den beiden vorherigen Übungen beschrieben. Denn für das Funktionieren der Tools ist es irrelevant, ob Sie sie vor oder nach der Umsetzung anwenden. Es geht bei dieser Variante um die Gewinnung von Erkenntnissen, aus denen sich Ansätze zur Optimierung ableiten lassen.

Variante: Allgemein Werbung

Wenn Sie sich einen umfassenden Überblick darüber verschaffen wollen, wie es insgesamt um Ihre Werbung steht, dann ist diese Übung perfekt für Sie. Sie bekommen damit Informationen über die Bedeutung der einzelnen Bestandteile, ihre Rolle und ihren Platz innerhalb Ihrer Werbung.

- Schreiben Sie alle Werbemittel, Werbeträger oder auch Medien auf, die Sie derzeit einsetzen.

- Nummerieren Sie die Elemente durch, und stellen Sie sie auf. Gehen Sie jeweils in die Rolle hinein, und achten Sie auf Ihre Wahrnehmungen.

Visitenkarte, Briefpapier und Flyer stehen stramm:

»Geht's uns jetzt an den Kragen?«, fragen sie bibbernd.

»Ist doch nur ein Upgrade«, so die Website.

ÜBUNG

2. Aufstellung Auswahl der Idee

Sie haben verschiedene Ideen und wollen wissen, welche davon die passendste ist. In unserem Beispielfall lautete die entsprechende Frage, welcher Claim ist der geeignetste für die Zielgruppe. Es könnte aber auch eine Headline, ein Schlüsselwort, einfach ein Textbaustein sein.

Vorgehensweise

- Bereiten Sie die Aufstellung nach dem in Kapitel 1 (Seite 34) beschriebenen Muster vor, und legen Sie Ihre Bodenanker bereit.

- Schreiben Sie die verschiedenen konkurrierenden Ideen, zum Beispiel für einen Claim, auf ein Blatt. Jede Idee bekommt eine Nummer, ebenso die Zielgruppe. Um die Zuordnung zwischen Zahl und Ideen bzw. Zielgruppe nicht zu kennen, lassen Sie die Systemelemente gegebenenfalls von jemand anderem durchnummerieren. Nun legen Sie die entsprechend nummerierten Bodenanker auf den Boden.

- Stellen Sie sich auf die Bodenanker, und spüren Sie nach, was Sie hierbei empfinden. Welche Gefühle kommen hoch, welche Gedanken, welche Emotionen? Nehmen Sie an einem Körperteil etwas besonders wahr? An den Armen, an den Beinen, am Kopf, am Bauch? Gehen Sie jedes Systemelement auf diese Weise durch. Und nicht vergessen: Vor dem Wechsel zum nächsten Element stets die Rolle wieder ablegen.

- Notieren Sie, was Sie wahrgenommen haben, und danach decken Sie auf, welcher Bodenanker für welche Idee steht.

Verarbeiten Sie diese Erkenntnisse bei Ihrer Entscheidung für die Ideen.

ÜBUNG

Variante: andere Auswahl-Ideen

Natürlich können Sie damit auch andere Fragestellungen in der Werbung bearbeiten, wie: Welche Werbekampagne ist die passendste? Welches der Fotos ist das geeignete? Welche Farbe? Welches Format für die Broschüre? Welcher Produktname? Welches Video? Welcher Flyer, welches Foto für den Flyer?

3. Aufstellung Broschüre

Sie möchten eines Ihrer Werbemittel konkreter analysieren, beispielsweise Ihre Broschüre.

- Nach der üblichen räumlichen und persönlichen Vorbereitung zerlegen Sie Ihre Broschüre gedanklich in die Bestandteile, aus denen sie aufgebaut ist: Fotos, Material, Format usw. Notieren Sie sich diese Elemente, und nummerieren Sie sie. Danach stellen Sie sie als Bodenanker auf.

- Gehen Sie in die einzelnen Rollen, um zu erfahren, wie sie sich jeweils fühlen. Notieren Sie Ihre Erkenntnisse mittels der Fragen auf Seite 79.

- Nutzen Sie die Erkenntnisse für Ihre Optimierungen.

Genauso gut können Sie die Aufstellung auch für Ihren Flyer, Ihre Website, Ihr Mailing, Ihren Newsletter verwenden.

4. Aufstellung reibungslose Umsetzung

Sie haben ein Meeting im Projektteam abgehalten für die Umsetzung der neuen Werbekampagne, den neuen Auftritt etc. Am Ende der Besprechung steht ein Plan mit jeder Menge Aufgaben, Zwischenzielen und Meilensteinen. Nutzen Sie nun die Gelegenheit, und stellen Sie diese Elemente auf, um zu sehen, wie es um sie steht – wie nah, wie fern, wie stark, wie attraktiv sie für Sie oder das ganze Team sind.

- Zum Abschluss eines solchen Meeting stellen Sie sich folgende Frage: Was ist das Zwischenziel, das anzustreben wir in dem Meeting beschlossen haben?
- Umreißen Sie dieses Zwischenziel so konkret wie möglich, am besten in drei bis fünf Punkten. Einige Beispiel dazu:

Ich habe die Struktur der Website aufgebaut und überprüft bis zum xy.
Ich habe die Fotos für die Website ausgewählt, überarbeitet und der Agentur geschickt bis zum xy.
Ich habe den Text für die Website erstellt und überarbeitet bis zum xy.
Ich habe die Struktur der Website aufgebaut und überprüft bis zum xy.
Ich habe die Fotos für die Website ausgewählt und überarbeitet bis zum xy.
Ich habe den Text für die Website erstellt und überarbeitet bis zum xy.
Ich habe den Erstentwurf der Website bis zum xy vorliegen.
Ich habe die Website überprüft und ein Rebriefing gemacht bis zum xy.

ÜBUNG

- Wählen Sie nun ein Zwischenziel aus. Ordnen Sie dem Zwischenziel einen Bodenanker zu. Platzieren Sie ihn auf dem Boden entsprechend Ihrem inneren Bild. Platzieren Sie anschließend den zweiten Bodenanker, der Ihre eigene Person darstellt.

- Spüren Sie nacheinander in die Bodenanker hinein, und notieren Sie Ihre Wahrnehmungen: Was denken Sie? Was fühlen Sie? Was nehmen Sie wahr? Welche Körperteile nehmen Sie besonders wahr, und was empfinden Sie dort? Drängt es Sie zu bestimmten Bewegungen? Wie weit sind Sie von dem Zwischenziel entfernt, und wie fühlen Sie sich angesichts der festgestellten Distanz? Ziehen Sie zur Unterstützung den Fragenkatalog auf Seite 80 heran.

Aus den Erkenntnissen bekommen Sie Impulse, wo die Schwachstellen des Projekts liegen. Hinderliche Überzeugungen können aufgedeckt und losgelassen oder ins Positive gedreht werden. Die Aufstellung gibt Ihnen Aufschluss darüber, wie nahe Sie in Ihrem Unterbewusstsein Ihrem Ziel sind und wie leicht und reibungslos Sie es erreichen können.

Selbstverständlich können Sie alle (oben erwähnten) Zwischenziele auf einmal aufstellen, dann erkennen Sie auch die mögliche Abfolge und Wechselwirkungen. Der Gesamtprozess steht mehr im Vordergrund. Sind es viele Zwischenziele, bieten sich Figuren an.

Nun haben Sie einen guten Überblick über den Werkzeugkasten des sprechenden Unternehmens. Im folgenden großen Fallbeispiel werden wir die Tools konkret anwenden.

ÜBUNG

Geniale Idee:
»Da fehlt noch was, da fehlt noch was ... nur, was?«
»Ach, es fällt mir bestimmt gleich wieder ein«, so das Unterbewusstsein zuversichtlich.

Das sprechende Facebook

verrät Ihnen, was sich lohnt und worauf Sie achten müssen.

Wahnsinn, was da abging, das hat sogar mich begeistert! Aber mich hat ja keiner gefragt. Keiner wollte hören, was ich zu sagen habe. Typisch! Vor lauter Zielen, Aufwand und Kosten vergesst ihr das Wichtigste überhaupt: mich!

Warum ich begeistert war? Na ja, ich bin diesmal nicht ein Unternehmen gewesen, es ging um mehrere Unternehmer, also bin ich sozusagen ein Abbild verschiedener Unternehmen gewesen. Das habe ich schon spannend gefunden. So alle Gefühle von allen auf einmal gemischt, keiner trat hervor, alle haben dazu beigetragen und jeder hat gelernt. Ja, und dieses Miteinander hat mir sehr gut gefallen. Ich wünschte mir, so etwas würde es öfter geben. Ihr könntet so viel voneinander lernen. Euch miteinander entwickeln. Für mich würde es natürlich anspruchsvoller werden. Aber das mache ich gern, ohnehin langweilig, immer nur von ein und demselben Unternehmer zu erzählen. Mich interessieren die Vielfalt und gleichzeitig die Gemeinsamkeiten. So konnte jeder für sich das mitnehmen, was für ihn wichtig war, wo er sich wiedergefunden hat. Was für den einen wichtig war, war für den anderen unwichtig und umgekehrt. Aber das macht nichts! In Summe war es ein Mehr. Ein Mehr an Lernen, ein Mehr an Entwicklung, ein Mehr an Erkenntnissen. Dass es dabei um Facebook ging, war jetzt für mich nicht so wichtig. Ich weiß, für euch Menschen ist es momentan die große Nummer.

Aber lest einfach selbst das Kapitel, denn Freiheit will gelernt sein. Freiheit bedeutet, zu wissen, wie man mit Freiheit umgeht. Freiheit heißt, sich auch entscheiden zu können, in jeder bewussten Minute und Stunde. Wenn ihr frei seid, habt ihr keine Zwänge mehr. Dann gibt es kein Muss und kein Soll, dann gibt es nur noch »Ich mache!«. Kurz, es war ein Abend ganz nach meinem Geschmack. Davon bitte mehr!

Die Allgegenwart der sozialen Netzwerke

Im Sommer 2010 setzte die Informationsflut über Facebook ein. Auf buchstäblich jeder Konferenz wurde über das soziale Netzwerk und seinesgleichen gesprochen. Egal, ob Xing, Facebook, LinkedIn oder Twitter: Man musste drin sein! Selbst in Zeitungen, Radio- und Fernsehsendungen wurden kuriose Pannen wie Thessas Geburtstagsparty[1] aufgegriffen, wurden Sicherheitsrisiken debattiert. Die Bildzeitung gar erklärte ihren Lesern in einer mehrteiligen Serie den Umgang mit Facebook.

> »Wir sind in und alle sind drin!«, singt der Social-Media-Chor.

Für viele stand wohl fest, dass sich die sozialen Netzwerke nicht würden umgehen lassen. Man würde sich mit ihnen beschäftigen müssen, ob man wollte oder nicht. Die Welle riss jeden mit sich und machte dabei keinen Unterschied zwischen technisch Versierten und Ahnungslosen.

Ich selbst stand eines Abends nach einer Social-Media-Veranstaltung beim Get-together am Büfett. Hier wetterte eine Teilnehmerin los: »So ein Blödsinn! Was soll ich mit dem ganzen Quatsch? Ich habe doch ein Bekleidungsgeschäft. Und was soll mir jetzt die ganze Podiumsdiskussion bringen? Und wer soll mir das überhaupt machen – ich habe dazu keine Zeit!« Im Chor stimmten die umstehenden Geschäftsleute ein. Still stand ich neben der Dame und geriet ins Nachdenken. Sie hatte recht. Vielen war noch gar nicht klar, was sie mit Facebook würden anfangen können und welchen konkreten Nutzen es ihnen bescheren konnte. »Es wird Zeit, mit Facebook zu reden!«, dachte ich mir. Dies war die Geburtsstunde meiner Idee vom »sprechenden Facebook«.

In der Aufstellung sollten nicht individuelle Überzeugungen, sondern die Überzeugungen der Gruppe bezüglich Facebook im Zentrum stehen. Und so begannen wir mit einer Videoeinführung und einer kurzen IT-Einführung, um einen ersten Überblick über Facebook, seinen Nutzen und die wesentlichen Funktionen zu erhalten, bevor wir eine Aufstellung zum Thema »Facebook« durchführten.

Wir wurden nicht enttäuscht. Die Aufstellung hatte eine solch enorme Kraft, wie ich sie selten erlebt habe. Alle gingen erfüllt von den schnellen und umfassenden Erkenntnissen über sich selbst, Facebook und ihr Business nach Hause.

In diesem Kapitel erfahren Sie:

- ein paar Zahlen, Daten, Fakten zu Facebook
- was die Aufstellung »Lohnt sich Facebook?« zeigte
- welche Erkenntnisse durch die Aufstellung gewonnen wurden
- wie Sie mithilfe Ihres Unterbewusstseins Ihre eigene Situation im Hinblick auf Facebook überprüfen können
- wie Sie Umsatz und Aufwand in eine sinnvolle Balance bringen
- wie Sie Ihr Unterbewusstsein auf höheren Umsatz trimmen

Aber bevor ich mich ganz der überwältigenden Kraft des Unterbewusstseins widme, möchte ich Ihnen noch einige Erkenntnisse vorstellen, die Sie zum Nachdenken bringen sollen.

Die Idee hinter Facebook und seine Zahlen

Wie Facebook auf seiner Website kundtut, lautet der Grundgedanke der Plattform folgendermaßen:

Facebook ermöglicht es dir, mit den Menschen in deinem Leben in Verbindung zu treten und Inhalte mit diesen zu teilen.[2]

Sanjay Sauldie, der Erfinder und Entwickler der iROI-Strategie[3] (iROI = internet Return on Investment), führt in einem Video[4] in die Grundprinzipien von Facebook ein. Kurz zusammengefasst lautet die Idee von Facebook für Unternehmen wie folgt: Sie eröffnen eine Fan-Page auf Facebook und bitten Ihre Freunde, ihrerseits ihren Freunden davon zu erzählen. So schicken Sie Informationen an Ihre Adressaten in der Erwartung, dass diese sich als Multiplikatoren betätigen und die Informationen im Kreis ihrer eigenen Freunde und Bekannten weiterverbreiten werden. Dadurch gewinnen Sie Reputation, Bekanntheit und Vertrauen – und damit zugleich auch neue Kunden, immer mehr Freunde Ihrer Kunden kommen nun ebenfalls zu Ihnen und kaufen bei Ihnen ein. Und die Kunden selbst freuen sich, da sie durch den Austausch von Informationen, Tipps und Empfehlungen ein Gefühl von Gemeinsamkeit und Gemeinschaft entwickeln. Dieser Mechanismus verleiht sozialen Netzwerken eine ungeheure Macht, die sich zur Kundengewinnung ebenso nutzen lässt wie zur Personalbeschaffung. Der moderne Unternehmer hat erkannt: Die Freunde meiner Kunden sind meine potenziellen Kunden.

Damit Sie das Phänomen Facebook besser einschätzen können, hier ein paar Zahlen über Entwicklungen im In- und Ausland.

Facebook feierte im Februar 2014 sein zehnjähriges Bestehen. 1,28 Milliarden aktive Nutzer zählte die Plattform zum 31. März 2014. 802 Millionen von ihnen loggen sich täglich ein.[5] Der berühmte »Gefällt-mir«-Button wird täglich etwa 6 Milliarden Mal gedrückt.[6]

Das Wachstum allein in Deutschland ist rasant. Anfang 2009 lag die Nutzerzahl noch unter 2 Millionen, heute sind es 20 bis 25 Millionen allein im Alter von über 18 Jahren.[7] Wer sich diese Zahlen vor Augen führt, für den dürfte sich die Frage erübrigen, ob soziale Netzwerke für die eigene Zielgruppe interessant sind. Betrachtet man die Marketing-Historie, so gab es eine derart rasante Entwicklung noch nicht einmal zu Zeiten der Einführung des Internets. Viel wichtiger hingegen ist die Frage, wie aktiv der in Facebook vertretene Teil der eigenen Zielgruppe ist.

Aufstellung: Lohnt sich Facebook?

Das explosionsartige Wachstum der sozialen Netzwerke hat viele Unternehmer und Unternehmerinnen in eine kuriose Situation gebracht: Sie müssen über die Frage der Präsenz ihrer Firma auf einer Plattform entscheiden, von deren Existenz sie bis vor ein paar Jahren noch nichts wussten. Oft hat Facebook mit ihrer Peergroup kaum etwas gemein. Für sie ist es ungewohnt, wie so viele auf dieser Plattform »ihr Herz auf der Zunge zu tragen«.

Für einen Geschäftsmann lohnt sich ein Engagement letztlich nur dann, wenn es sich sowohl finanziell als auch im Hinblick auf das Image und den Bekanntheitsgrad des Unternehmens auszahlt. Doch genau diese Möglichkeit stellen die meisten infrage: »Habe ich überhaupt etwas davon? Oder ist es eher ein Tamagotchi,[8] das nur ständig gefüttert werden will? Ist das wirklich eine Plattform, um Geschäfte zu machen? Hält sich meine Zielgruppe dort überhaupt auf?«

Andererseits wird voller Euphorie davon berichtet, wie man innerhalb von wenigen Monaten Zigtausende Fans gesammelt habe, wie viel Geld sich »mit einem Klick« verdienen lasse, wie leicht es gehe und wie viel Spaß es zudem noch mache.

Was ist nun die Wahrheit? Dieses Kapitel wird Ihnen dabei helfen, Ihre eigene Wahrheit zu dem Thema zu finden, denn beide Realitäten existieren nebeneinander.

Aufgrund des überproportional schnellen Wachstums von Facebook macht sich zugleich eine enorme Dringlichkeit breit. Denn eines ist klar: Je schneller man handelt, desto eher kann man die von Facebook losgetretene Erfolgswelle für sich nutzen.

Das Ziel: Analyse der Erfolgsfaktoren

So war nun eine Gruppe von interessierten Unternehmern aus unterschiedlichsten Branchen versammelt, um genau darüber Einsichten zu gewinnen. Das Ziel der Aufstellung bestand darin, innerhalb von ein bis zwei Stunden einen schnellen Überblick über die Zusammenhänge und Dynamiken von Facebook zu gewinnen. Es ging darum, frei von der allgemeinen Hysterie hinter die Kulissen zu schauen, um zu sehen, wie die Erfolgsfaktoren eines Facebook-Projekts beschaffen sind – unabhängig von Expertenmeinungen, Berichten und Erfolgsstorys. Zudem sollten die Teilnehmer Antworten auf die Frage finden, welche konkreten Schlüsse sie aus diesen Einsichten für ihr eigenes Geschäft ziehen können – und dies, ohne sich zuvor in die Thematik eingearbeitet zu haben. Aufgrund der kurzen Existenz von Facebook gibt es ohnehin noch kaum Erfahrungswerte und damit auch kaum Erfahrungsträger. Dieser Umstand machte die Aufstellung besonders interessant und wertvoll.

Werbung: »Immer diese Experten, die können viel erzählen. Ich weiß schließlich selbst am besten, wie und wo ich mich wohlfühle.«

Vorgehensweise und Durchführung

In unserem Vorbereitungsgespräch wollten die Teilnehmer vor allem wissen, ob sich der mit einem Engagement auf Facebook verbundene Zeit- und Geldaufwand, gemessen am zu erwartenden Mehrumsatz, lohnen würde. Dies galt insbesondere für kleinere Unternehmen.

Wir definierten gemeinsam die folgenden Systemelemente:

1. Unternehmer

2. Facebook

3. Umsatz

4. Zeitaufwand

5. Geldaufwand

6. Risiken

Anschließend wählten wir eine besondere Form von Aufstellung: Alle Anwesenden im Raum waren »Fallgeber«. So stand dann auch das Systemelement Unternehmer für die Summe aller Unternehmer im Raum.

Für die Betriebswirte unter Ihnen: Man könnte diese Art von Aufstellung mit einer Statistik vergleichen, die einen Überblick über die Gesamtlage gibt. Nur dass es sich hier nicht um Variablen wie Kaufkraft, Preisindex oder von Markt- und Meinungsforschungsinstituten erhobene Umfragewerte handelt, sondern um Gefühle und Einstellungen, die im Unterbewusstsein wirken. Selbstverständlich hätte die Gruppenaufstellung andere Ergebnisse erbracht, wenn wir eine branchenhomogene Gruppe zusammengestellt hätten, etwa aus den Bereichen Finanzberatung oder Informationstechnologie. Allerdings ist das von uns gewählte Format hervorragend geeignet für gemeinsame Lernfortschritte und offene Diskussionen in der Auswertungsphase, da gewissermaßen alle betroffen sind, jedoch niemand »zu sehr«. Das Miteinander steht im Vordergrund.

Zunächst zeigte sich das folgende Bild:

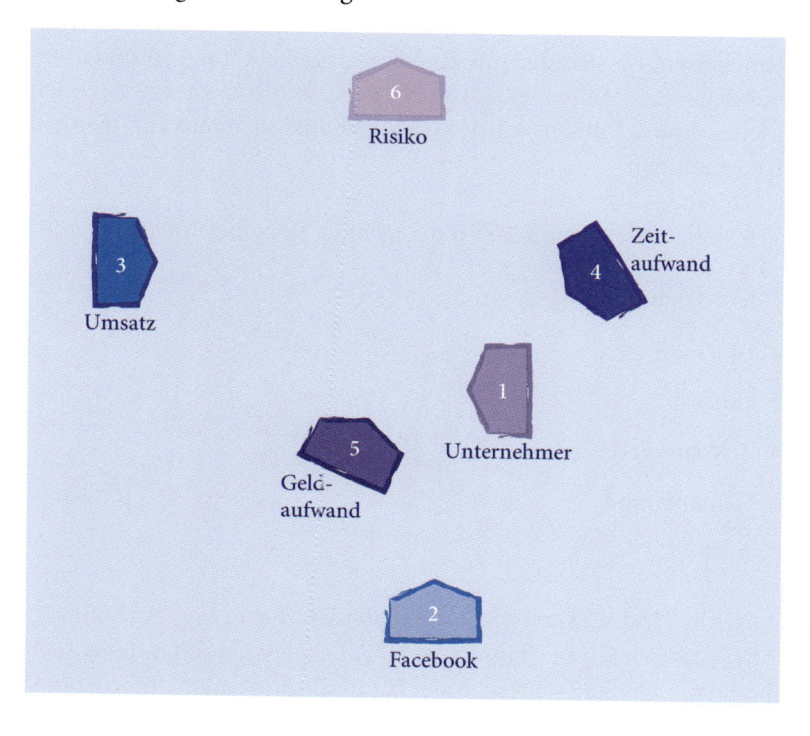

Schaubild 4: Lohnt sich Facebook? – Aufstellung des Ist-Zustandes

DAS SPRECHENDE FACEBOOK

Zeitaufwand fühlte einen starken Drang, näher an Unternehmer heranzukommen: »Ich muss da hin!«

Unternehmer fühlte sich ein wenig zu Facebook hingezogen und folgte einem leichten Impuls, sich nach links zu drehen, sodass er nicht mehr direkt mit Umsatz konfrontiert war und Geldaufwand besser sah.

Umsatz war gelassen, heiter, verspürte eine gewisse Leichtigkeit. Als er nach seinen Empfindungen gefragt wurde, meldete sich an seiner Stelle Geldaufwand. Umsatz zeigte sich sauer: »Was bildet der sich ein! Ich bin der Umsatz!« Gegenüber Zeitaufwand empfand er Sympathie: »Ich mag dich«, zu Facebook hatte er keine Beziehung.

Geldaufwand war voll und ganz auf Unternehmer und dessen Gesicht fixiert und hatte Zeitaufwand im Blick, Facebook jedoch nicht. Er fühlte sich gespalten: Die rechte Körperseite war militärisch hart, die linke ganz weich.

Facebook stand etwas außerhalb der Aufstellung und hatte damit als Einziges die gesamte Aufstellung im Blick: »Ich wundere mich über die Blickrichtung der anderen.« Alle schauten entweder in die entgegengesetzte Richtung oder standen mehr oder weniger im rechten Winkel zu Facebook, das heißt, niemand schaute Facebook an. Über die Dynamiken zwischen Umsatz, Geld- und Zeitaufwand und Unternehmer sagte Facebook: »Ich amüsiere mich über die Aktivitäten der anderen untereinander.« Einen Bewegungsimpuls verspürte Facebook nicht: »Ich stehe hier gut.«

> »Ich muss dringend zum Unternehmer, und zwar sofort!«, ruft der Zeitaufwand gehetzt.

> Facebook gelassen und entspannt von außen: »Ich amüsiere mich über die Aktivitäten der anderen untereinander.«

> Umsatz, aufgebracht zum Geldaufwand: »Was bildest du dir eigentlich ein? Erst quatschen, wenn du gar nicht gefragt bist. Und jetzt schleimst du dich auch noch beim Chef ein.«

Risiken stand gänzlich abseits, mit dem Rücken zu allen anderen, verspürte jedoch einen permanenten Zug von hinten. Mit Facebook stand es in Balance: »Mit Facebook geht's mir besser.«

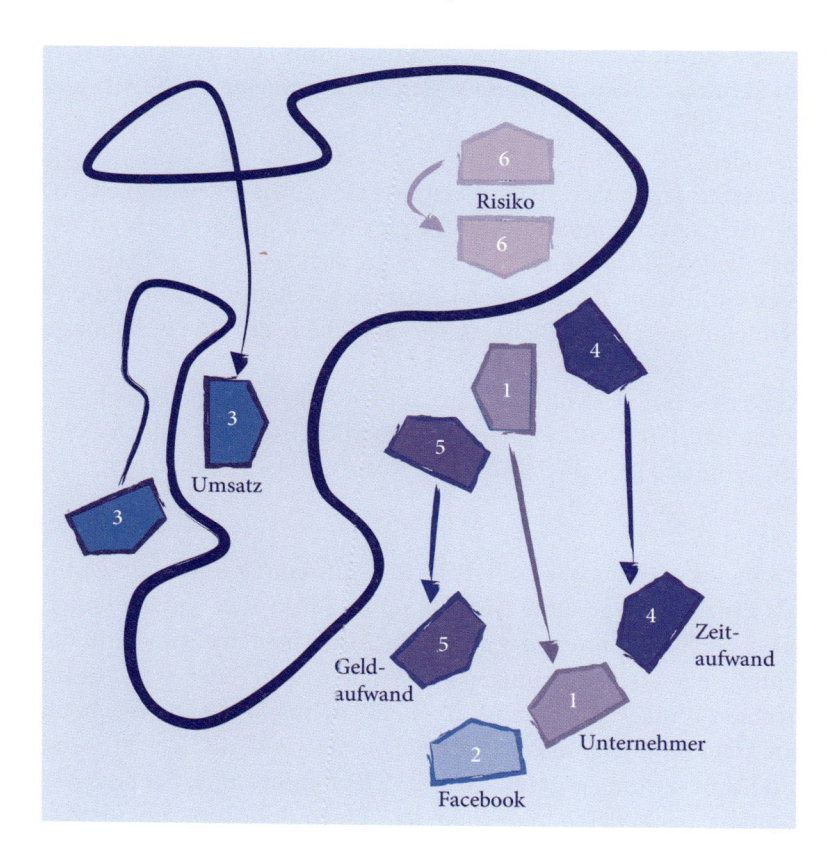

Schaubild 5a: Lohnt sich Facebook? – Verlauf der Bewegungsimpulse

Unternehmer ging zu Facebook und fühlte sich gut. Zeitaufwand folgte dem Unternehmer dicht auf. Umsatz begann, sich im Kreis zu drehen, und konnte sich Facebook nicht nähern. Nach einer gewissen Zeit reichte es Unternehmer. Er empörte sich über Umsatz, weil dieses Element immer weiter tänzelte und umherwanderte: »Hör endlich mit dem Tänzeln auf!« Seine Gefühle wurden vom Verhalten von Umsatz dominiert, er konnte sich auf nichts anderes mehr konzentrieren. Auch Facebook fühlte sich vom wandernden Umsatz irritiert.

Risiken hatte sich dem Rest der Systemelemente zugewandt und blickte nun auch auf Facebook. Während der Aufstellung rückte es immer weiter in die Mitte des Raums.

Nachdem den Bewegungsimpulsen nachgegeben worden war, zeigte sich das folgende Bild.

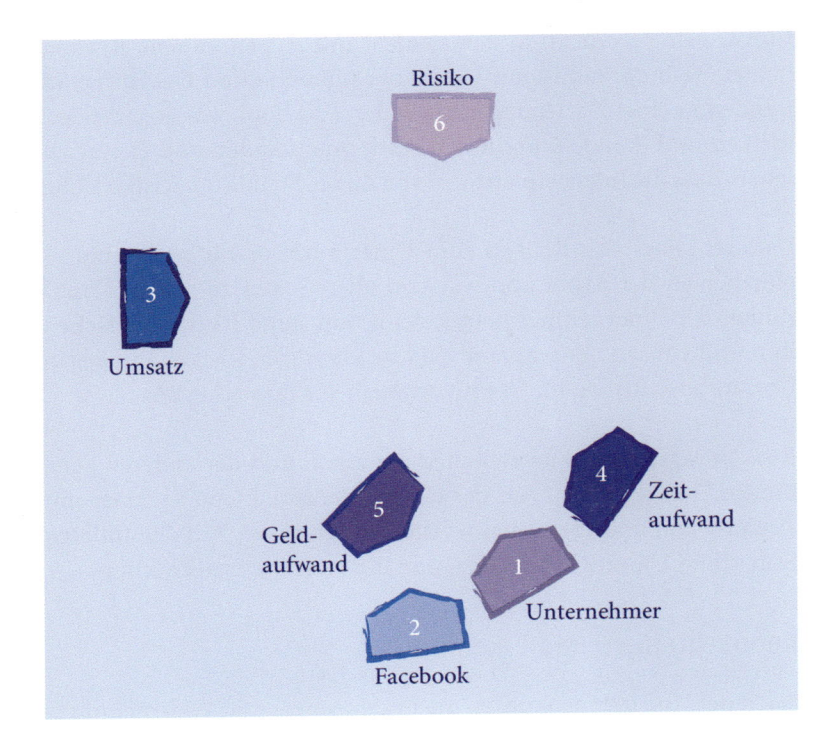

Schaubild 5b: Lohnt sich Facebook? – nach Bewegungsimpulsen

Allmählich verlor Umsatz seine Leichtigkeit, seinen Spaß und die Freude, die das Element anfangs verspürt hatte. Der Annäherungsversuch von Unternehmer – »Ich weiß, dass du leicht zu haben bist«[9] – kam bei Umsatz nicht an. Es schüttelte immer und immer wieder den Kopf. »Du willst mich gar nicht haben«, »Das glaube ich dir nicht«, »Das nehme ich dir nicht ab.« Schließlich war Unternehmer mit seinem Latein am Ende und meinte: »Ich kann nicht mit *Umsatz* reden – es geht nicht.« Umsatz setzte hinzu: »Wir haben keine Beziehung.« Auch Umsatz wollte, dass sich Unternehmer mit etwas anderem beschäftigte.

> Unternehmer trotzig: »Dann hol ich mir eben den Zeitaufwand als Verbündeten.«

Unternehmer suchte nun fieberhaft nach neuen Strategien und beschloss: »Dann hole ich mir eben Zeitaufwand als Verbündeten.«

Nun wurde Freude als Systemelement mit aufgenommen. Risiken richtete sich daraufhin auf Umsatz aus. Freude und Geldaufwand standen in einer Beziehung zueinander. Facebook war abgemeldet. Risiken und Freude korrelierten stark miteinander, und es war zu sehen, dass die Internetplattform von dieser Freude am Risiko lebte.

> Der Unternehmer ist erleichtert: »Gott sei Dank, nun schützt mich das Risiko vor dem Umsatz!«

Dadurch, dass sich Risiken zum Umsatz hin orientierte, stand es plötzlich in der Mitte und war von allen Seiten zu sehen. Damit fühlte sich Unternehmer besser, denn nun stand Risiken zwischen ihm und Umsatz. Er empfand dies so, als würde Risiken ihn gegen Umsatz abschirmen und damit zugleich vor ihm schützen.

Risiken sagte, es könne zwischen der einen und der anderen Seite hin und her wandern. Auf der einen Seite stand Unternehmer mit Zeitaufwand und sagte, dies sei die Ernstfraktion. Auf der anderen Seite stand Umsatz mit Freude, und dort war die Spaßfraktion.

Beobachtungen und Erkenntnisse

Nach der Aufstellung wurden die Erkenntnisse und Wahrnehmungen zusammengetragen. Daraus ergaben sich Diskussionen. Manches war sofort leicht verständlich, und jeder wusste, worum es ging. Anderes wiederum löste Fragezeichen aus. So wurde die eine oder andere Erläuterung notwendig.

Man braucht Erfahrung, um eine Aufstellung zu »lesen«. Bei einer fachbezogenen Aufstellung wie der hier durchgeführten ist oft auch entsprechendes Fachwissen hilfreich, um die Wahrnehmungen und Empfindungen in einen sinnvollen Zusammenhang stellen zu können. Jedoch sind Interpretationen mit Vorsicht zu genießen und ein Check-up auf Plausibilität empfehlenswert.

Hier die Erkenntnisse im Hinblick auf die Frage, ob Facebook sich für die an der Aufstellung beteiligten Unternehmer lohnt:

1. Der Kern der Aufstellung war die Beziehung zwischen Umsatz und Unternehmer. Beide waren stark mit sich selbst und miteinander beschäftigt. Zwei Elemente standen zumindest anfänglich außerhalb: Facebook und Risiken. Später rückte Risiken ins Zentrum.

2. Die Beziehung zwischen Unternehmer und Zeitaufwand war eine fast symbiotische. Besonderes Interesse verdient die Beobachtung, dass im Lauf der Aufstellung keine Veränderung eintrat. Denn immerhin sind die einfachen, unkomplizierten Interaktionen bei Facebook auch und vor allem zeitsparend. De facto sind die Freunde schnell gefunden, Informationen schnell verteilt: Kommunikation war noch nie so schnell und unkompliziert und damit so zeitsparend wie im Rahmen von Facebook.

Was braucht der Unternehmer, um dies zu sehen und um die Zeitvorteile für sich zu nutzen? Interessant wäre auch gewesen zu sehen, was passiert wäre, wenn wir Zeitgewinn mit einbezogen hätten. Sicherlich spielt auch eine Rolle, dass die wirklich aktiven Facebook-Seiten nicht »einfach mal so nebenher« gepflegt werden können. Denn verteilt ist Information vergleichsweise schnell, aber die Inhalte müssen auch entwickelt werden. Und diese Aufgabe bleibt die des Unternehmers und seiner Mitarbeiter.

3. Umsatz wurde angesprochen, und Geldaufwand antwortete, was darauf hindeutet, dass Geldaufwand sich als Umsatz empfand. Der Blick war auf die leichter zu »packenden« Ausgaben und nicht auf die Einnahmen gerichtet. In der Realität zeigt sich

dies schlicht und ergreifend darin, dass Sie bei einem Facebook-Projekt schnell Kostenvoranschläge und Angebote bekommen – die Frage nach den erwartbaren Einnahmen wird hingegen eher zurückhaltend aufgenommen.

Bei anderen Medien bestehen Erfahrungswerte, die zumindest eine Abschätzung der Einflüsse auf den Umsatz erlauben. Beispielsweise kann man sich bei Mailings darauf einstellen, dass der Response bei (Stamm-)Kunden etwa 5–6 Prozent betragen dürfte, bei »kalten« Adressen hingegen weniger als 1 Prozent. Was die Newsletter-Öffnungsraten betrifft, so ist ein Wert von 30 Prozent realistisch und gut. Ähnlich nützliche Erfahrungswerte stehen im Fall von Facebook noch nicht zur Verfügung. Das ist auch kein Wunder, wenn man bedenkt, dass Facebook im Jahr 2009 erst knapp 2 Millionen Nutzer hatte und dass wir erst seit etwa 2010 von einem ernsthaften Kanal reden können. Fehlende Erfahrungswerte bedeuten natürlich keinesfalls, dass aus Facebook kein Umsatz entstünde.

4. Dass Umsatz ständig tänzelte und sich im Kreis drehte, brachte Unternehmer fast gänzlich aus der Fassung. Er wollte sich mit dem Umsatz bei Facebook nicht beschäftigen. Risiken bestärkte seine Haltung, indem es sich zwischen die beiden stellte. Eine Beziehung zu Facebook bestand noch gar nicht, und Risiken lieferte dem Unternehmer einen treffenden Vorwand für seine ablehnende Haltung.

5. Anfänglich war Umsatz das am besten gelaunte Element der Aufstellung. Als sich Geldaufwand anmaßte, für ihn zu antworten, und Unternehmer seine unglaubwürdigen Annäherungsversuche unternahm, wandelte sich die Stimmung von Umsatz und wich Gefühlen der Irritation. Die ständigen Richtungsänderungen von Umsatz machen deutlich: Facebook und eine starre Umsatzfixierung im klassischen Sinne passen keinesfalls zusammen. In der Regel steht Umsatz in einer Aufstellung stabil, anstatt ständig um die eigene Achse zu rotieren. Zugleich ist dieses Element jedoch auch nicht so stark verquickt

mit Freude – wie bei Facebook. Denn auch am Schluss stand Freude wieder bei Umsatz. Sie erinnern sich? Die Spaßfraktion.

Die erfolgreichsten Facebook-Seiten haben Usergemeinden in einer Größenordnung von 30 bis 40 Millionen Menschen. Dies sind gewaltige Zahlen. Unternehmer hatte vor der Nähe und Leichtigkeit von Umsatz Angst. Sinnvoll ist es, hieran zu arbeiten. Die Art und Weise, wie bei Facebook Umsatz entstehen kann, ist anders und neu und schürt Befürchtungen. Wie aufwendig ist doch sonst das Erreichen von Multiplikatoren, und hier laufen sie quasi vom Fließband.

6. Facebook wurde weder von den übrigen Beteiligten gesehen, noch war es in deren Blickfeld. Trotz seiner starken Stellung stand es außerhalb. Umgekehrt jedoch hatte Facebook alle im Blick. Es war das einzige Systemelement, das den Überblick hatte, alle sehen konnte und auch die Reaktionen und Interaktionen der anderen Beteiligten wahrnahm. Klar wurde, dass Facebook mit all seinen Stärken und Vorteilen zunächst einmal mit all den anderen Elementen in Verbindung gebracht werden musste.

7. Obwohl Risiken anfangs eine untergeordnete Rolle spielte – mit dem Rücken zu allen anderen Beteiligten –, lieferte es im Verlauf der Aufstellung sehr aufschlussreiche Beiträge.

- So war *Risiken* für den Unternehmer die »Rettung«, um sich aus der erschöpfenden und erfolglosen Beziehung mit *Umsatz* wegzustehlen.

- Die Entwicklung von *Risiken* – vom Außenseiter zum zentralen wandernden Element – machte klar, dass Facebook dem User eine neue Haltung abverlangt: »Gehörst du zur Spaßfraktion oder zur Ernstfraktion?«

Der Mehrheit der Unternehmer dürfte es die Sprache verschlagen, spräche man sie auf ihre Zugehörigkeiten zu der einen oder der anderen der beiden Fraktionen an – denn zur Spaßfraktion gehörten Freude und Umsatz!

> Das Risiko, die Freude anhimmelnd: »Oh Chérie, erst zusammen mit dir machen meine Abenteuer so richtig Spaß.«

Wie einige Teilnehmer am Abend resümierten, geht es um eine ganz andere Haltung oder Lebenseinstellung. Das zeigen die folgenden Zitate:

- »Ich spiele das Spiel und schaue, was kommt.«
- »Es passt zur Spaßgesellschaft.«
- »Spiel und Leichtigkeit sind ganz wichtig.«
- »Facebook selbst ist nicht bedrohlich.«
- »Risiken bieten auch Chancen.«

Es geht also darum, die Fixierung auf das Risiko zu überwinden, denn wohin die Aufmerksamkeit geht, das wird angezogen. In unserem Fall wären die unerwünschten Resultate zum Beispiel: Shitstorms, massive unsachliche Kommentare oder Kritik auf Facebook oder anderen Social-Media-Seiten.

Die zentrale Frage, die sich für jeden, der sich mit Facebook beschäftigen will, hinter Aussagen wie diesen verbirgt, lautet: »Schaffe ich das?« Beleuchtet man das Risiko von dieser Seite, so bekommt das Zitat des Facebook-Gründers Mark Zuckerberg ein ganz neues Gewicht: »Wenn man schnell durch einen Raum rennt, ist es vollkommen normal, dass mal etwas kaputt geht und zum Beispiel eine Vase herunterfällt. Ein Mitarbeiter, der nichts kaputt macht, bewegt sich für unser Unternehmen einfach nicht schnell genug!«[10]

Facebook bietet enorm viele Freiheiten. Dies ist gepaart mit einer gewissen Unkontrollierbarkeit und einem Risiko, dem auch Facebook selbst unterliegt. Facebook hat die Dynamiken, die Massen in Bewegung setzen können, auch nur begrenzt unter Kontrolle. Das heißt, alle unterliegen dem Spiel mit dem Risiko, auch der Betreiber selbst. Zumindest, solange Facebook die Spielregeln nicht ändert.

Zusammenfassend die in der Aufstellung gewonnenen Erkenntnisse:

- *Zeitaufwand* war auf *Unternehmer* fixiert.
- *Geldaufwand* verwechselte sich mit *Umsatz*.
- *Unternehmer* war über *Umsatz* irritiert.

- *Umsatz* war anfangs fröhlich, gut gelaunt. Durch das Hin und Her mit *Unternehmer* schlug seine Stimmung um.
- *Facebook* mit sicherer und starker Position stand außerhalb.
- *Risiken* ermöglichte es *Unternehmer*, sich nicht mehr mit *Umsatz* beschäftigen zu müssen.
- *Freude* und *Risiken* standen in einer symbiotischen Beziehung zueinander, es waren zwei Elemente, die zusammengehörten.

So, und nun heißt es: Selbst reden mit Facebook, Umsatz und Co. Sind Sie schon gespannt, was Ihr Unternehmen sagen wird?

Übungen: Wie Sie es schaffen, dass Facebook sich für Sie lohnt

Die Aufstellung hat etliche Erkenntnisse gebracht, auch überraschende. Auf den folgenden Seiten finden Sie Übungen, die zeigen, welche Ansatzpunkte es für Sie auf Basis der Aufstellung »Lohnt sich Facebook?« geben könnte. Es sind Übungen zum Zeitaufwand, zur Verwechslung von Geldaufwand mit Umsatz, zu Facebook, zum Umsatz an sich.

1. Glaubenssätze

Nehmen wir einmal an, ein Unternehmer hat sich entschieden, sich auf Facebook zu engagieren. Er macht eine Aufstellung und kommt zu den auf den vorherigen Seiten beschriebenen Erkenntnissen. Will er wirklich Erfolg mit seinem Facebook-Projekt haben, dann heißt es, die Erkenntnisse weiterzuverarbeiten und Veränderungen einzuleiten, da eine »knirschende« Aufstellung darauf hindeutet, dass es über kurz oder lang auch in der Realität knirschen könnte.

Nun gibt es in einer großen Aufstellung eine Flut von Informationen. Ziel ist es, die für den Erfolg hinderlichen Themen, Überzeugungen und Glaubenssätze aufzulösen. Doch was sind Glaubenssätze eigentlich? Sie sind eine Interpretation, eine Verallgemeinerung, eine individuelle Theorie, warum etwas so ist, wie es ist, und nicht anders. Es sind Überzeugungen, an die Menschen fest glauben. Sie sind oft pauschalisierend und enthalten Elemente wie »wenn …, dann …« oder »man muss …« oder »man kann (nicht)« oder »ich bin …«.[11] Jeder von uns hat Glaubenssätze, und das ist auch gut so, wenn diese für uns und andere förderlich sind. Zum Problem werden sie nur, wenn sie uns daran hindern, den Erfolg zu erreichen, und unser Leben beeinträchtigen. Diese Glaubenssätze gilt es zu identifizieren, um im nächsten Schritt eine stärkere Übereinstimmung zwischen unseren Zielen und unseren Glaubenssätzen, zwischen unserem Willen und unserem Glauben herzustellen. Kurz: zwischen den unbewussten Überzeugungen und den bewussten Zielen. Eine ganz einfache Art, dies zu tun, besteht darin, die Glaubenssätze zu drehen.

> »Ich hätte ja nie gedacht«, wundert sich der Unternehmer, »dass es mir richtig Spaß macht, wenn mir jemand dauernd die Worte verdreht!«

Betrachten wir dazu ein Beispiel aus unserer Facebook-Aufstellung.

Hinderlicher Glaubenssatz: »Facebook lohnt sich nicht.«

Gedrehter und damit förderlicher Glaubenssatz: »Ich sehe, fühle und nehme wahr, dass Facebook sich für mich lohnt. All mein Denken, Fühlen und Tun ist von diesem Wissen durchdrungen.«

Nun ist es aber keineswegs so, dass wir die Aussage nach einer Drehung des Satzes so einfach annehmen und sagen: »Ja, klar – warum habe ich das nicht schon vorher gedacht?« Der Sprung ist einfach zu groß. Denn die Aussage ist durch das Drehen noch nicht innerlich angenommen oder gar im Unterbewusstsein verankert.

Deshalb gilt es, herauszufinden, welche anderen Überzeugungen im Unterbewusstsein schlummern, die der Annahme entgegenstehen. Um dies zu erfahren, sprechen Sie die später aufgeführten gedrehten Glaubenssätze am besten laut aus und achten dabei auf Ihren Körper. Spüren Sie bei jedem Satz nach, wie Sie sich beim Aussprechen fühlen: Ob sich im Oberkörper etwas verkrampft, ob es grummelt, hakt – und wo. Je mehr Ihr Bauch beim Lesen der Sätze rebelliert, desto weniger stimmen Sie innerlich mit diesem ausgesprochenen Satz überein.[12] Sie haben ein anderes Glaubenssystem und damit Überzeugungen, die Sie daran hindern, den erfolgsfördernden Satz anzunehmen. Man könnte also sagen, die gedrehten Glaubenssätze, die ich Ihnen gleich vorstellen werde, dienen dazu, Ihre Blockaden und inneren Widerstände aufzudecken, Ihre »Triggerpunkte« zu finden.

Anmerkung: Die Sätze sind so positiv konstruiert, dass Sie, wenn Sie mit dem Satz nicht übereinstimmen, automatisch in Widerstand gehen und denken: »So ein Blödsinn.« Dann passen Sie genau auf, was Sie denken! Was geht Ihnen bei diesem vehementen Ausruf durch den Kopf: »Das stimmt ja gar nicht, weil …«, »Und das stimmt auch nicht, weil …«

Schreiben Sie die Punkte auf. Je emotionaler Ihre Reaktion auf einen Satz ist, desto stärker ist das »Thema«, das dahintersteht.

ÜBUNG

Vorgehensweise

- Treffen Sie die in Kapitel 1 beschriebenen Vorbereitungen, sodass Sie locker und entspannt sind. Atmen Sie mehrmals tief ein und aus, bis Sie in gutem Kontakt mit Ihrem Körper sind.

- Sprechen Sie den ersten der unten aufgeführten Sätze ganz ruhig und bei vollem Bewusstsein laut aus. Achten Sie beim Sprechen darauf, wo Sie ein dumpfes Gefühl, eine leichte Verspannung in Ihrem Oberkörper fühlen.

- Gehen Sie mit Ihrer Wahrnehmung zu diesem »Knoten«, und lassen Sie ihn los, indem Sie ihn wegatmen. Atmen Sie tief ein, und atmen Sie über diesen »Knoten« aus und diesen weg.

- Wiederholen Sie das Wegatmen so lange, bis Sie das Gefühl haben, der »Knoten« ist vollkommen gelöst.

- Nehmen Sie sich den nächsten Satz vor, und verfahren Sie auf die gleiche Weise.

Gedrehte Glaubenssätze[13]

- Ich lerne Stück für Stück, was für mich sinnvoll und richtig bei Facebook ist. Ich investiere in die genau richtigen Aktivitäten und Aktionen.

- Ich steigere meine Aktivitäten bei Facebook, und die Anzahl meiner Fans bei Facebook wächst.

- Die Anzahl meiner Fans bei Facebook wächst, und somit bekommen immer mehr Menschen meine Informationen, Nachrichten und Angebote.

- Ich weiß genau, welche Informationen meine Fans interessieren. Über die Verteilung dieser Informationen bekomme ich Anfragen. Ich erreiche so ganz viele Menschen.

- Die Anfragen über Facebook wachsen Tag für Tag. Aus vielen dieser Anfragen werden interessante Kontakte, Aufträge, Verbindungen.

ÜBUNG

- Ich lasse das Risiko los und richte mein Denken, Tun und Handeln auf die Chancen und Möglichkeiten von Facebook aus. Ich sehe die Freiheiten und die unendlichen Möglichkeiten bei Facebook.

- Ich weiß genau, welche Informationen und Botschaften ich auf Facebook veröffentliche.

- Ich finde viele positive, interessante und geschäftstüchtige Menschen auf Facebook. Und ich weiß, dass es davon viele auf Facebook gibt.

- Ich freue mich über die vielen neuen Aspekte, Tools und Funktionen, die ich bei Facebook lerne und nutze.

- Ich weiß, dass Facebook einfach und »unbürokratisch« ist und ich dadurch sehr viel Zeit spare.

- Ich sehe die Investitionen und den Gewinn bei Facebook. Ich nehme die Investitionen und Kosten bei Facebook wahr. Und den Gewinn, die Einnahmen über Facebook.

Gehen Sie noch einmal gedanklich durch, was Ihnen durch den Kopf schießt, wenn Ihr Bauch grummelt. Schreiben Sie alle Ihre Gedanken auf, und überlegen Sie sich, wie Sie diese Überzeugungen im nächsten Schritt drehen können.

Facebook an alle: »Dann erst mal Tschüss! Und denkt dran: Facebook ist ein Kind der Freiheit!«

Variante: Brücken bauen

Für manch einen mag der gedankliche Sprung von einem Glaubenssatz zu seinem Gegenteil recht groß sein. Kleinere Entwicklungsschritt-Sätze machen das Annehmen leichter.[14]

Hinderlicher Glaubenssatz: »Facebook bringt nichts, und es macht mir keinen Spaß.«

Gedrehter und damit förderlicher Glaubenssatz: »Facebook bringt etwas und macht Spaß.«

Die Brücke dazu können Sie sich folgendermaßen vorstellen: Ich sehe viele erfolgreiche Facebook-Seiten, die eindeutig viel Spaß und Freude bereiten. Ich sehe, wie sehr sich deren Inhaber am Betreiben der Seiten erfreuen. Mit jeder Tätigkeit bei Facebook wachsen auch meine Freude, mein Spaß und meine Begeisterung. Die Tätigkeiten bei Facebook fallen mir leicht. Mit Facebook ist vieles einfach zu erreichen. Diese Leichtigkeit macht mir Freude. Und die Freude beschert mir immer mehr Leichtigkeit. Mit der Leichtigkeit ziehe ich immer mehr Fans an.

Merken Sie, wie nun die Übergänge leichter fallen? Und so können Sie auch mit den anderen Bereichen vorgehen.

Variante: Sätze aufstellen

Sie haben mit dem genauen Deuten und Fühlen im Oberkörper noch Schwierigkeiten. Natürlich können Sie die einzelnen Sätze auch als Zielsätze aufstellen, damit haben Sie noch detailliertere Informationen. Nehmen Sie also Figuren, Kaffeetasse & Co. oder Bodenanker, und stellen Sie Ihre Zielsätze auf.

Im Folgenden finden Sie die oben aufgeführten gedrehten Glaubenssätze noch einmal neutral in allgemeiner Form. So können Sie sie auch für andere Bereiche nutzen.

ÜBUNG

- Ich lerne Stück für Stück, was sinnvoll und richtig für mich bei _____ ist. Ich investiere in die genau richtigen Aktivitäten und Aktionen.

- Ich steigere meine Aktivitäten bei _____, und die Anzahl meiner Kontakte bei _____ wächst.

- Die Anzahl meiner Kontakte bei _____ wächst, und somit bekommen immer mehr Menschen meine Informationen, Nachrichten und Angebote.

- Ich weiß genau, welche Informationen meine Kontakte und Interessenten wollen. Über die Verteilung dieser Informationen bekomme ich Anfragen. Ich erreiche so ganz viele Menschen.

- Die Anfragen über _____ wachsen Tag für Tag. Aus vielen dieser Anfragen werden interessante Kontakte, Aufträge, Verbindungen.

- Ich lasse das Risiko los und richte mein Denken, Tun und Handeln auf die Chancen und Möglichkeiten von _____ aus. Ich sehe die Freiheiten und die unendlichen Möglichkeiten bei _____.

- Ich weiß genau, welche Informationen und Botschaften ich in _____ veröffentliche.

- Ich finde viele positive, interessante und geschäftstüchtige Menschen in _____. Und ich weiß, dass es davon viele in _____ gibt.

- Ich freue mich über die vielen neuen Aspekte, Tools und Funktionen, die ich bei _____ lerne und nutze.

- Ich weiß, dass _____ einfach und »unbürokratisch« ist, und spare dadurch sehr viel Zeit.

- Ich sehe die Investitionen und den Gewinn bei _____. Ich nehme die Investitionen und Kosten bei _____ wahr. Und den Gewinn, die Einnahmen bei _____.

2. Aufstellung Zeitaufwand und Zeitgewinn

In der Facebook-Aufstellung zeigte sich, dass der Unternehmer sehr stark auf den Zeitaufwand fixiert war. Deswegen möchte ich mich hier einer besonderen Übung widmen, die dazu dienen soll, dass Sie beides, den Zeitaufwand und den Zeitgewinn, in Ihrer eigenen Situation überprüfen.

Vorgehensweise

- Treffen Sie wie gewohnt Ihre Vorbereitungen.

- Nehmen Sie ein Blatt Papier, und schreiben Sie Ihren eigenen Namen, den Zeitaufwand für Facebook und den Zeitgewinn durch die Nutzung von Facebook auf. Vergeben Sie jeweils Nummern.

- Legen Sie nun den ersten Bodenanker für sich und den zweiten für den Zeitaufwand für Facebook entsprechend Ihrem inneren Bild auf den Boden.

- Gehen Sie nun auf den Bodenanker 1, der Sie selbst verkörpert, und nehmen Sie wahr, was Sie spüren. Verlassen Sie sodann den Bodenanker. Gehen Sie nun auf Bodenanker 2, den Zeitaufwand für Facebook.

- Nehmen Sie nun den Bodenanker 2 heraus, und nehmen Sie stattdessen den Zeitgewinn durch die Nutzung von Facebook herein. Was nehmen Sie nun in den jeweiligen Rollen wahr?

- Was ist unterschiedlich? Was fällt Ihnen in den jeweiligen Beziehungen und Rollen auf? Zur Beantwortung der Fragen nehmen Sie bitte den Fragekasten auf Seite 79 zu Hilfe. Notieren Sie die Wahrnehmungen.

Selbstverständlich können Sie auch alle drei auf einmal aufstellen, dann erkennen Sie die Dynamik untereinander noch besser.

ÜBUNG

Eigenreflexion

Neben den Fragen auf Seite 80 achten Sie vor allem auf die Bewegungsimpulse. Wollen Sie, der Zeitaufwand bzw. der Zeitgewinn weiter vor- oder weiter zurückgehen? Was müssten Sie noch mit in die Aufstellung nehmen, damit der Zeitgewinn näher auf sie zugehen kann? Auf welche Art von Zeitgewinn könnten Sie zugehen? Was bräuchten Sie, damit Sie den Zeitaufwand loslassen könnten?

Zeitaufwand an Zeitgewinn: »Wie entspannend. Seitdem du hier bist, fühle ich mich gar nicht mehr gestresst!«

Woher kennen Sie das, was Sie gerade eben beobachtet haben? Haben Sie eine Idee, warum die Blickrichtung und die Emotionen so waren, wie sie waren? Welche Überzeugungen haben Sie, die zu diesem Ergebnis geführt haben? Schreiben Sie diese auf. Und nun überlegen Sie sich, wie diese Überzeugungen »gedreht« lauten können. Welche Überzeugungen müssen Sie loslassen, damit Sie die gedrehten Überzeugungen annehmen können? Was müssen Sie ändern, damit Sie Ihre Aufmerksamkeit von Zeitaufwand abwenden und auf Zeitgewinn richten?

Variante: andere Projekte

Sie können die gleiche Aufstellung durchführen und den ersten Bodenanker wieder mit Ihrem eigenen Namen kennzeichnen. Den Zeitaufwand und den Zeitgewinn beziehen Sie nun aber auf andere Aspekte wie Zeitaufwand bei einem bestimmten Projekt, einem bestimmten Software-Programm oder einer bestimmten Methode.

Zeitgewinn trifft Zeitaufwand: »Ich komme vom positiven Denken und soll dir ein bisschen unter die Arme greifen.«

ÜBUNG

3. Aufstellung Umsatz und Geldaufwand

Schnell wird der Geldaufwand bei Facebook ins Zentrum der Diskussion gestellt – aus diversen Gründen, wie wir auf den vorherigen Seiten gesehen haben. Die folgende Übung hat den Zweck, dass jeder für sich persönlich die spezielle Beziehung zwischen Umsatz und Geldaufwand beleuchten kann.

Vorgehensweise

- Treffen Sie wie gewohnt Ihre Vorbereitungen. Legen Sie Ihre durchnummerierten Bodenanker bereit.

- Schreiben Sie Ihre Systemelemente auf: Sie selbst, Geldaufwand bei Facebook und Umsatz durch Facebook. Nummerieren Sie die Elemente, oder lassen Sie sie durchnummerieren.

- Legen Sie die Bodenanker 1, 2 und 3 entsprechend Ihrem inneren Bild auf den Boden.

- Gehen Sie nun auf den Bodenanker 1. Was nehmen Sie in der Rolle des Bodenankers 1 wahr? Wo schauen Sie hin? Wenn Sie den anderen Bodenanker anschauen – was fühlen Sie? Gibt es Ab- oder Zuneigungen?

- Schauen Sie nun aus der Rolle des Bodenankers 1 abwechselnd Bodenanker 2 und Bodenanker 3 an. Wie leicht fällt Ihnen das? Wie stark sind Sie an dem einen Bodenanker und an dem anderen interessiert? Wie weit sind die jeweiligen Bodenanker von Ihnen entfernt? Welche Gedanken und Gefühle haben Sie jeweils bei dem einen und dem anderen?

- Verlassen Sie den Bodenanker 1, und verlassen Sie die Rolle. Notieren Sie, was Sie wahrgenommen haben. Verfahren Sie mit den Bodenankern 2 und 3 in der gleichen Weise.

Eigenreflexion

Die erhaltenen Informationen können Sie nun weiterverarbeiten. Ist ein Bodenanker zu weit weg, dann können Sie sich überlegen, war-

> »Hab's ja schon immer gewusst«, sagt der Aufsteller und hebt den Bodenanker hoch, »das Geld liegt auf der Straße!«

um und wie er näher kommen kann. Überlegen Sie sich, wie Sie negative Gefühle wie Aufregung, Herzklopfen, Desinteresse in Freude, Mut und Interesse drehen können. Was könnte das Herzklopfen verursacht haben? Wo ging das wirkliche Interesse hin? Was bräuchten Sie, um mehr Freude und Mut zu entwickeln? Falls die Augen in der Aufstellung geschlossen waren – was wollten Sie nicht sehen?

4. Aufstellung mit Umsatzzahlen »1, 2, 3«

Zum einen gilt es, Einnahmen und Ausgaben wahrzunehmen, zum anderen aber auch, eine gute Beziehung zu unterschiedlichen Umsatzhöhen zu haben. Sie erinnern sich an den rotierenden Umsatz? Da dieses Thema auch in den Coachings und Beratungen häufig auftaucht, stelle ich dazu einige Übungen vor.

Mit der folgenden Übung machen Sie Ihren eigenen Wert, von dem Sie im Unterbewusstsein überzeugt sind, sichtbar. Ohne ihn schönzureden. Und auf Fragen wie »Warum bekommt der so viel und ich nicht?« kommen nicht die üblichen lapidaren Antworten wie: »Der hatte Glück«, »Der ist fleißiger«, »Der ist ein Mann und ich eine Frau«, »Der ist länger auf dem Markt«. Zudem werden Ihre Gefühle zu den unterschiedlichen Zahlen ganz anders sein.

Mit dieser Übung wollen wir ein Systemelement und dessen Wirkung betrachten, wenn es in mehreren Ausprägungen auftritt, in diesem Fall verschiedene Umsatzgrößen.

Umsatz an Unternehmer: »Du, der von Facebook sagt, das ist völlig normal, wenn ich so rumwackle. Ich hätte trotzdem ein tolles Potenzial.«

ÜBUNG

Vorgehensweise

- Gehen Sie in ein Vorgespräch mit sich selbst. Klären Sie, welchen Umsatz pro Woche, Monat oder Jahr Sie erreichen wollen. Entscheiden Sie sich im ersten Anlauf für konkrete Zahlen, die Sie wahrscheinlich ohnehin schon im Kopf haben. Gehen Sie von diesen Zahlen aus, und setzen Sie einige höhere und einige niedrigere hinzu. Wählen Sie auch einen hohen Betrag, den Sie sich gar nicht zutrauen, und am anderen Ende der Skala einen solchen, den sie total unattraktiv finden. Denn auch dies hilft Ihnen, ein Gespür dafür zu bekommen, wie Sie jeweils reagieren und welche Gefühle dabei hochkommen.

- Nehmen Sie ein Blatt Papier, und schreiben Sie Ihre Systemelemente auf: Ordnen Sie die Nummer 1 sich selbst zu, die Nummer 2 dem Umsatz 1, die Nummer 3 dem Umsatz 2, die Nummer 4 dem Umsatz 3 und so weiter – je nachdem, wie viele Umsatzzahlen Sie notiert haben.

- Legen Sie die Bodenanker 1 und 2 auf den Boden. Schauen Sie sie an. Was sehen Sie schon jetzt? Sind sie nahe beieinander oder weit voneinander entfernt?

- Gehen Sie nun auf den Bodenanker 1. Was nehmen Sie in Bodenanker 1 wahr? Wo schauen Sie hin? Haben Sie einen Bewegungsimpuls? Wenn ja, wohin? Was fühlen Sie? Können Sie es beschreiben? Verlassen Sie nun den Bodenanker 1, und gehen Sie auf Bodenanker 2. Nehmen Sie auch hier alles wahr. Notieren Sie, was Sie in den verschiedenen Rollen wahrgenommen haben.

- Tauschen Sie nun Bodenanker 2 durch Bodenanker 3 aus, und verfahren Sie analog. Dasselbe führen Sie für alle weiteren Bodenanker durch.

Sie können auch alle vorab definierten Umsatzziele gleichzeitig aufstellen. So sehen Sie die Dynamik zwischen ihnen und erfahren, wie Sie auf die diversen Umsatzziele reagieren – welche Sie bevorzugt wahrnehmen, welche Sie gar nicht sehen, welche hinten und welche vorn stehen.

»Darf's noch ein bisschen mehr sein?«, flötet der Bodenanker und winkt mit der Nummer.

ÜBUNG

Eigenreflexion

Beantworten Sie die folgenden Fragen: Zu welcher Umsatzhöhe habe ich die größte Affinität? Habe ich eine Erklärung dafür? Wie ist die Beziehung zu der Umsatzhöhe, die ich mir in meiner Jahresplanung vorgenommen habe? Welche Glaubenssätze stehen im Weg? Was genau lösen diese in mir aus, wenn ich sie laut ausspreche? Was nehme ich dann wahr, was spüre ich in meinem Körper und wo? Welche Informationen bekomme ich aus der Aufstellung, um mein Unterbewusstsein gemäß meiner bewussten Zielsetzung zu beeinflussen?

> Variante an Systemelemente: »Keine Bange, mir geht die Puste schon nicht aus. Aber ich weiß ja nicht, wie viel IHR noch verkraftet …«

Variante: Umgerechnete Umsatzgrößen

Zudem können Sie die Aufstellung variieren, indem Sie die Zahlen umrechnen. Nehmen Sie ein definiertes Tages- oder Monatsumsatzziel, und rechnen Sie es in das entsprechende Jahresziel um. Sie können auch Stundensätze, Tageshonorare oder Projektpreise als Basisgrößen definieren und diese in Monatsumsätze umrechnen. Denn was Ihr Unterbewusstsein als Tagesumsatz für gut befindet, muss ihm noch lange nicht schmecken, wenn dann der entsprechende Jahresumsatz vor ihm steht. Ihr Unterbewusstsein ist alles andere als logisch!

5. Aufstellung: Ziele und Facebook

In Kapitel 2 haben wir Ziele und Teilziele von verschiedenen Seiten beleuchtet. In diesem Praxiskapitel möchte ich Ihnen nun am Beispiel von Facebook aufzeigen, wie Ihre Ziele betrachtet werden können.

> Facebook an alle: »So, ihr Lieben, jetzt mal Klartext. Wollt ihr oder wollt ihr nicht? Ja? Na, dann legt los!«

In aller Regel wollen Sie auch hier nicht nur Fans gewinnen, sondern auch die Interaktionen steigern, häufiger empfohlen werden, das Vertrauen Ihrer Facebook-Fans in ein bestimmtes Produkt oder die gesamten Firma stärken.

ÜBUNG

Führen Sie sich zunächst Ihre Ziele vor Augen. Stellen Sie sich dazu Fragen wie die folgenden:

- Wie viele Fans will ich haben?
- Wie häufig sollen die »Gefällt mir«-Buttons gedrückt werden – pro Woche, pro Monat, pro Jahr?
- Wie viele Kunden will ich dadurch gewinnen?
- Wie viele Empfehlungen will ich dadurch bekommen?
- Wie sehr will ich meine Bekanntheit steigern?
- Welche Produkte will ich verstärkt über diesen Kanal bewerben?

Vorgehensweise

- Beantworten Sie die Zielfragen oben für sich, und notieren Sie die Antworten schriftlich. Dann wählen Sie die wichtigsten Ziele aus. Vergeben Sie nun für sich selbst und diese Ziele Nummern.

- Stellen Sie die Ziele jeweils einzeln oder alle zusammen auf, und folgen Sie dem Muster zur Durchführung der Aufstellung, das Ihnen mittlerweile aufgrund aller vorhergegangenen Übungen in Fleisch und Blut übergegangen sein dürfte.

Dies ist die letzte Übung aus der Toolbox des sprechenden Unternehmens. Was ich Ihnen auf Ihren weiteren Weg noch einmal mitgeben möchte: Bleiben Sie dran, und wenden Sie die Tools regelmäßig an. Mit der Zeit werden Sie immer besser spüren, fühlen, sehen.

> Unternehmer an Facebook: »So viele Menschen! Wenn die mich alle besuchen … Also, ich krieg da echt Platzangst.«

ÜBUNG

Das letzte Gesprochene

ist die Einladung zum ersten Schritt.

In jedem von uns wohnen erstaunliche Kräfte. Wer sie entdeckt und auf sie vertraut, wird geradezu Magisches bewirken. Wenden Sie die Tools einfach an, am besten täglich, um limitierende Überzeugungen zu überwinden.

Was wäre, wenn überall mehr Leichtigkeit, mehr Erfolg und gelebte Stärken wären? Was wäre, wenn alle mit diesen Tools arbeiten würden? Wie würde sich die Wirtschaft verändern? Wir können nur an uns selbst arbeiten, die Effekte aber betreffen das gesamte System: Chef, Mitarbeiter, Kollegen, Teams, Dienstleister und Zulieferer.

So möchte ich das Buch beschließen mit einem Gedicht, das mehr ausdrückt als tausend Worte.

Jetzt ist die Zeit, dass Wesen leuchten[1]

von Barbara Forster

Jetzt ist die Zeit, dass Wesen leuchten
ihr Seelenlicht zum Strahlen bringen
nicht weiter zögern, zweifeln, leiden
die eigenen Schatten überspringen

Jetzt ist die Zeit, den Mut zu haben
zu wahrer Größe, echtem Glück
wer seine Tiefen jetzt durchquert
den führt sein Weg nie mehr zurück

Jetzt ist die Zeit, um nachzuschauen
was hinter all den Masken steckt
um voller Ehrfurcht zu erleben
weil so viel Schönheit fast erschreckt

Jetzt ist die Zeit, um aufzuhören
mit jedem »Ich bin doch nichts wert«
das hieße, sinnlos Kraft verschwenden
wenn jetzt die Liebe wiederkehrt

Jetzt ist die Zeit, dass Wesen leuchten
die dumpfe Finsternis verjagen
einander bei den Händen halten
wenn wieder alte Ängste plagen

Jetzt ist die Zeit, den Mut zu haben
für seine Werte einzustehen
bereit zu sein, im Zweifelsfalle
ein Stück des Wegs allein zu gehen

Jetzt ist die Zeit, um nachzuschauen
ob jedes Herz wahrhaftig schlägt
und jederzeit darauf zu achten
dass alles Tun die Liebe trägt

Jetzt ist die Zeit, um aufzuhören
mit jedem »Gott, das schaff ich nie«
stattdessen niemals zu vergessen
wer leuchten will, braucht Energie

Egal wie groß und klein es leuchtet
da gibt's kein besser, schöner, schneller
es weiß doch schon das kleinste Licht:
Gemeinsam strahlt es sich viel heller!

Jetzt ist die Zeit, dass Wesen leuchten …

Danksagung

Große Ziele werden meist nicht alleine erreicht – so ist es auch bei diesem Buch. Ich danke:

Vor allem dem Schirner Verlag, im Speziellen Heidi und Markus Schirner, dass sie an mein Buch geglaubt haben. Allen am Projekt Beteiligten im Hause Schirner: Dem Lektorat, Bastian Rittinghaus und Katja Hiller. Der Grafikerin Simone Leikauf für den sensationellen Job bei der Gestaltung des Buches. Dem Vertrieb, der Stimme nach außen.

Nicole Scherbel, die mir in der Endphase bei so vielem geholfen hat und einen ganz wesentlichen Beitrag zum Erfolg des Buches geleistet hat. Barbara Forster für ihren Witz und Humor, Yvonne Schröder für ihre ebenso witzigen Figuren für das Cover, Dr. Ute Gräber-Seißinger für ihr äußerst gewissenhaftes Erstlektorat, Thomas Gehlert, der mit seinem systemischen Auge alles noch einmal beäugte/hinterfragte, Barbara Nittel für ihre spirituelle Prüfung, den fachlichen Erstlesern, Walter Bruck, Lorenz Wied und Querleserin Cornelia Mackedanz! Frau Dr. Begemann und Martin Betschart für die Tipps. Und den vielen anderen, Ungenannten.

Besonders danke ich meinem Mann Alf für seine stetige Unterstützung, Ermutigung und Verständnis. Ein ganz großer Dank geht auch an meine Mutter, die mir den Rücken freigehalten hat.

Und natürlich danke ich all jenen, die sich mit dem Unterbewusstsein und spirituellen Methoden auf verschiedenste Weise beschäftigen und unermüdlich weiterentwickeln. Insbesondere denen, die mich auf meinem eigenen spirituellen Weg begleitet haben und begleiten: Peter Klein, Sigrid Limberg-Strohmeier, Bernd Linder-Hofmann, Gabriele Eckert, Richard Bartlett, Melissa Joy, Guido Walter. Ohne sie und ohne meine durch sie beschrittene Entwicklung gäbe es dieses Buch nicht!

Doch vor allem möchte ich der Matrix, dem Feld, das mich ständig unterstützte, führte und mir den Weg bereitete, danken. Für die stetige Inspiration und Quelle. Meinem sprechenden Unternehmen.

Ich danke für meine eigene enorme, wunderbare Entwicklung: mein Leben, mein Glück, meine Gesundheit.

Herzlichst

Ihre Alexandra Herzog-Windeck
August 2014

Ihre sprechende Beraterin

Das sprechende Unternehmen ermöglicht es Ihnen, mit den wesentlichen erfolgsrelevanten Bestandteilen Ihres Unternehmens, Projekts oder Produkts in Kontakt zu treten.

Es hilft, strategisch und operativ wichtige Erkenntnisse für das Gelingen Ihres eigenen Vorhabens und Sicherheit in den verschiedenen Herangehensweisen im Umgang mit dem Unterbewusstsein zu gewinnen.

Möchten Sie Informationen zu den Möglichkeiten einer Beratung, zur Unterstützung einer Positionierung? Oder Informationen zu Vorträgen, Veranstaltungen, Seminaren, Einzelcoachings, Gruppencoachings, Telefoncoachings? Dann richten Sie bitte Ihre Anfrage an:

Herzog-Windeck Marketing
Alexandra Herzog-Windeck
Nürnberger Straße 22 a
91301 Forchheim

Tel. 0049 (0)9191 615 350
Fax: 0049 (0)9191 615 352

E-Mail: alexandra@herzog-windeck.de

Internet: www.herzog-windeck.de

Quellen und Literaturhinweise

Bücher

Ariely, Dan: Denken hilft zwar, nützt aber nichts. Warum wir immer wieder unvernünftige Entscheidungen treffen. Knaur, München 2010.

Backerra, Hendrik; Malorny, Christian; Schwarz, Wolfgang: Kreativitätstechniken. Carl Hanser, München/Wien 2002.

Bayerl, Claudia: 30 Minuten für Kreativitätstechniken. Gabal, Offenbach 2005.

Beerlandt, Christiane: Der Schlüssel zur Selbstbefreiung. Beerlandt Publications, Belgien 2012.

Birkenbihl, Vera F.: Das innere Archiv. Fortsetzung von Stroh im Kopf? mvg, München 2014.

Bourbeau, Lise: Dein Körper sagt: »Liebe dich!«. Windpferd, Aitrang 2007.

Byrne, Rhonda: The Secret. Das Geheimnis. Goldmann, München 2007.

Covey, R. Stephen; Merrill, A. RogerM; Merrill, R. Rebecca (Covey Leadership Center): Der Weg zum Wesentlichen. Zeitmanagement in der vierten Generation. Campus, Frankfurt am Main 2005.

Dahlke, Rüdiger: Krankheit als Symbol. C. Bertelsmann, München 2007.

Ehrhardt, Ute: Gute Mädchen kommen in den Himmel, böse überall hin. Warum Bravsein uns nicht weiter bringt. S. Fischer, Frankfurt am Main 1994.

Friedrich, Kerstin; Malik, Fredmund; Seiwert, Lothar: Das große 1x1 der Erfolgsstrategie. EKS® – Die Strategie für die neue Wirtschaft. Gabal, Offenbach 2014.

Gminder, Carl Ulrich: Nachhaltigkeitsstrategien systemisch umsetzen. Eine qualitative Exploration der Organisationsaufstellung als Managementmethode. Dissertation der Universität St. Gallen, St. Gallen 2005.

Görg, Ulrich: *Claims. Claiming als Wertschöpfungsinstrument der Markenführung*. Gabel, Offenbach 2005.

Hay, Louise L.: *Heile deinen Körper – Seelisch-geistige Gründe für körperliche Krankheit*. Lüchow, Bielefeld 2009.

Heller, Eva: Wie Farben wirken. Farbpsychologie, Farbsymbolik. Kreative Farbgestaltung, Rowohlt, Reinbek bei Hamburg 1989.

Hicks, Esther & Jerry: The Law of Attraction. Das kosmische Gesetz hinter »The Secret«. Ullstein, Berlin 2008.

Hicks, Esther & Jerry: The Law Of Attraction – Geld: Reich mit dem Gesetz der Anziehung. Ullstein, Berlin 2010.

Holzapfel, Felix & Klaus: Facebook – Marketing unter Freunden: Dialog statt plumper Werbung. BusinessVillage, Göttingen, 4., aktualisierte und erweiterte Auflage 2012, ISBN 9783869801667.

Kießling-Sonntag, Jochem: Erfolg beginnt im Kopf – 99 Tipps für mentale Stärke. Innere Ressourcen aktivieren, Talente entfalten, Visionen verwirklichen. Cornelsen, Berlin 2006.

Knieß, Michael: Kreatives Arbeiten. Methoden und Übungen zur Kreativitätssteigerung. C. H. Beck, München 1995.

Kugler, Sascha: Die Alchimedus-Methode. Kompendium der Erforschung von Erfolgsfaktoren für Menschen und Unternehmen. FLVG, Nürnberg 2010.

Lipton, Bruce: Intelligente Zellen. Wie Erfahrungen unsere Gene steuern. Koha, Burgrain 2011.

Levinson, Jay Conrad: Guerilla Werbung. Ein Leitfaden für kleine und mittlere Unternehmen. Heyne, München 1998.

Levinson, Jay Conrad: Guerilla Marketing. Offensives Werben und Verkaufen für kleinere Unternehmen. Heyne, München 2001.

Marx, Susanne: Das große Buch der Affirmationen. Für alle Lebenslagen: Gesundheit, Selbstwert, Partnerschaft, Familie, Freundschaft, Kreativität, Beruf, Finanzen, Verlust, Trauer, Spiritualität. VAK, Kirchzarten bei Freiburg 2009.

Meyer-Grashorn, Anke: Spinnen ist Pflicht. Querdenken und Neues schaffen. mvg, München.

Nöllke, Matthias: Kreativitätstechniken. Haufe, Freiburg im Breisgau 2002.

Oppelt, Siglinda: Quantensprung im Business. Erfolgreich in die neue Zeit! Via Nova, Petersberg 2011.

Pricken, Mario: Kribbeln im Kopf, Kreativitätstechniken & Brain-Tools für Werbung & Design. Hermann Schmidt, Mainz 2002.

Ries, Al; Trout, Jack: Positioning – Wie Marken und Unternehmen in übersättigten Märkten überleben. Vahlen, München 2012.

Sawtschenko, Peter; Herden, Andreas: Rasierte Stachelbeeren. So werden Sie die Nr. 1 im Kopf Ihrer Zielgruppe. Branding – Erfolgreiche Positionierungs-Strategien für kleine und mittelständische Unternehmen. Gabal, Offenbach 2000.

Schirm, Rolf W.: Die Biostruktur-Analyse 1. Schlüssel zur Selbsterkenntnis. IBSA Institut für Biostruktur-Analysen AG, Baar 1994.

Tepperwein, Kurt: Die hohe Schule der Hypnose. Fremdhypnose – Selbsthypnose. Praktische Lebenshilfe für jedermann. Hugendubel, Kreuzlingen/München 2007.

Trout, Jack; Rifkin, Steve; Wied, Lorenz: Differenzierung im Hyperwettbewerb. Der Schlüssel für das Überleben von Marken. FinanzBuch, München 2009.

Trout, Jack; Rivkin, Steve: Differenzieren oder verlieren. So grenzen Sie sich vom Wettbewerb ab und gewinnen den Kampf um die Kunden. FinanzBuch, München 2003.

Ulsamer, Bertold: Wie Sie alte Wunden allein heilen und neue Kraft schöpfen. Familienaufstellung ohne Stellvertreter. Kösel, München 2011.

Varga von Kibéd, Matthias; Sparrer, Insa: Ganz im Gegenteil. Tetralemmaarbeit und andere Grundformen Systemischer Strukturaufstellungen – für Querdenker und solche, die es werden wollen. Carl-Auer, Heidelberg, 8. Aufl. 2014.

Wäger, Markus: Grafik und Gestaltung. Das umfassende Handbuch. Galileo Press, Bonn 2013.

Aufsätze und Artikel

Klar, Michael: »Das Ganze ist mehr als die Summe der Teile«. In: *Kompendium Corporate Identity und Corporate Design*. Hrsg. v. Norbert W. Daldrop, av-Edition, Stuttgart 1997, S. 23–29.

Linneweh, Klaus: »Corporate Identity – Ein ganzheitlicher Ansatz«. In: *Kompendium Corporate Identity und Corporate Design*. Hrsg. v. Norbert W. Daldrop, av-Edition, Stuttgart 1997, S. 10–21.

Luczak, Hania: »Das ›zweite Gehirn‹. Signale aus dem Reich der Mitte«. In: GEO Magazin, Nr. 11/2000, S. 136–162.

Wilhelm, Klaus: »Zweifel am freien Willen«. In: GEO Magazin, Nr. 11/2000, S. 154.

Quellen aus dem Internet

Audience Insights: Aktuelle Zahlen und Fakten über deutsche Facebook-Nutzer (13.05.2014), http://allfacebook.de/zahlen_fakten/facebook-deutschland-statistik. Zuletzt abgerufen am 18. Juni 2014.

Deutsche Startseite von Facebook, https://de-de.facebook.com/. Zuletzt abgerufen am 6. Juni 2014.

Facebook Reports First Quarter 2014 Results (Facebook-Presseerklärung), http://investor.fb.com/releasedetail.cfm?ReleaseID=842071. Zuletzt abgerufen am 18. Juni 2014.

Forster, Barbara: Jetzt ist die Zeit, dass Wesen leuchten (Gedicht), www.barbara-forster.de. Zuletzt abgerufen am 18. Juli 2014.

Glaubenssatz, http://nlpportal.org/nlpedia/wiki/Glaubenssatz. Zuletzt abgerufen am 16. Juli 2014.

Infografik: 10 unglaubliche Zahlen zur Facebook-Nutzung & 10 Jahre Facebook, http://allfacebook.de/zahlen_fakten/infografik-10-unglaubliche-zahlen-zur-facebook-nutzung-10-jahre-facebook. Zuletzt abgerufen am 18. Juni 2014.

iROI-Strategie (Internet Return on Investment), www.iroi.org sowie http://www.iroipraxis.org. Zuletzt abgerufen am 6. Juni 2014.

ISO 26000 - Social responsibility, http://www.iso.org/iso/home/standards/management-standards/iso26000.htm. Zuletzt abgerufen am 30. Juni 2014.

ISO 26000 (Video), http://www.youtube.com/watch?v=nimlIZMn7JE&list=PLdVoL7zv5qA1jloJrwB5jmOxRWyC8kBrI. Zuletzt abgerufen am 16. Juni 2014.

Sauldie, Sanjay: Das Social Web Marketing am Beispiel von Facebook (Video), http://www.youtube.com/watch?v=q9d1JuJ9xq0. Zuletzt abgerufen am 6. Juni 2014.

Schlüsselbild, Key Visual, Leitbild, Springer Gabler Verlag (Herausgeber), Gabler Wirtschaftslexikon, Stichwort: »Schlüsselbild«, online im Internet: http://wirtschaftslexikon.gabler.de/Archiv/54597/schluesselbild-v7.html. Zuletzt abgerufen am 24. Juni 2014.

S.M.A.R.T Regel, http://de.wikipedia.org/wiki/SMART_(Projektmanagement). Zuletzt abgerufen am 17. Juni 2014.

Totempfahl, http://de.wikipedia.org/wiki/Totempfahl. Zuletzt abgerufen am 17. Juni 2014.

Werbemittel, Springer Gabler Verlag (Herausgeber), Gabler Wirtschaftslexion, Stichwort: »Werbemittel«, online im Internet: http://wirtschaftslexikon.gabler.de/Archiv/57698/werbemittel-v5.html. Zuletzt abgerufen am 24. Juni 2014.

Werbeträger, Springer Gabler Verlag (Herausgeber), Gabler Wirtschaftslexikon, Stichwort: »Werbeträger«, online im Internet: http://wirtschaftlexikon.gabler.de/Archiv82190/werbetraeger-v7.html. Zuletzt abgerufen am 24. Juni 2014.

Wüthrich, Hans A.; Philipp, Andreas; Osmet, Dirk: Musterbruch erwünscht: Warum wir neues Denken in der Unternehmensführung brauchen!, http://www.zfu.ch/service/fartikel/fartikel_05_allg.htm. Zuletzt abgerufen am 24. Juni 2014.

DVDs und Audio-CDs

Lipton, Bruce: Intelligente Zellen. Der Geist ist stärker als die Gene. DVD, Koha, Burgrain 2011.

Master Choa Kok Sui: Meditation über zwei Herzen und Selbst-Heilungs-Meditation. Audio-CD, Koha, Burgrain 1999.

Master Choa Kok Sui: OM. Audio-CD, Koha, Burgrain 2004.

The Secret – Das Geheimnis. DVD, TS Production LLC, 2006/2007.

What the Bleep do we (k)now!? 3 DVDs, Horizon Film, Stuttgart 2004.

Hinweis zu den Illustrationen

Die im Buch verwendeten Zeichnungen sind inspiriert durch die *bikablo*®-Publikationen, www.kommunikationslotsen.de, und Nitschke, Petra: Bildsprache – Formen und Figuren in Grund- und Aufbauwortschatz. managerSeminare, Bonn 2013.

Markenrechtlicher Hinweis

Die in diesem Buch genannten Firmen-, Markennamen, Warenzeichen usw. können auch ohne besondere Kennzeichnung geschützte Namen oder Marken sein und sind Eigentum des jeweilige Herstellers oder Rechteinhabers.

Liste der Übungen

Das sprechende Unternehmen

Die Unternehmensseele –
Spielregeln und Etikette 32
Die Eintrittskarte für Ihr Unterbewusstsein 32
- Räumliche Vorbereitungen 34
- Persönliche Vorbereitungen 35
- Variante: Qualitäten und Farben ein- und ausatmen 36
- Variante: Atmen in bestimmte Körperteile 36
- Variante: Geführte Cool-down-Phase 37

Darf ich bitten? Ihre Unternehmensseele 37
- Erfahrungen und Beispiele 38
- Vorgehensweise 40
- Eigenreflexion 43
- Variante: Weitergehende Fragen 43

Die sprechende Planung

Do-it-yourself-Aufstellungen für Ihren Erfolg 71
Aufstellung vor dem inneren Auge 71
Erste Aufstellungen 73
- Gestaltung der Bodenanker 73
- Aufstellung Erfolgserlebnis 74
- Variante: Erfolgs-Parcours 75
- Variante: Qualitäten-Parcours 75
- Variante: Energie tanken 75

Aufstellung Ziele 76
- Vorgehensweise 76
- Eigenreflexion 80
- Variante: Andere Ziele 80

Aufstellung Teilziele 81
- Vorgehensweise 82
- Eigenreflexion 82
- Variante: Alle Teilziele auf einmal 83

Die Unternehmensseele in der Planung 84
- Vorgehensweise 84
- Variante: Unternehmensseele aufstellen 85

Die sprechende Positionierung

Wahrhaftig einzigartig –
so werden Sie's! 121
Aufstellung vor dem inneren Auge 121
Aufstellung größter Nutzen 121
- Vorgehensweise 121
- Variante: Sich annähern 122

Aufstellung Stärken 122
- Vorgehensweise 122
- Variante: Alle Stärken auf einmal 123
- Eigenreflexion 123
- Variante: Lernen am Modell – Wunschtraum-Stärken 124

Aufstellung Zielgruppe 124
- Vorgehensweise 124
- Variante: Zielgruppenprofil 126
- Variante: Entscheiderebene 126
- Variante: Zielgruppe und Stärken 127

Aufstellung Positionierung	127
• Vorgehensweise	127
• Variante: Überprüfen verschiedener Positionierungsvarianten	128
• Variante: Wahre, erarbeitete und kommunizierte Einzigartigkeit	128
Unternehmensseele und Positionierung	129
• Variante: Stärken und Positionierungsideen	131
• Variante: Zielgruppe	131

Die sprechende Werbung

So bekommen Sie Ihren einzigartigen Auftritt	169
Aufstellung Werbemittel	169
• Vorgehensweise	169
• Variante: Zielgruppen-Sicht	169
• Variante: Analyse von Flops	170
• Variante: Allgemein Werbung	170
Aufstellung Auswahl der Idee	171
• Vorgehensweise	171
• Variante: Andere Auswahl-Ideen	172
Aufstellung Broschüre	172
Aufstellung reibungslose Umsetzung	173

Das sprechende Facebook

Wie Sie es schaffen, dass Facebook sich für Sie lohnt	194
Glaubenssätze	194
• Vorgehensweise	196
• Gedrehte Glaubenssätze	196
• Variante: Brücken bauen	198
• Variante: Sätze aufstellen	198
Aufstellung Zeitaufwand und Zeitgewinn	200
• Vorgehensweise	200
• Eigenreflexion	201
• Variante: andere Projekte	201
Aufstellung Umsatz und Geldaufwand	202
• Vorgehensweise	202
• Eigenreflexion	202
Aufstellung mit Umsatzzahlen »1, 2, 3«	203
• Vorgehensweise	204
• Eigenreflexion	205
• Variante: Umgerechnete Umsatzgrößen	205
Aufstellung: Ziele und Facebook	205
• Vorgehensweise	206

Anmerkungen

Das sprechende Unternehmen

1. Vgl. Hicks, Esther & Jerry: The Law of Attraction. Das kosmische Gesetz hinter »The Secret«. Ullstein, Berlin 2008, S. 24; vgl. auch Byrne, Rhonda: The Secret. Das Geheimnis. Goldmann, München 2007, S. 18, 39 und 46.
2. Vgl. Gminder, Carl Ulrich: Nachhaltigkeitsstrategien systemisch umsetzen. Eine qualitative Exploration der Organisationsaufstellung als Managementmethode. Dissertation Universität St. Gallen, St. Gallen 2005, S. 41 und 44.
3. Vgl. Video zu ISO 26000: http://www.youtube.com/watch?v=nimlIZMn7JE&list=PLdVoL7zv5qA1jloJrwB5jmOxRWyC8kBrI. Zuletzt abgerufen am 16. Juni 2014.
4. Vgl. ISO 26000 – Social responsibility, http://www.iso.org/iso/home/standards/management-standards/iso26000.htm. Zuletzt abgerufen am 30. Juni 2014.
5. Vgl. Lipton, Bruce: Intelligente Zellen. Wie Erfahrungen unsere Gene steuern. Koha, Burgrain 2011; Lipton, Bruce: Intelligente Zellen. Der Geist ist stärker als die Gene. DVD, Koha, Burgrain 2011.
6. Vgl. Lipton, Bruce: Intelligente Zellen. Wie Erfahrungen unsere Gene steuern. Koha, Burgrain 2011, S. 49 ff.
7. Vgl. ebd., S. 144–153.
8. Vgl. ebd., S. 133.
9. Vgl. Lipton, Bruce: Intelligente Zellen. Der Geist ist stärker als die Gene. DVD, Koha, Burgrain, ab Timecode 2:01:15.
10. Vgl. ebd.
11. Vgl. Birkenbihl, Vera F.: Das innere Archiv. Fortsetzung von Stroh im Kopf? mvg, München 2014, S. 15.
12. Vgl. Luczak, Hania: »Das ›zweite Gehirn‹ – Signale aus dem Reich der Mitte«. In: GEO Magazin, Nr. 11/2000, S. 136–162.
13. Ebd., S. 150.
14. Ebd., S. 152.
15. Ebd., S. 160.
16. Ebd.
17. Vgl. Wilhelm, Klaus: »Zweifel am freien Willen«. In: GEO Magazin, Nr. 11/2000, S. 154.
18. Ebd.
19. Vgl. Ariely, Dan: Denken hilft zwar, nützt aber nichts. Warum wir immer wieder unvernünftige Entscheidungen treffen. Knaur, München 2010.
20. What the Bleep do we (k)now!? 3 DVDs, Horizon Film, Stuttgart 2004.
21. Byrne, Rhonda: The Secret. Das Geheimnis. Goldmann, München 2007.
Ebenfalls interessant ist das gleichnamige Video: The Secret – Das Geheimnis. DVD, TS Production LLC, 2006/2007.
22. Tepperwein, Kurt: Die hohe Schule der Hypnose. Fremdhypnose – Selbsthypnose. Praktische Lebenshilfe für jedermann. Hugendubel, Kreuzlingen/München 2007.
23. Master Choa Kok Sui: Meditation über zwei Herzen und Selbst-Heilungs-Meditation. Audio-CD, Koha, Burgrain 1999.
24. Master Choa Kok Sui: OM. Audio-CD, Koha, Burgrain 2004.
25. Vgl. Oppelt, Siglinda: Quantensprung im Business. Erfolgreich in die neue Zeit! Via Nova, Petersberg 2011, S. 239.
26. Die konkrete Vorgehensweise zur Aufnahme des Kontakts und zur Arbeit mit der Unternehmensseele wurde zusammen mit Walter Bruck im Arbeitskreis von Infosyon verfeinert und optimiert.
27. Vgl. Artikel Totempfahl (http://de.wikipedia.org/wiki/Totempfahl) in der freien Enzyklopädie Wikipedia. Er steht unter der Lizenz »Creative Commons Attribution/Share Alike« (http://de.wikipedia.org/wiki/Wikipedia:Lizenzbestimmungen_Commons_Attribution-ShareAlike_3.0_Unported). In der Wikipedia ist eine Liste der Autoren (http://de.wikipedia.org/w/index.php?title=Totempfahl&action=history) verfügbar. Die hier angegebenen Webseiten wurden zuletzt abgerufen am 17. Juni 2014.

Die sprechende Planung

1. Vgl. Levinson, Jay Conrad: Guerilla Werbung. Ein Leitfaden für kleine und mittlere Unternehmen. Heyne, München 1998, S. 47–49.
2. Vgl. Levinson, Jay Conrad: Guerilla Marketing. Offensives Werben und Verkaufen für kleinere Unternehmen. Heyne, München 2001, S. 146–148.
3. Vgl. Gminder, Carl Ulrich: Nachhaltigkeitsstrategien systemisch umsetzen. Eine qualitative Exploration der Organisationsaufstellung als Managementmethode. Dissertation Universität St. Gallen, St. Gallen 2005, S. 22–23.
4. Varga von Kibéd, Matthias; Sparrer, Insa: Ganz im Gegenteil. Tetralemmaarbeit und andere Grundformen Systemischer Strukturaufstellungen – für Querdenker und solche, die es werden wollen. Carl-Auer, Heidelberg, 8. Aufl. 2014, S. 242.
5. Vgl. Gminder, Carl Ulrich: Nachhaltigkeitsstrategien systemisch umsetzen. Eine qualitative Exploration der Organisationsaufstellung als Managementmethode. Dissertation Universität St. Gallen, St. Gallen 2005, S. 30–32.
6. Vgl. zu diesem Abschnitt: Ulsamer, Bertold: Wie Sie alte Wunden allein heilen und neue Kraft schöpfen. Familienaufstellung ohne Stellvertreter. Kösel, München 2011, S. 14–22.
7. Bourbeau, Lise: Dein Körper sagt: »Liebe dich!«. Windpferd, Aitrang 2007. S. 269.
8. Siehe hierzu weiterführend die bekannte S.M.A.R.T.-Regel für Ziele: spezifisch, messbar, attraktiv, realistisch, terminiert. Sie geht zurück auf Doran, G. T.: »There's a S.M.A.R.T. way to write management's goals and objectives.« In: Management Review, Volume 70, Issue 11 (AMA FORUM), 1985, S. 35f. Vgl. Artikel »SMART (Projektmanagement)«, http://de.wikipedia.org/wiki/SMART_(Projektmanagement), in der freien Enzyklopädie Wikipedia. Er steht unter der Lizenz »Creative Commons Attribution/Share Alike« (http://de.wikipedia.org/wiki/Wikipedia:Lizenzbestimmungen_Commons_Attribution-ShareAlike_3.0_Unported). In der Wikipedia ist eine Liste der Autoren (http://de.wikipedia.org/w/index.php?title=SMART_(Projektmanagement)&action=history) verfügbar. Die hier angegebenen Webseiten wurden zuletzt abgerufen am 17. Juni 2014.
9. Ehrhardt, Ute: Gute Mädchen kommen in den Himmel, böse überall hin. Warum Bravsein uns nicht weiterbringt. S. Fischer, Frankfurt am Main 1994.
10. Vgl. Wüthrich, Hans A.; Philipp, Andreas; Osmet, Dirk: Musterbruch erwünscht: Warum wir neues Denken in der Unternehmensführung brauchen! http://www.zfu.ch/service/fartikel/fartikel_05_allg.htm. Zuletzt abgerufen am 24. Juni 2014.
11. Bourbeau, Lise: Dein Körper sagt: »Liebe dich!«. Windpferd, Aitrang 2007.
12. Hay, Louise L.: Heile deinen Körper – Seelisch-geistige Gründe für körperliche Krankheit. Lüchow, Bielefeld 2009.
13. Beerlandt, Christiane: Der Schlüssel zur Selbstbefreiung. Beerlandt Publications, Belgien 2012.
14. Hay, Louise L.: Heile deinen Körper – Seelisch-geistige Gründe für körperliche Krankheit. Lüchow, Bielefeld 2009, S. 71.
15. Bourbeau, Lise: Dein Körper sagt: »Liebe dich!«. Windpferd, Aitrang 2007, S. 253.
16. Ebd.
17. Ebd.
18. Ebd., S. 42.
19. Ebd.
20. Ebd., S. 125.
21. Ebd., S. 140.
22. Ebd., S. 140f.
23. Ebd., S. 141.
24. Beerlandt, Christiane: Der Schlüssel zur Selbstbefreiung. Beerlandt Publications, Belgien 2012, S. 623.
25. Ebd.
26. Ebd., S. 623f.

Die sprechende Positionierung

1. Vgl. Trout, Jack; Rifkin, Steve; Wied, Lorenz: Differenzierung im Hyperwettbewerb. Der Schlüssel für das Überleben von Marken. FinanzBuch, München 2009, S. 37–42.

2. Vgl. Ries, Al; Trout, Jack: Positioning – Wie Marken und Unternehmen in übersättigten Märkten überleben. Vahlen, München 2012.
3. Vgl. Sawtschenko, Peter; Herden, Andreas: Rasierte Stachelbeeren. So werden Sie die Nr. 1 im Kopf Ihrer Zielgruppe. Branding – Erfolgreiche Positionierungs-Strategien für kleine und mittelständische Unternehmen. Gabal, Offenbach 2000.
4. Vgl. Kugler, Sascha: Die Alchimedus-Methode. Kompendium der Erforschung von Erfolgsfaktoren für Menschen und Unternehmen. FLVG-Verlag, Nürnberg 2010, S. 27. – Für den dort gebrauchten Begriff »handlungsbezogen« wird von Alchimedus inzwischen der Begriff »methodisch« verwendet.

Die sprechende Werbung

1. Zum Thema Kreativitätstechniken empfehle ich Ihnen zum Beispiel: Backerra, Hendrik; Malorny, Christian; Schwarz, Wolfgang: Kreativitätstechniken. Carl Hanser, München/Wien 2002; Bayerl, Claudia: 30 Minuten für Kreativitätstechniken. Gabal, Offenbach 2005; Knieß, Michael: Kreatives Arbeiten. Methoden und Übungen zur Kreativitätssteigerung. C. H. Beck, München 1995; Meyer-Grashorn, Anke: Spinnen ist Pflicht. Querdenken und Neues schaffen. mvg, München 2011. Nöllke, Matthias: Kreativitätstechniken. Haufe, Freiburg im Breisgau 2002; Pricken, Mario: Kribbeln im Kopf. Kreativitätstechniken & Brain-Tools für Werbung & Design. Hermann Schmidt, Mainz 2002.
2. Vgl. Pricken, Mario: Kribbeln im Kopf, Kreativitätstechniken & Brain-Tools für Werbung & Design. Hermann Schmidt, Mainz 2002, S. 28.
3. Vgl. Linneweh, Klaus: »Corporate Identity – Ein ganzheitlicher Ansatz«. In: Kompendium Corporate Identity und Corporate Design. Hrsg. v. Norbert W. Daldrop, av-Edition, Stuttgart 1997, S. 10–21.
4. Vgl. Definition Werbemittel, Springer Gabler Verlag (Herausgeber), Gabler Wirtschaftslexikon, Stichwort: »Werbemittel«, online im Internet: http://wirtschaftslexikon.gabler.de/Archiv/57698/werbemittel-v5.html. Zuletzt abgerufen am 24. Juni 2014.
5. Vgl. Definition Werbeträger, Springer Gabler Verlag (Herausgeber), Gabler Wirtschaftslexikon, Stichwort: »Werbeträger«, online im Internet: http://wirtschaftlexikon.gabler.de/Archiv82190/werbetraeger-v7.html. Zuletzt abgerufen am 24. Juni 2014.
6. Vgl. Wäger, Markus: Grafik und Gestaltung. Das umfassende Handbuch. Galileo Press, Bonn 2013, S. 475.
7. Vgl. Definition Schlüsselbild, Key Visual, Leitbild, Springer Gabler Verlag (Herausgeber), Gabler Wirtschaftslexikon, Stichwort: »Schlüsselbild«, online im Internet: http://wirtschaftslexikon.gabler.de/Archiv/54597/schluesselbild-v7.html. Zuletzt abgerufen am 24. Juni 2014. Markus Wäger gliedert den Begriff des Logos in »Bildmarke«, »Wort-Bildmarke« und »Typo-Logo«. In seiner anschaulichen Darstellung ist auch das Beispiel des Apple-Apfels zu finden. Vgl. Wäger, Markus: Grafik und Gestaltung. Das umfassende Handbuch. Galileo Press, Bonn 2013, S. 488f.
8. Vgl. Görg, Ulrich: Claims. Claiming als Wertschöpfungsinstrument der Markenführung. Gabal, Offenbach 2005, S. 10.
9. Vgl. zum Thema Farbe, Helligkeit und Stättigung: Wäger, Markus: Grafik und Gestaltung. Das umfassende Handbuch. Galileo Press, Bonn 2013, S. 154.
10. Vgl. Wäger, Markus: Grafik und Gestaltung. Das umfassende Handbuch. Galileo Press, Bonn 2013, S. 226.
11. Umfassende Informationen zum Thema Farbbedeutungen finden Sie hier: Heller, Eva: Wie Farben wirken. Farbpsychologie, Farbsymbolik, Kreative Farbgestaltung. Rowohlt, Reinbek bei Hamburg 1989.
12. Vgl. Klar, Michael: »Das Ganze ist mehr als die Summe der Teile«. In: Kompendium Corporate Identity und Corporate Design. Hrsg. v. Norbert W. Daldrop, av-Edition, Stuttgart 1997, S. 26.
13. Vgl. Wäger, Markus: Grafik und Gestaltung. Das umfassende Handbuch. Galileo Press, Bonn 2013, S. 27.
14. »Funktion und Ästhetik« sieht Markus Wägner als die beiden Hauptkriterien zur Beurteilung von Design.

Vgl. Wäger, Markus: Grafik und Gestaltung. Das umfassende Handbuch. Galileo Press, Bonn 2013, S. 33.

15. Vgl. zu den die Biostruktur-Analyse betreffenden Ausführungen: Schirm, Rolf W.: Die Biostruktur-Analyse 1. Schlüssel zur Selbsterkenntnis. IBSA Institut für Biostruktur-Analysen AG, Baar 1994, S. 7–10 und S. 66–75.
16. Bestimmte Anreize, z. B. eine Reise.

Das sprechende Facebook

1. Die 16-jährige Schülerin Thessa aus Hamburg hatte versehentlich über Facebook öffentlich zu ihrer Geburtstagsparty eingeladen – es kamen etwa 1500 Menschen.
2. Deutsche Startseite von Facebook, https://de-de.facebook.com/. Zuletzt abgerufen am 6. Juni 2014.
3. Zur iROI-Strategie siehe www.iroi.org sowie http://www.iroipraxis.org. Zuletzt abgerufen am 6. Juni 2014.
4. Vgl. Sauldie, Sanjay: Das Social Web Marketing am Beispiel von Facebook (Video), http://www.youtube.com/watch?v=q9d1JuJ9xq0. Zuletzt abgerufen am 6. Juni 2014.
5. Vgl. Facebook Reports First Quarter 2014 Results (Facebook-Presseerklärung), http://investor.fb.com/releasedetail.cfm?ReleaseID=842071. Zuletzt abgerufen am 18. Juni 2014.
6. Stand von Februar 2014. Vgl. Infografik: 10 unglaubliche Zahlen zur Facebook-Nutzung & 10 Jahre Facebook, http://allfacebook.de/zahlen_fakten/infografik-10-unglaubliche-zahlen-zur-facebook-nutzung-10-jahre-facebook. Zuletzt abgerufen am 18. Juni 2014.
7. Vgl. Holzapfel, Felix & Klaus: Facebook – Marketing unter Freunden: Dialog statt plumper Werbung. BusinessVillage, Göttingen. 4., aktualisierte und erweiterte Auflage 2012, ISBN: 9783869801667, S. 22; Audience Insights: Aktuelle Zahlen und Fakten über deutsche Facebook-Nutzer (13.05.2014), http://allfacebook.de/zahlen_fakten/facebook-deutschland-statistik. Zuletzt abgerufen am 18. Juni 2014.
8. »Tamagotchi« ist ein japanisches Elektronikspielzeug, bei dem die Aufgabe darin besteht, ein Küken regelmäßig zu füttern, Schlafen zu legen etc. Das einzige Ziel ist, das Küken so lange wie möglich am Leben zu erhalten.
9. Die Äußerung erfolgte auf Anweisung des Aufstellungsleiters.
10. Zitiert nach: Holzapfel, Felix & Klaus: Facebook – Marketing unter Freunden. Dialog statt plumper Werbung. 4., aktualisierte und erweiterte Auflage 2012, ISBN 9783869801667.
11. Vgl. »Glaubenssatz«, http://nlpportal.org/nlpedia/wiki/Glaubenssatz. Zuletzt abgerufen am 16. Juli 2014.
12. Diese Übung ist inspiriert von Guido Walter, www.awarenessprocess.com.
13. Die gedrehten Glaubenssätze sind vor allem inspiriert von dem Buch »Law of Attraction«; Vgl Hicks, Esther & Jerry: The Law of Attraction. Das kosmische Gesetz hinter »The Secret«. Ullstein, Berlin 2008, S. 108–110; Vgl. auch Marx, Susanne: Das große Buch der Affirmationen. Für alle Lebenslagen: Gesundheit Selbstwert Partnerschaft Familie Freundschaft Kreativität Beruf Finanzen Verlust Trauer Spiritualität. VAK, Kirchzarten bei Freiburg 2009.
14. Ein ähnliches Vorgehen finden Sie auch im Buch »Law of Attraction«. Dort wird sehr detailliert gezeigt, wie ein neuer Gedanke mit vielen einzelnen Brückensätzen aufgebaut werden kann. Vgl. Hicks, Esther & Jerry: The Law of Attraction. Das kosmische Gesetz hinter »The Secret«. Ullstein, Berlin 2008, S. 81–83.

Das letzte Gesprochene

1. Das Gedicht »Jetzt ist die Zeit, dass Wesen leuchten« ist von der Autorin Barbara Forster. Es findet sich auch auf ihrer Homepage: www.barbara-forster.de. Zuletzt abgerufen am 18. Juli 2014.

Über Alexandra Herzog-Windeck

Alexandra Herzog-Windeck ist Unternehmensberaterin und Marketingexpertin mit Erfahrung in Handel, Werbung und Industrie. Ihre Schwerpunktthemen sind Positionierung und Kreativität. Die diplomierte BWLerin bildet sich in systemischer Aufstellung und anderen spirituellen Techniken fort. So verbindet sie als Beraterin und Dozentin, als integraler Coach und Aufstellungsleiterin Kopf-Wissen und Bauch-Gefühl. Sie zeigt Wege auf, die eigenen Grenzen zu sprengen und komplexes unternehmerisches Handeln, vor allem im Bereich Marketing, einfach und wirkungsvoll zu gestalten. Dabei geht es immer wieder um die Fragen: Was ist Ihre klare Botschaft? Und wie erreichen Sie eine möglichst starke Wirkung? – Bei Ihrer Zielgruppe. Bei Ihrer Werbung. Beim Markt. Wie werden komplexe Entscheidungen innerhalb kurzer Zeit treffsicher, wie lassen sich Ziele leicht erreichen, wie gelingt in jeder Hinsicht persönliches und unternehmerisches Wachstum?

Zu Alexandra Herzog-Windecks Klienten gehören Unternehmen – Dienstleister und Hersteller – aus vielen verschiedenen Branchen, beispielsweise aus der Themenfeldern IT, Finanzen, Gesundheit, Weiterbildung, Mode, Gastronomie, Bio-Produkte.

Weitere Informationen zu Alexandra Herzog-Windeck finden Sie unter *www.herzog-windeck.de*